DER TÖRN VOM HAFF INS WATT

EINE SEGELREISE VON BERLIN NACH BREMEN

FLORIAN JOHN HANAUER

Impressum

Edition Svanen

Text: Florian John Hanauer
Fotos: Hanauer, astemmer/123RF.COM (Umschlagbild), ggfoto/123RF.COM (Oldenburg), Swanest (Logo) Karten: openstreetmap.fr/stamen

Edition Svanen
Droste-Hülshoff-Str. 35
22609 Hamburg
info@edition-svanen.de

Herstellung und Druck über tolino media GmbH & Co. KG,
Albrechtstr. 14, 80636 München. Printed in Germany.
Fragen zu Produktsicherheit an: gpsr@tolino.media.

INHALT

VORWORT

Wer segelt, weiß, wie schnell man auf einem Boot dem Alltag an Land entfliehen kann. Erst wird noch geplant, dann beginnt der Törn und man findet sich auf dem Wasser wieder. Was jetzt zählt, sind nicht mehr Mails oder Chats und Telefonate, sondern der Wetterbericht mit seinen Wind- und Strömungsvorhersagen, vielleicht auch die Wasserstände oder die Gezeiten.

Das ist an der Küste so, wie auch im Binnenland. In diesem Buch berichte ich von unserer Segelreise von Berlin über Hamburg nach Bremen. Es geht durchs Stettiner Haff, die Ostseeküste entlang, weiter durchs Binnenland auf die Elbe und dann über die Nordsee und die Weser nach Bremen. Wir beginnen die Reise mit einer Kanalfahrt quer durch Norddeutschland. Das wäre auch für unsere Überführung der - direkte Weg gewesen, den wir dann aber doch nicht genommen haben.

Keine Sorge, in diesem Buch wird auch gesegelt, sehr viel sogar. Deshalb schließt ein Törn an, den wir von Berlin besonders gerne unternommen haben und der nach Bornholm führt. Dann geht es auch schon an die Überführung unseres damaligen Segelbootes, der »Seestern«, von der Hauptstadt in den Nordwesten Deutschlands. Ich hatte das Manuskript für dieses Buch schon geschrieben, als wir zu unserem Törn nach Haparanda im Sommer 2021 aufgebrochen sind. Es musste noch etwas mit der Veröffentlichung warten, bis mein erstes Buch, »Zwei Hamburger segeln nach Haparanda«, erschienen ist.

Doch jetzt ist es an der Zeit, von den Segelerlebnissen direkt vor unserer Haustür zu berichten. Es ist damit gewissermaßen das „Prequel" zum ersten Buch. Wir konnten diesen Törn nicht in einem Stück segeln, dafür war die Strecke einfach zu lang und beruflich waren die Herausforderungen auch zu groß, um eine Auszeit zu nehmen. Aber wir konnten, weil wir uns mitten in Deutschland befanden, Pausen einlegen, um später wieder zum Boot zurückzukommen und weiterzufahren. Ich denke, der Geschichte tut dies keinen Abbruch.

Inzwischen segeln wir ein anderes Boot und sind zu weiter entfernten Zielen unterwegs. Aber Segelabenteuer können eigentlich immer spannend sein, ganz gleich, ob sie in Finnland, auf den Kanaren oder vor der eigenen Haustür spielen. Deshalb bin ich überzeugt, dass die Geschichte der Fahrt vom Wannsee an die Weser eine unterhaltsame Lektüre ist, nicht nur für Segler (und Seglerinnen, die weibliche Form ist natürlich immer gleichermaßen inbegriffen), eigentlich für jeden, der unsere Küsten und Binnengewässer mag. Denn sie sind abwechslungsreich, von den Kanälen und Seen über die Ostseeküste bis zur Nordsee. Spielt hier der Wasserstand der Elbe noch eine große Rolle, ist es dort das Wechselspiel von Ebbe und Flut.

Ich wünsche Ihnen viel Spaß auf unserem Törn, der zeigt, dass die Abenteuer vor unserer Haustür warten.

Hamburg, im März 2022, Florian Hanauer

TEIL I

BERLIN

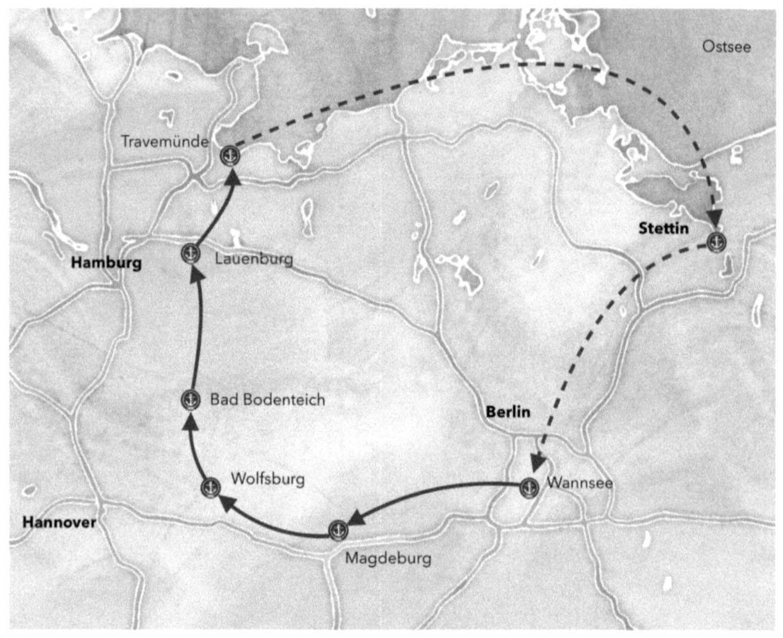

Karte 1: Der Törn »Rund Mecklenburg« führt weite Strecken durch das Binnenland

KAPITEL 1: KANALFAHRT

Die Sonne scheint gleißend vom Himmel. Es ist warm hier auf dem Wasser. Es ist eigentlich brütend heiß. Ein wenig Fahrtwind kann zur Abkühlung beitragen, aber der weht nur schwach. Ich habe immer gestaunt, wie heiß die Sommer in Berlin und Brandenburg doch sein können. Als Hamburger, dicht an der Küste aufgewachsen, bin ich diese Hitze im Sommer nicht gewohnt. Meist weht an der Elbe ein frischer Wind, der von der Nordsee kommt. Aber hier, mitten in Deutschland, ist nichts mit einem frischen Wind. Es ist einfach sehr heiß.

Die Hitze führt dazu, dass man schläfrig wird. Die vergangenen Tage haben wir damit zugebracht, das Segelboot für den bevorstehenden Törn auszurüsten, und auf die Reise in Vorfreude abends anzustoßen. Es waren wohl doch einige Bierchen zu viel in der »Tiergarten Quelle« unter den Bögen am S-Bahnhof Tiergarten, unweit von unserer Wohnung im Hansaviertel. Das kostet jetzt auf dem Wasser seinen Preis. Fast schon bleierne Müdigkeit legt sich über mich. Der Diesel wummert gleichmäßig und treibt das Boot mit fünf Knoten vorwärts. Mein Freund Ulrich sitzt in ein Buch vertieft vor mir im Cockpit. Ich halte die Pinne und schaue versonnen in die Landschaft.

Wir »dampfen« die Havel hinunter. Vor uns liegt der Trebelsee, das ist schon weiter als die Hälfte der Strecke vom Wannsee bis nach Brandenburg an der Havel. Zu beiden Seiten des Flusses sieht es aus wie im Urwald: Dichtes Buschwerk säumt das Ufer. Wasservögel verstecken sich hinter Büschen, die bis auf die Oberfläche des Flusses hängen. Das ist friedlich – und einschläfernd.

Ein lautes Krachen zerschneidet die Stille und reißt mich aus den Tagträumen. Es kommt vom Bug. Was ist passiert, frage ich mich? Das kann ich gar nicht einordnen. Das Boot kommt in Sekundenbruchteilen vom Kurs ab, treibt nach Backbord. Und da sehe ich das Unheil: Eine Fahrwassertonne, schön rot gestrichen, zieht an uns vorbei und schwankt im Fluss. Das kann doch nicht wahr sein: Ich bin mit einer Tonne kollidiert. Mit vollen fünf Knoten Fahrt hat sich der Bug der »Seestern« in diese Tonne geschlagen. Andererseits bin ich erleichtert, dass ich jetzt wenigstens die Ursache für den Knall kenne.

So etwas ist mir, nein, leider nicht »noch nie passiert«. Es ist mir schon einmal passiert, als wir mit unserem alten Boot vor der Schleimündung gesegelt sind. Ich glaube, ich wollte demonstrieren, wie wendig das Boot ist, und – Rumms – habe ich die Ansteuerungstonne Schlei auf der Ostsee erwischt. Glücklicherweise war das das einzige Mal. Und die Tonne vor der Schlei hatte ich nur sanft getätschelt gegen den Knall, den es hier gab.

Ulrich nimmt das Ruder, ich drossele die Maschine und mache mich auf den Weg zum Bug. Hoffentlich ist vorne, an der Spitze der grauen »Seestern«, alles heil geblieben. Erst sehe ich nichts. Ich lehne mich weiter über den Bug bei langsamer Fahrt auf der Havel. Dann sehe ich es: Das Schiff hat nicht viel mehr als einen Kratzer mitbekommen von der Tonne. Am Bug klafft eine circa 30 Zentimeter lange, aber nicht sehr tiefe Delle.

Wie kann eine Tonne eine solche Delle in unser schönes Boot machen? Ist das nicht ungerecht? Aber nein, wenn man die Geschwindigkeit bedenkt: Fünf Knoten sind 9,25 Kilometer pro Stunde, also grob gesagt, zweifache Fußgängergeschwindigkeit. Und wenn Sie so gegen einen Laternenpfahl laufen, wird das auch weh tun. Nur, dass es in diesem Fall dem Schiff wehgetan hat. Glücklicherweise liegt die Delle oberhalb der Wasserlinie. Ich beschließe, die Fahrt fortzusetzen, denn Gefahr ist ja nicht im Verzug. Auch drinnen im Schiff ist nichts passiert, alles liegt noch an seinem Platz. Wir fahren nach Brandenburg an der Havel weiter.

Aber ärgerlich ist so ein Rempler schon. Da passt man eine Sekunde nicht auf, starrt in den grünen Urwald des Havellandes und schon erwischt es einen. Das sollte mir offenbar doch eine Lektion sein, gerade bei Kanalfahrt aufzupassen. Und richtig auszuschlafen. Die Delle haben wir später in Lübeck wieder herausbekommen: mit viel Schleifen, GFK-Spachtelmasse und grauem Lack. Ob es sich so anfühlt, auf hoher See einen Container zu rammen? Na, dann dürften die Schäden doch um einiges größer sein, wenn Kollisionen mit Containern Schiffe ernsthaft in Gefahr bringen.

Wir sind hier gerade unterwegs zur Ostsee. Das mag komisch klingen, so weit im Binnenland, aber es ist die Wahrheit. Denn der erste große Törn mit unserem neuen Boot hat begonnen. Neu ist das Boot auch nicht wirklich. Die »Jaguar 25«, so der Typ, war 1979 in England hergestellt worden. Ich empfinde es als sympathisch, in einem englischen Schiff unterwegs zu sein. Schließlich ist England ja nicht nur eine Nation von Seefahrern, sondern auch die Wiege des Yachtsports. Die »Jaguar 25« war der Nachfolger unserer Kelt, einer etwas kürzeren französischen Jacht, die wir nach dem Neuerwerb verkauft haben. Das war noch in Schleswig-Holstein.

Die gebrauchte Yacht hatten wir im Winter in den Niederlanden erstanden. Im März brachten wir sie mit einem

Ungetüm von einem Transporter und einem langen Bootsanhänger in ihre neue Heimat nach Berlin. Mit ihren rund zwei Tonnen Gewicht brauchte das Boot eine ausreichende Zugmaschine und da bot es sich an, gleich einen Transporter zu mieten. Denn der Verkäufer hatte noch allerhand Zubehör mitgeliefert. Er hatte begonnen, das Schiff grundlegend zu sanieren, was man im Yachtsport auch einen »Refit« nennt. So war es von außen schon neu gestrichen, und auch der Salon hatte frische Farbe bekommen. Bis zum Vorschiff oder in die Achterkoje war der Pinsel aber noch nicht vorgedrungen. Trotzdem, als wir wenig später vor einer Schleuse lagen, fragte mich der Schiffsnachbar, ob dies wirklich eine neue »Jaguar 25« sei. Er kannte den Typ, war sich aber sicher, dass die nicht mehr gebaut werden. Ich konnte ihm erklären, dass sich dieses Schiff mitten im »Refit« befindet und deshalb so neu aussieht.

Das war es dann aber auch schon mit den Annehmlichkeiten des »Refits«. Denn beim Grund reinemachen hatte der Vorbesitzer auch sämtliche Kabel aus dem Schiff entfernt. Das ist im Allgemeinen nicht zu empfehlen, weil man speziell hinter den Kunststoffverkleidungen die Kabel nur schwierig wieder einziehen kann. Und er hatte sämtliche Schränke und Türen herausgenommen und separat vom Schiff aufbewahrt. Die verstauten wir dann in dem Transporter zusammen mit mehreren Kisten, weiterem Zubehör, von Schäkeln bis zu Bilgenpumpen. Und ab ging es aus den Niederlanden, von einem Hafen an der Maas, nach Berlin.

Nun, ganz so schnell ging es nicht. Das große Gespann mit dem über zwei Tonnen schweren Schiff bekamen wir noch gut bis nach Sachsen-Anhalt über die Autobahn. Im Radio des Transporters lief das Hörbuch von »Räuber Hotzenplotz«, das für einigermaßen Unterhaltung auf einer Fahrt sorgte, die mit 80 Kilometern pro Stunde gemächlich voranging. Dann begann es zu schneien. Dicke Flocken kamen vom Himmel und blieben neben der Autobahn liegen. Dichter und dichter wurde das

Schneegestöber. Das Fahren des Zugfahrzeuges wurde doch ziemlich schwierig.

Während meine Verlobte (und spätere Frau) Birgit auf dem Beifahrersitz noch gute Miene zum bösen Wetter machte, hielt ich es für angebracht, schleunigst die Autobahn zu verlassen. Meine Güte, ich fuhr ein Segelboot bei Schneetreiben quer durch Deutschland.

Wir kamen bei Magdeburg in einem Motel unter, das hauptsächlich von Fernfahrern frequentiert wurde, wie man an der beeindruckenden Anzahl von großen, schweren Lkw auf dem Parkplatz sehen konnte. Und jetzt kam ich mit unserem Gespann dazwischen. Langsam rangierte ich das Ungetüm zwischen die Lkw und wenig später fanden wir uns in einem warmen und trockenen Zimmer wieder.

Am nächsten Tag kamen wir am Wannsee bei der Marina Lanke an. Ich war dem Hafenmeister wirklich dankbar, der es organisiert hatte, dass wir das Boot jetzt schon ins Wasser bringen konnten. Denn wo hätte es bis zum Beginn der Saison stehen sollen? Und diese neue Saison war ja noch weit entfernt, wie das Schneetreiben zeigte. Es wehte ein kalter, harscher Wind über dem Wannsee. Im Wasser lag nicht eine einzige Yacht, abgesehen von einigen Hausbooten, die an dem Steg am Ufer überwinterten. Der Kran nahm Touren auf und hob die »Jaguar 25«, die an stabilen Gurten hing, vom Trailer. In einem hohen Bogen wanderte das Boot über die Kante und wurde sanft in die eiskalten Fluten des Wannsees herabgelassen. Wenig später versuchte ich den Dieselmotor zu starten, der partout nicht anspringen wollte. Glücklicherweise hatte das Boot noch einen Außenborder, der nach nur zwei Zügen an seinem Starterseil ansprang. Ich hatte beides noch nicht erlebt: Einen total bockigen Motor, der nicht wollte, ebenso wenig wie einen Außenborder, der fast sofort ansprang. In einem weiten Bogen fuhr die »Jaguar« zu ihrem Liegeplatz. Und da lag sie ganz allein hinter der Yachttankstelle an der Scharfen Lanke in Berlin-Spandau.

Wieso überhaupt Berlin? Das hatte berufliche Gründe. Ich hatte als Journalist in der Hamburg-Redaktion einer überregionalen Tageszeitung gearbeitet, war dann sieben Jahre in Bremen damit beschäftigt, eine Bremen-Redaktion dieser Zeitung aufzubauen und als Korrespondent für diese Ecke Deutschlands zu arbeiten. Das war eine spannende und interessante Zeit. Obwohl wir einigermaßen Abonnenten gewinnen konnten, kam das Anzeigenaufkommen doch nicht hinterher. Das Projekt rentierte sich auf Dauer nicht. Im Anschluss war ich dann wieder sieben Jahre in meiner Heimatstadt Hamburg tätig. Aber ich hatte Bremen zu schätzen gelernt – was sich später noch als ein wichtiger Faktor auch in diesem Buch herausstellen sollte. Und dann kam die Möglichkeit, für ein Projekt in die Hauptstadt zu wechseln, bei dem ein neues Redaktionssystem für die gedruckte Zeitung und online eingeführt werden sollte. Aus dem Projekt sollte eine dauerhafte Beschäftigung in Berlin werden.

Gesegelt waren wir bis dato an der schleswig-holsteinischen Ostseeküste. Unsere kleine Yacht, wie erwähnt ein französisches Modell, wollte ich gegen ein Schiff eintauschen, das einen Klappmast hat. Denn wer in Berlin segelt, hat zwar auf dem Wannsee oder dem Müggelsee hervorragende Gelegenheiten dazu. Doch will er diese Gewässer verlassen, was sich durchaus anbietet, etwa, um einmal in die Stadt zu fahren, muss er etwas tun: Den Mast klappen und flach auf das Boot legen. Sonst ist unter den Brücken kein Durchkommen für ein Segelboot. Und die Jaguar hatte eine sogenannte Jüteinrichtung. Das ist ein Mechanismus, mit dem man den Mast zügig absenken und aufklappen kann. Außerdem war das Boot etwas länger als unsere Kelt, und – fast jeder Segler wird dieses Gefühl kennen – ein wenig mehr Platz kann nie schaden. In unserem Fall waren es 1,30 Meter mehr Länge, auf denen man schon eine Menge unterbekommen kann.

Und so verbrachte ich das Frühjahr neben der Arbeit in der Redaktion damit, die Ausstattung unserer »Jaguar« am Wannsee zu komplettieren und den abgebrochenen »Refit« – so gut es ging – fortzusetzen. Gegen Ende März, als das Schiff unter einer dichten Schneedecke lag, war es noch immer das einzige Boot im Wasser. Die Heizung lief, drinnen war es warm und gemütlich, und während draußen der kalte See plätscherte, sortierte ich in der Kajüte die Unmengen Kleinkram, die wir zu dem Schiff dazubekommen hatten.

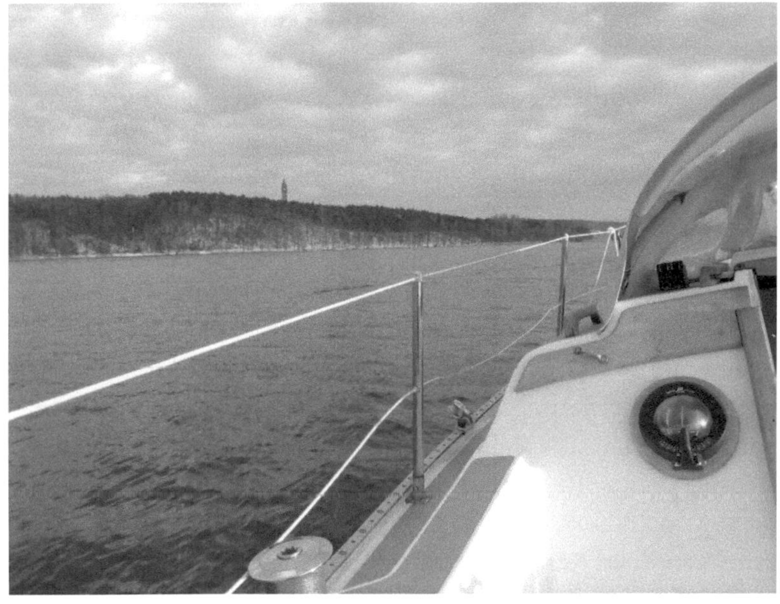

Winterliche Stimmung auf dem Wannsee

Als es Frühling wurde, erwachte der See mehr und mehr zum Leben und die Bootsaison begann. Und ich weiß noch genau, wie wir an einem Sonntag mithilfe eines kundigen Bootsnachbarn den Mast aufstellten. Das fühlte sich an wie

Weihnachten. Endlich stand er senkrecht an Deck, gut verankert an seinen Wanten. Und als wir dann noch den ersten Törn auf dem See machten, es war sonnig, aber noch relativ kühl, fühlte ich mich wie ein richtiger Yachteigner in der Hauptstadt. Dass die Jaguar ein lausiger Segler war, der nur langsam auf Touren kam, sollte mir erst später aufgehen. Es mag auch an den schon recht verschlissenen, bauchigen Segeln gelegen haben. Alle Jaguar-Fans mögen wir verzeihen: Schnell war dieses Exemplar nicht, im Gegensatz zu unserer vorherigen Kelt und auch im Gegensatz zu der gut gepflegten Vindö, die wir heute segeln.

Aber sei es drum: Wir waren in Berlin. Meine Verlobte war gerade erst aus Hamburg in die Hauptstadt gezogen und wir hatten ein Boot auf dem Wannsee. Das konnte ja durchaus als kleine Yacht durchgehen. Und wenn ich in der Redaktion Frühdienst hatte, der begann schon um 6 Uhr, dann hatte ich am Spätnachmittag frei und konnte auf dem Wannsee segeln gehen. Refitarbeiten hin- und alte Segel her - das war fantastisch. Und die Marina war eine der schönsten Plätze, die ich beim Segeln kennengelernt hatte. Gewiss, hier war nicht die offene See, und auf Dauer ist es doch schöner, am Meer zu liegen. Aber von unserem Boot konnte man den Grunewald sehen und den Teufelsberg. Und in gerade einmal 30 Minuten Fahrt vom Hansaviertel konnte man an Bord sein. Wenn die Arbeiten beim »Refit« zu anstrengend wurden, bot es sich an, bei der Yachttankstelle eine kleine Pause einzulegen, wo es immer frischen Kaffee und belegte Brötchen gab.

Eines Tages planten wir den Sommerurlaub. In der Redaktion hatte mein Ressortleiter nichts gegen eine dreiwöchige Ferienzeit einzuwenden, auch wenn ich denke, dass er es später doch etwas bedauerte. Er sprach dann häufiger von dem »langen Urlaub«, der ein Loch in die Personaldecke reißen würde. Er hätte ihn vermutlich nicht noch einmal abgezeichnet, aber es war geschehen. Und das Boot wartete auf seinen ersten Törn, der uns ans Meer führen sollte. Mit einem Freund wollte ich die erste Etappe fahren, bis Birgit an Bord kommen würde.

Nun hätten wir ja einfach den Oder-Havel-Kanal nehmen und über das Stettiner Haff in die Ostsee fahren können. Dies ist der »normale« Weg für Berliner Segler, die aufs Meer wollen. Und Segler gibt es in Berlin ziemlich viele: Gerade an den Wochenenden im Sommer ist der Wannsee voll mit Yachten, auch erstaunlich große sind darunter. Doch ich wollte lieber nach Lübeck, über die »alte« Strecke der West-Berliner Segler, die über die Havel in den Mittellandkanal, in die Elbe und dann den Elbe-Lübeck-Kanal nach Travemünde führt. Ja, ich wollte gern nach Travemünde, mit dem Boot und an die Mecklenburger Ostseeküste. Und so studierte ich in den Tagen vor der Abfahrt den Wetterbericht – und die Pegelstände auf der Elbe. Da war in diesem sonnigen Sommer nicht genug Wasser für unser Segelboot. Macht nichts, dachte ich unerschrocken, dann wird eben über den Elbe-Seiten-Kanal gefahren. Ich ahnte nicht, was dies für eine Kanal-Tortur werden sollte – mit Folgen für spätere Reisen.

Am Abend nach der besagten Kollision mit der Tonne kommen wir durch die Stadtschleuse und machen in Brandenburg an der Havel fest. Schön vertäut liegt das Boot im Stadthafen, zu dem wir uns durch das flache Fahrwasser durchgetastet haben. Genauer gesagt geht es über die Brandenburger Niederhavel direkt ins Zentrum dieser kleinen Stadt. Wer jetzt denkt, dass wir todmüde in die Kojen fallen und uns endlich erholen, liegt falsch. Wir entdecken unweit der Promenade einige Bars, in denen man sehr gepflegt an Holztischen sitzen kann. Und nach einem ebenso gepflegten Abendessen kommt die Zeit, Longdrinks zu bestellen. Das ist hier ja ganz anders als in der dunklen Tiergarten-Quelle: Hier sitzen wir im Freien an einem warmen Sommerabend und bestellen bis spät in die Nacht Drinks, nicht weit vom gut vertäuten Boot entfernt. Schließlich müssen die Abenteuer des ersten Tages gebührend gefeiert werden.

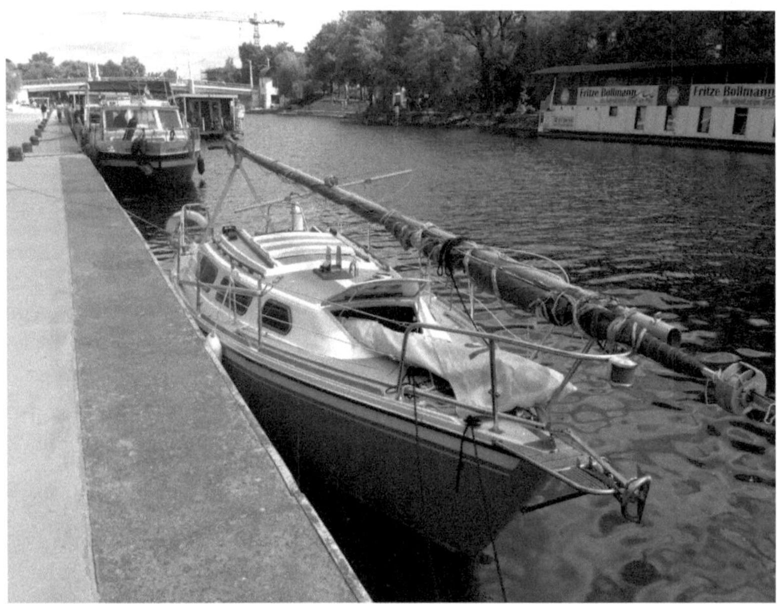

Die »Seestern« liegt am Kai in Brandeburg an der Havel, sicher vertäut, mit gelegtem Mast

»Das sieht aus wie im Flugzeug«, sagt Ulrich am nächsten Tag und deutet auf den kleinen Bildschirm des Kartenplotters, den ich vor der Reise noch ins Cockpit montiert habe. »Nur, dass man sich dort über Kontinente bewegt und hier über Landstriche.« Ja, rasant sieht es nicht aus, wie das Boot die Havel entlangfährt. Aber ich finde das blaue Band auf dem Bildschirm, das von braunen Flächen mit kleinen Baumsymbolen umschlossen wird, eigentlich ganz hübsch anzusehen. Zur Navigation ist das nicht wirklich nötig, schließlich fahren wir auf einem Kanal, der immer geradeaus führt. Aber natürlich habe ich den kleinen Plotter auch mit Blick auf die Ostsee montiert. Hier, im Binnenland, ist es schon wichtiger auf Tonnen aufzupassen und das Ufer immer schön auf Abstand zu halten.

Viel los ist nicht an diesem schönen Sommertag, an dem wir den Plauer See und den Wendsee passiert haben, bevor es in die Schleuse Wusterwitz geht. Die ist jetzt, im Gegensatz zur Brandenburger Stadtschleuse, gar nicht mehr so klein. Während ich das Boot in die Schleusenkammer bugsiere, kommen von der Schleusenwärterin Anweisungen. Die sind zunächst etwas missverständlich, worauf sie ungeduldig wird. »Wo soll ich jetzt festmachen«, frage ich laut. Immerhin versteht sie mich, als ich ihr aus der tiefen Kammer zurufe, ob sie nicht etwas deutlicher mit ihren Anweisungen sein könne. Sie merkt, dass sie keine Profis vor sich hat, und dann gibt es einen Kurs im Schleusen allererster Güte.

»Jetzt setzen se sich mittschiffs mal hin«, sagt sie mir über Lautsprecher.

»So?«

»Ja, jenau. Wo ist denn Ihr Bootshaken?«

Der liegt im Cockpit, ich springe auf, um ihn zu holen.

»So, und jetzt nehmen Se den Haken und machen sich schön an der Leiter fest.«

Ich tue wie geheißen, während sie die mächtigen Schleusentore hinter uns schließt.

»Jut festhalten, dann kann nichts passieren«, kommt es aus dem Lautsprecher.

»Wirklich? Soll ich das Boot nicht besser mit Tauen festmachen?«

»Nee, nee, das hält. Is ja ein kleenes Schiff, kein Problem.«

Es gurgelt tief unter uns und das Becken füllt sich mit Wasser. Unheilvoll ist das.

»Sehen se? Det geht gut so«, kommt es wieder über Lautsprecher.

Tatsächlich: Ich halte das Boot nur mit dem Bootshaken an der Leiter in der Schleusenkammer fest. Und ich sitze dabei ganz bequem in der Mitte des Bootes. Kein Getüdel mit den Leinen, kein Verhaken.

»Is doch gar nicht so schwer«, ermuntert mich die Schleusenwärterin über ihren Lautsprecher. »So machen Sie das jetzt einfach immer.«

Ich kann das kaum glauben: In jeder Anleitung heißt es doch, man sollte das Boot immer schön vorne und hinten fest machen und, wenn sich der Wasserstand ändert, schnell die Leinen nachführen. Aber nichts dergleichen, ich halte das Boot einfach mit der Mittelklampe. Und habe dabei auch noch den »amtlichen« Segen der Schleusenwärterin.

Nach diesem schönen Erlebnis setzen wir die Fahrt fort, die sich jetzt aber hinzieht. Man kann die Schleusen als Hindernis auf dem Wasserweg sehen, man sollte sie aber auch als schöne Abwechslung auf langen Binnenpassagen betrachten. Das macht die Sache leichter.

Genthin zieht vorbei, Parey an der Elbe, die Schleuse Zerben (kein Problem, ich mache einfach mit dem Bootshaken an der Leiter fest). Und schließlich kommt Burg bei Magdeburg. Hier geht Ulrich von Bord und fährt nach Berlin. Ich schlage das Nachtlager auf: Die »Seestern« mache ich in einem winzigen Hafen fest, in dem kein anderes bewohntes Boot zu liegen scheint. Es ist still und friedlich. Am nächsten Tag wartet eine Haupt-Attraktion: die gewaltige Doppelschleuse Hohenwarte, kurz vor Magdeburg. Das ist ein wahres »Ungeheuer«, erst 2003 zusammen mit der Kanalbrücke über die Elbe eröffnet. Sage und schreibe 19 Meter soll es hier aufwärtsgehen. Den »Trick« mit dem Bootshaken hin- oder her, mir werden die Knie weich, als wir nach einiger Wartezeit in die gigantische Kammer einfahren können.

Doch ich hatte nicht mit der Hilfsbereitschaft der Motorbootfahrer gerechnet, die diesen Kanal häufiger zu befahren scheinen. Ein Ehepaar auf einem netten kleinen Boot mit blauem Verdeck bietet mir an, längsseits zugehen und mit ihnen gemeinsam die große Fahrt nach oben zu absolvieren. Das ließ ich mir nicht zweimal sagen, und schon waren die Leinen gespannt und die Fahrt kann beginnen. Bei einem netten kleinen Schnack fällt das Ganze doch leichter. Das Motorboot hat wiederum an einem größeren Motorboot festgemacht, und darauf war der Skipper, der die Jaguar für ihr neues Aussehen gelobt hatte. In dieser Umgebung fühlt man sich doch wohl.

Oben angekommen springt der Motor leider nicht gleich an, weder der Außen- noch der Innenborder. Ein Desaster hätte das werden können, aber besagte Motorbootskipper schleppen die Jaguar einfach aus der Kammer heraus, und der Außenborder zündet dann doch. »Meine Güte, ist der laut. Wie halten Sie das nur aus?«, fragt mich der Skipper. So richtig bewusst ist mir das vorher nicht gewesen, aber der Außenborder macht tatsächlich ziemlich Krach. »Man gewöhnt sich dran, und im Notfall habe ich hier noch meinen Kopfhörer.« Der schwarze Kopfhörer mit »Noise Cancelling« hatte sich schon auf vielen Flügen bezahlt gemacht und schafft es jetzt auch, das Motorengeräusch wirksam zu unterdrücken.

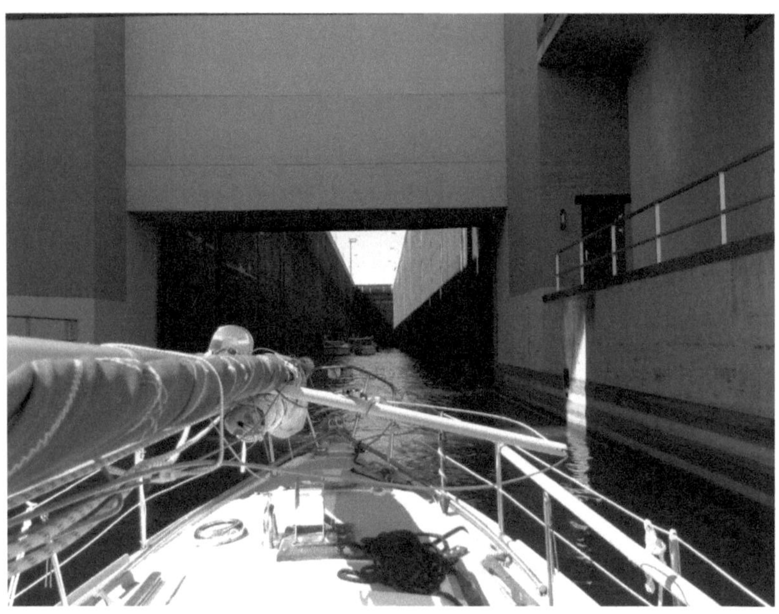

Einfahrt in die Doppelschleuse Hohenwarte

Dieses Wasserstraßenkreuz bei Magdeburg ist so etwas wie ein Autobahnkreuz für Binnenschiffe – in einer gewaltigen Dimension. Schließlich fahren Autos nicht in Schleusen hinein und müssen auch nicht auf den Tiefgang der Elbe achten. Ich verbrachte eine ganze Weile mit der Binnenschifffahrtskarte, um zu verstehen, wie die Wasserwege miteinander zusammenhängen. Kommt man aus Berlin und will nach Westen, etwa nach Hamburg, könnte man schon vor dem ganzen Wasserstraßenkreuz in die Elbe abbiegen. Denn es gibt den »Pareyer Verbindungskanal«, der über die Schleuse Parey den Fluss erreichbar macht. Aber der Wasserstand der Elbe, der macht uns wie erwähnt zu schaffen. Die Jaguar hat 1,40 Meter Tiefgang, und das könnte im Verlauf des Flusses knapp werden. Also weitergefahren, auf das Kreuz zu.

Vor der Wende und dem Bau der Brücke über die Elbe lief das ganze so ab: Die Schiffe und Boote mussten den Mittellandkanal verlassen und über die Schleuse Niegripp fahren. Die brachte sie in die Elbe. Dann mussten sie den Fluss gegen die Strömung stampfend hinauffahren, bis sie bei Magdeburg den Abstiegskanal Rothensee erreichten, in den sie an Steuerbord einbiegen konnten. Hier lauerte das Schiffshebewerk Rothensee auf Kundschaft. Ein gigantischer Trog, der 85 Meter lang und 12,2 Meter breit ist, nahm die Wasserfahrzeuge auf. Er transportierte sie, je nach Wasserstand der Elbe, 16 Meter nach oben. Dort wurden sie wieder in den Mittellandkanal entlassen. Das Schiffshebewerk ist durch eine neue Schleuse überflüssig geworden. Der Bundesrechnungshof mäkelte am Betrieb als technisches Denkmal einige Jahre herum. Es sollte stillgelegt werden. Erst der Unmut der Bevölkerung in Magdeburg sorgte dafür, dass es nicht geschlossen wurde und weiter als Denkmal in Betrieb ist.

Das muss ein Umweg gewesen sein. Je nach Wasserstand gab es noch eine spezielle Schleuse beim Magdeburger Hafen, bevor man überhaupt ins Schiffshebewerk einfahren konnte. Heute muss man diese Strecke nicht mehr nehmen, denn Boote und Binnenschiffe können die Elbe zügig auf einer Brücke kreuzen. Diese Überquerung war eigentlich in den 1930-er Jahren geplant gewesen, der Bau wurde in den 1940-er Jahren gestoppt und zu DDR-Zeiten nicht mehr weiterverfolgt. So groß war das Interesse an einer Ost-West-Verbindung offenkundig nicht. Nach der Wende kam dann die massive Welle der Verkehrsprojekte Deutsche Einheit, zu der nicht nur Autobahnen und Schienenstränge, sondern auch das Wasserstraßenkreuz Magdeburg zählten. Und so wurde die größte Kanalbrücke Europas gebaut, die auf 918 Metern Länge die Elbe überquert. Dazu gehört die eben passierte Schleuse Hohenwarte. 1993 war mit der Neuplanung der Brücke begonnen worden, 2003 war sie fertiggestellt. Man muss sich einmal vorhalten, was das zuvor für die Binnenschiffer für einen Umweg darstellte, durch zwei bis drei

Schleusen und noch die Elbe gegen die Strömung des Flusses an.

Doch so fantastisch, wie sich die technischen Daten anhören, so unspektakulär ist die Durchfahrt. Das liegt daran, dass man von dem doch eher niedrigen Cockpit eines Segelboots nicht so recht über den Rand der Brücke schauen kann. Und so fährt man 918 Meter durch einen engen Kanal, in dem das Wasser ziemlich kabbelig ist, über den Fluss, ohne ihn zu sehen. Man ist froh, auf der anderen Seite zu sein, wo der Kanal »normal« weitergeht – so ging es mir zumindest. Die Nervosität über den Motor, der zunächst nicht anspringen wollte, mag sein Übriges dazu beigetragen haben. Fast hätte ich gesagt: »Endlich wieder festen Boden unter den Füßen«.

Das Stück Mittellandkanal zwischen der Elbbrücke und dem Städtchen Haldensleben ist nun alles andere als schön: Zwischen gigantischen Erdwällen und Feldern geht es das schnurgerade Stück Kanal entlang. Mit seinem Segelboot hat man es da nicht ganz so komfortabel wie die Motorboote, die diesen Abschnitt entlang pilgern: Man sitzt draußen in seinem Cockpit. Ich habe zwei große Handtücher als Schattenspender an dem Mast befestigt, der in Fahrtrichtung auf das Schiff gelegt ist, vorne und hinten mit Holzkreuzen befestigt. Und man sitzt quer zur Fahrt, muss den Kopf immer nach vorne drehen.

In einer Mischung aus Neid und Bewunderung schaue ich mir die großen Motorboote an, die die kleine »Seestern« überholen. Die teuren Modelle haben einen Stahlrumpf mit Kajütaufbauten. Darüber ist der Außen-Steuerstand auf dem Dach des Decks montiert. Hier sitzt der Skipper bequem in einem ergonomisch geformten Sessel, mit Blick zur Fahrtrichtung, nicht selten mit einer Sonnenbrille, oft seine Frau daneben. Der Krach, den der Motor macht, ist dort oben vermutlich nur noch als leises Blubbern zu vernehmen. Und so fahren sie stundenlang den Kanal auf und ab. Mehr als komfortabel schaut das aus. Na wartet, denke ich, wenn wir erst einmal auf die Ostsee kommen. Wenn es dann windig wird, haben wir einen Kiel und Segel, die uns schön stabil halten, und ihr Binnenschifffahrts-Ungetüme werdet ganz schön schaukeln, wenn ihr überhaupt die Häfen verlassen könnt. Aber auf diesen Kanälen, ich gebe es zu, da seid Ihr uns Segelbooten haushoch überlegen.

Haldensleben ist die Rettung. Nicht nur, dass es einen kleinen Hafen gibt, von dem aus man zu einem Supermarkt spazieren kann, um sich mit eiskalten Getränken zu versorgen. Eiskalt ist ein gutes Stichwort. Die kleine Kühlbox, die es zum Schiff dazugab, ist immerhin in den Salontisch eingebaut. Man kann bequem von oben den Deckel öffnen und hineingreifen. Gedacht war das vermutlich dafür, dass für das nächste Bier nicht einmal aufgestanden werden muss. Aber sie hält die Getränke alles andere als kalt. Also muss kalter Nachschub heran.

Haldensleben markiert auch den Beginn eines Kanalabschnittes, der wieder schöner wird. Ab hier ist er nicht mehr so schnurgerade ausgebaut wie bei Magdeburg und die Ufer reichen mit Pflanzen direkt bis ans Wasser. Jetzt verläuft der Mittellandkanal in einem großen Bogen in Richtung Wolfsburg. In Calvörde steht eine Übernachtung an. Die Gemeinde hat einen kleinen Sportboothafen anlegen lassen. Dieser wirkt ganz einladend: Schöne moderne Schwimmstege wiegen in der Ausbuchtung des Kanals. Das Festmachen ist hier ein Kinderspiel. Der Schwell von den vorbeifahrenden Schiffen ist auch erträglich.

Aber zwei Probleme wirft Calvörde doch noch auf: Zum einen gibt es ziemlich viele Mücken. Viel mehr, als im vorangegangenen Hafen. Da konnte ich sie mit Mückennetzen noch wirkungsvoll davon abhalten, ins Innere der »Seestern« zu gelangen. Das ist hier etwas schwieriger.

Zum anderen hat die Gemeinde, warum auch immer, beschlossen, das Sanitärhäuschen abzuschließen. Es gibt keinen

Zugang zu irgendwelchen komfortablen Anlagen. Nur gut, dass ich im Frühjahr viele Stunden damit verbracht habe, den Mini-Toilettenraum der Jaguar 25 flottzumachen. Da gibt es ein Waschbecken, ein WC samt Tank und Schläuchen, die sich wie ein Gewirr mit ihren Schwanenhälsen an der Bordwand entlang ziehen. Aber die Anlage funktioniert.

Etwas schade ist in diesen kleinen Gemeinden in Sachsen-Anhalt auch, dass sie so besonders viel nun auch nicht zu bieten haben. Erst recht, wenn der Sportboothafen außerhalb des Ortes angelegt wurde. Ich habe auf einigen der großen Motorkreuzer schon Bordfahrräder gesehen. Aber so etwas Nützliches haben wir auf der kleinen »Seestern« nicht dabei. Später einmal sollten wir auch Fahrräder haben, die sich so klein zusammenfalten lassen, dass wir sie in der Backskiste, also in dem Stauraum unter den Sitzbänken im Cockpit, verstauen könnten. Aber das war noch Zukunftsmusik.

Das Zentrum des Ortes bei der Kreissparkasse Börde ist etwa 1,5 Kilometer entfernt. Doch selbst wenn man diesen kleinen Fußweg auf sich genommen hätte, was wäre dann dort zu finden gewesen? Nun, die Gaststätte »Goldener Löwe« vielleicht. Aber sei es drum. So muss das Abendessen aus der kleinen Kühlbox reichen, die ich ja immerhin in Haldensleben mit seinem Supermarkt gut bestückt hatte. Danach geht das Licht aus, an Bord, in einem kleinen Hafen in Sachsen-Anhalt.

Die Strecke nach Wolfsburg ist schnell geschafft am nächsten Tag. Von der Grenze zwischen Niedersachsen und Sachsen-Anhalt ist hier heute nicht mehr viel zu sehen. Was müssen Binnenschiffer vergangener Jahrzehnte auf dem Weg nach Westen erleichtert gewesen sein, wenn sie diese Grenze, die ja damals die innerdeutsche Grenze war, passiert hatten? Im dichten Unterholz sind keine Spuren mehr zu sehen. Wieder schnurgerade geht es auf Wolfsburg zu. Dort wartet meine Verlobte Birgit auf mich und die »Seestern«. Sie hat den Zug in die »VW-Stadt« genommen und wir haben uns am örtlichen Wassersportclub verabredet. Hinter dem Allersee liegt der »1. Motorbootclub Wolfsburg« in einer kleinen Bucht des Kanals. Schwungvoll steuere ich die »Seestern« in die kleine Bucht hinein, Birgit winkt vom Ufer.

Na immerhin, von Berlin bis Wolfsburg bin ich schon einmal gekommen. Der Motorbootclub ist in vieler Hinsicht hilfsbereit: Die Mitglieder helfen uns, den richtigen Platz für unser Segelboot zu finden. Dann ist Grillabend, und wir werden zu Grillfleisch eingeladen. Und am nächsten Tag fährt uns ein freundliches Clubmitglied auch noch zur nächsten Tankstelle, wo ich neues Benzin für den Außenborder holen kann, und wieder zurück. Na, in einem solchen Club würde ich wohl auch das Kanalrevier genießen können. Eine freundliche, hilfsbereite Atmosphäre ist das hier in Wolfsburg, wo übrigens so gut wie jeder einen VW zu fahren scheint, zumindest wenn man nach den Automarken vor dem Club in den Allerwiesen geht. Direkt hinter dem Verein liegt die »Volkswagen Arena« und dahinter natürlich das markante VW-Werk mit seinen vier Schornsteinen. Als Segler komme ich mir ein wenig wie auf dem Mond vor, aber Spaß macht der Besuch der Stadt allemal.

Jetzt geht es aber weiter. Lassen wir die Autostadt mit dem eleganten Ritz-Carlton Hotel einmal an Steuerbord liegen, den Hauptbahnhof an Backbord, so kommt auch schon die Schleuse Süllfeld in Sicht.

Es ist heiß, immer noch knallt die Sonne vom Himmel. Vor der Schleuse kann man an einem Wartepunkt für die Sportschifffahrt festmachen, und das ist auch nötig. Denn es passiert rein überhaupt nichts. Über Funk nachgefragt, wird man um Geduld gebeten. Ich plaudere ein wenig mit einem Motorbootfahrer, der ein lustiges kleineres Schiff mit einem Schatten spendenden Aufbau aus einer Art Zeltplane hat. Er fährt hier häufiger auf dem Kanal und hat es sich dafür an Bord bequem gemacht. Geschlagene zwei Stunden Warten ist vor dieser Schleuse angesagt. Ich sehe uns noch den Abend hier verbringen, als endlich die Schleusenkammer aufgeht und wenig später die Lichter die Einfahrt freigeben.

Als wir auf einen Ort zufahren, der sich »Zanderdreieck« nennt, habe ich eine Idee: Hier teilen sich der Mittellandkanal und der Elbe-Seitenkanal, der schnurstracks nach Norden führt. Endlich die richtige Richtung. Hätte die Elbe genügend Wasser geführt, wären wir längst Richtung Norden abgebogen. Ich habe also eine Idee: Der Ort, der dem Kanal am nächsten liegt, ist Bad Bodenteich. Da gibt es nicht nur Supermärkte, sondern auch einige familiengeführte Hotels. Und wie schön wäre es, jetzt einmal eine bequeme Nacht in einem Hotel zu verbringen. Ich schwinge mich ans Mobiltelefon und reserviere ein Zimmer. Die Ankunftszeit kann ich genau ausrechnen, da ich unsere Schiffsgeschwindigkeit kenne, die Strecke, und auch keine Schleusen mehr im Weg sind. Lustig ist ja, dass auf Binnenwasserstraßen in Kilometern gemessen wird und nicht in Seemeilen wie auf See. Ich habe den Plotter vorher umstellen können, sodass jetzt immer das Tempo in km/h angezeigt wird. Knapp zehn Kilometer pro Stunde erreichen wir unter Motor, was ja ein geradezu lächerlich kleiner Wert ist, zumindest gemessen an der Welt außerhalb der Wasserstraßen. Aber fährt man auf dem Kanal, können einem diese 10 km/h doch recht schnell vorkommen. In schönem Abstand stehen am Ufer Kilometerschilder, die die Entfernung markieren. So weiß man, dass man sich beispielsweise noch 95 Kilometer von der Elbe entfernt befindet.

Das Schöne am Elbe-Seitenkanal ist, dass er etwas breiter als der Mittellandkanal zu sein scheint und kaum noch Schiffsverkehr herrscht. Zumindest wir als Freizeitskipper wissen das zu schätzen, die Häfen am Kanal hätten sicher gern die eine oder andere Schiffsladung mehr zum Umschlagen. Über die Böschung kann man die Wasserskianlage Bernsteinsee beobachten, auf der Wasserskifahrerer über einen kleinen Rundkurs gezogen werden. Die wiederum können wir nicht sehen.

Sie ahnen es: Man kann nicht über die Böschung hinwegschauen.

Nach einigen Stunden Fahrt kommt Bad Bodenteich näher. Am Kanalufer gibt es einige Anlegeplätze, die sich stolz »Hafen Bad Bodenteich« nennen. Das Schiff wird festgemacht, dann geht es zu Fuß die Hauptstraße hinauf zum »Braunschweiger Hof«. Die Dame an der Rezeption staunt nicht schlecht, dass wir die Ankunftszeit auf die Minute eingehalten haben. Aber als ich erkläre, dass wir mit dem Boot unterwegs sind, berichtet sie, dass einige Bootsbesatzungen schon bei ihnen eingekehrt sind, wenn sie den Elbe-Seitenkanal befahren.

Der »Braunschweiger Hof« ist so urdeutsch, wie ein Hotel nur sein kann. Das beginnt bei den Brauntönen in der Lobby und den Fluren, setzt sich bei den Gelbtönen der Vorhänge im Zimmer und den Farben der Möbel fort. Herrlich, ich mag dieses gediegene Ambiente heute wirklich gern, auch wenn ich es sonst vielleicht als angestaubt empfinden würde. Aber die Fahrt mit dem Segelboot den Kanal entlang ist kräftezehrend und was gibt es jetzt schöneres, als es sich in einem braun eingerichteten Hotelzimmer gemütlich zu machen? Zumal es draußen auch noch zu regnen beginnt. Hier stimmt einfach alles, es strahlt niedersächsisch-bürgerliche Gemütlichkeit aus und die Betten sind äußerst bequem. Bad Bodenteich – ein Geheimtipp ist das nicht, aber doch ein angenehmer Flecken südlich der Lüneburger Heide. Und draußen? Von der »Sonnen-Apotheke« bis zur »Volksbank Uelzen-Salzwedel« ist alles vorhanden, was so ein Städtchen benötigt. Und das Restaurant »Valencia« ist auch gut, es ist ein spanisches Steakhouse im Hotel.

Nach so vielen Annehmlichkeiten geht es wieder raus auf den Kanal, weiter schnurstracks nach Norden. Bis zur Elbe gibt es noch ein Hindernis zu überwinden. Nein, ich meine damit nicht das Schiffshebewerk in Scharnebeck. Zunächst einmal steht noch die Schleuse Uelzen an. Die überwindet den sagenhaften Höhenunterschied von 23 Metern in einem Schacht. Gut, dass man wenig davon merkt, wenn man von Süden kommend in die Schleuse einfährt. Dann ist man nämlich »oben« und das ist allemal angenehmer als von »unten« in den Schacht hinaufzublicken.

In der Schleuse gibt es Poller, die mit dem Wasserstand auf- und abfahren. Ich stelle mir das recht komfortabel vor. Und den »Trick« mit dem Bootshaken, mit dem man sich an einer Leiter festhält, möchte ich auf diesen 23 Metern nach unten lieber gar nicht erst ausprobieren. Also machen wir das Boot mit einem Festmacher, einem dicken Tau, an der Mittelklampe fest. Von dort wird die Verbindung zu einem der Poller schön stramm gezogen. Am Ende der Kammer liegt ein Binnenschiff. Das Schleusentor schließt sich hinter uns, die Schleusung kann beginnen.

Gurgelnd läuft das Wasser ab. Doch was ist das? Der Poller fährt nicht mit nach unten. Langsam läuft die Brühe unter dem Schiff davon, bis die »Seestern« fast schon in der Luft hängt. Panik durchfährt mich, ich stelle mir vor, wie das Segelboot 23 Meter in der Luft hängt, nur mit einem Festmacher an dem Poller gesichert. Das Wasser muss schon einen Meter unterhalb des Bootes abgeflossen sein, als der Poller sich mit einem lauten Quietschen in Bewegung setzt. Dann rutscht er einen guten Meter nach unten, und die »Seestern« taucht wieder ins Wasser ein. Er muss wohl eingeklemmt gewesen sein. Der Schleusenwärter scheint davon nichts bemerkt zu haben. Was für ein Pech: So viele Poller auf beiden Seiten der Schleusenkammer und ich mache ausgerechnet an einem fest, der klemmt. 54.000 Kubikmeter Wasser laufen bei einer Schleusung durch die Kammer, wie man der technischen Beschreibung der Schleuse entnehmen kann. Kaum vorstellbar, wie viel das wirklich ist. Bei einer Geschwindigkeit von 1,5 Metern pro Minute soll die gesamte Schleusung 15 Minuten dauern. Langsam wird der Ausschnitt Himmel, den man von unten sehen kann, kleiner. Endlich kommen wir unten an. Das Wasser tropft von den Betonwänden auf beiden Seiten herunter, es riecht nass und muffig. Erst fährt das Binnenschiff aus der Kammer heraus, dann sind wir dran. Es ist ein beeindruckendes Erlebnis.

Das war sogar noch spektakulärer als das Schiffshebewerk in Scharnebeck, das am Nachmittag auf uns wartet. Gewiss, die Anlage überwindet mit 38 Metern eine noch viel größere Höhe auf dem letzten Abschnitt des Elbe-Seitenkanals vor der Elbe. Aber dort fährt man als Sportboot in einen Trog hinein und ist gewissermaßen immer an der »frischen Luft«. Der gesamte Trog bewegt sich hinunter wie eine riesige Seilbahn, bevor er unten ankommt, einrastet und sich die Tore öffnen. Das Spektakel kann man vom Seitensteg aus verfolgen, wo wir das Boot vorne und hinten festgemacht haben. Das ist ein angenehmes Erlebnis im Gegensatz zur klaustrophobischen Atmosphäre einer Schachtschleuse, in die man mit einem klemmenden Poller hinabgelassen wird. Noch dazu dauert die Abfahrt nur wenige Minuten. Nein, könnte ich wählen, ich würde immer das Schiffshebewerk einer tiefen Schleuse vorziehen.

Auf der Elbe angekommen, atme ich erleichtert auf. Ein richtiger, breiter Fluss ist die Elbe hier schon geworden, stromabwärts von Lauenburg. Sie sieht mehr nach der Elbe aus, die man in Hamburg kennt. Wind weht, kleine Wellen haben sich gebildet, wir dampfen mit der »Seestern« stromaufwärts gegen die Strömung an. Das ist kein Problem, der Außenborder liefert genug Leistung. An Backbord kommt Lauenburg in Sicht und ich bin wirklich froh, der Welt der Kanäle für eine kurze Zeit entronnen zu sein. Als wir am Abend in der Altstadt in einem hübschen Restaurant auf der Terrasse sitzen, einige Meter über dem Fluss, bin ich immer noch erleichtert. Wie weit das Land hier doch ist. Wie viel Wasser es gibt, auf dem man fahren kann. Ich glaube, ich bekomme eine Aversion gegen Kanäle. Die Tage von Berlin bis hier, das war mir etwas zu viel der Fahrt über ein enges Wasserband, das durch die Landschaft schneidet. Ständig musste man auf der Hut sein und gezielt steuern. Auf See kann man dem Schiff auch einmal freien Lauf gönnen, aber hier lauern links und rechts die Böschungen mit Wackersteinen, denen man nicht nahekommen will. Und wenn ein kräftiges Binnenschiff überholte, musste man aufpassen, nicht zu dicht an das Ufer gedrückt zu werden. Ich hatte einmal versucht, ein langsameres Binnenschiff zu passieren. Trotz voller Motorleistung gelang mir das nicht, zu groß war die Strömung des Wassers, die das Binnenschiff auf beiden Seiten verdrängte und das in Wellen vorbeilief. Ein unheimliches Erlebnis. Für eines der komfortablen Motorboote mag eine solche Kanalfahrt ja ganz angenehm sein, aber wer im Cockpit eines Segelboots sitzt, der kann sich nur wünschen, bald wieder aufs Meer hinauszukommen.

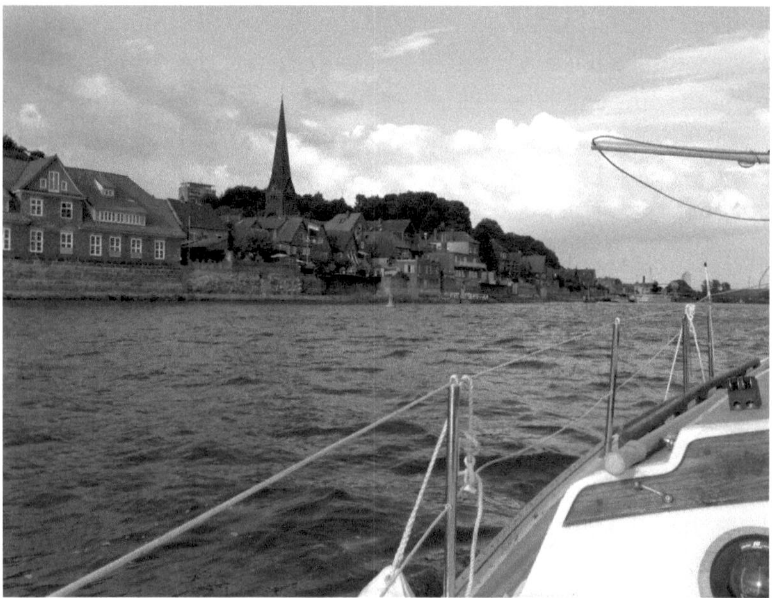

Auf der Elbe bei Lauenburg

Dementsprechend starten wir früh am nächsten Morgen,

um wieder in eine Schleuse zu fahren. Jetzt hat der letzte Abschnitt vor der Ostsee begonnen, der Elbe-Lübeck-Kanal. Die moderne Schleuse Lauenburg bringt uns in diesen Kanal, der sich durch Ostholstein windet. Und die Fahrt darauf ist ein schönes Erlebnis: Weil er viel älter ist als der Mittellandkanal oder gar der Elbe-Seitenkanal, verläuft er nicht schnurgerade durch die Hügel, sondern folgt diesen mit vielen Windungen. Für die Binnenschifffahrt ist das umständlich, für Freizeitskipper ist es aber umso schöner.

Dass der Kanal schon früher als andere gebaut wurde, ist kein Zufall. Als der Kaiser-Wilhelm-Kanal von der Nordsee zur Ostsee entstanden ist, wollte man in Lübeck nicht abseitsstehen und eine eigene, moderne Verbindung zur Elbe und damit zum Hamburger Hafen haben. Deshalb setzte man die Pläne des Lübecker Baudirektors Paul Rehder um und baute diese Wasserstraße, die im Jahr 1900 gemeinsam mit dem Kaiser eingeweiht wurde. 62 Kilometer ist der Kanal lang, sieben Schleusen müssen überwunden werden. Von Anfang an war er auf 1000-Tonnen fassende Güterschiffe ausgelegt. Das mag vor über 120 Jahren gigantisch gewesen sein, heute ist es längst nicht mehr so. Weil die Bedeutung der Wasserstraße dann hinter dem Nord-Ostsee-Kanal zurückblieb, wurde er später nicht auf moderne Maße ausgebaut. Der jüngste Versuch, den Kanal für größere Schiffe passierbar zu machen, wurde im Bundesverkehrswegeplan von 2016 festgeschrieben. Weil das Kosten-Nutzen-Verhältnis aber doch zu niedrig war, wurden die Pläne schon 2020 wieder fallen gelassen. Das ist einerseits schade, wäre dem Lübecker Hafen doch eine schnelle Wasserverbindung nach Hamburg zu wünschen. Andererseits gibt es dafür auch Verbindungen auf Straße und Schiene, die wesentlich schneller sind. Und für Freizeitskipper ist es ein Segen, denn der hübsche alte Kanal ist im gegenwärtigen Zustand deutlich »freizeitfreundlicher« als es nach einem Ausbau der Fall gewesen wäre.

Man soll den Kanal ja in rund acht Stunden passieren können. Weil aber noch Wartezeiten vor den Schleusen entstehen können, die nur tagsüber in Betrieb sind, schaffen wir das nicht. Wir bleiben vor der Schleuse Krummsee hängen, gar nicht weit von Lübeck entfernt. Der Schleusenwärter schließt ab, der Betrieb ist beendet. Ein redseliger Motorbootfahrer kommt längsseits und versorgt uns mit Tipps für den nahe gelegenen Ort. Aus einem bestimmten Grund ist die Gesellschaft auf diesen Kanälen sehr angenehm, denke ich. Vor den vielen Pausen an den Schleusen findet man immer jemanden, der sich auskennt (oder auch nicht) und in den meisten Fällen für einen Schnack zu haben ist.

Birgit findet es ganz schön auf dem Kanal: »Hier ist es so schön ruhig und es gibt auch immer etwas zu schauen«, stellt sie fest. »Na klar, bei den Binnenschiffen muss man aufpassen, etwa mit der Bugwelle, aber die fahren hier ja selten.« Und sie achtet darauf, dass wir ja nicht zu nah ans Ufer kommen. »Einer muss immer konzentriert am Ruder sein. Aber ich freue mich auch auf die Ostsee.«

Wenn man sich Lübeck nähert, sieht man als Erstes die Kirchtürme am Horizont auftauchen. Das ist sogar so, wenn man von Süden über den Kanal in die Stadt fährt, wie am nächsten Tag. Sieben Kirchtürme stehen in der Stadt, von denen die höchsten St. Marien und der Lübecker Dom weithin sichtbar sind. Sie legen ein beeindruckendes Zeugnis von der früheren Bedeutung der Hansestadt ab. Und wenn man mit dem Boot erst einmal die Unterführung unter der Autobahn A 20 passiert hat, ist die Fahrt auch nicht mehr ganz so banal. Die »Seestern« dampft am Kaisertor in die Trave hinein. Prächtige Bürgerhäuser stehen am Ufer der Altstadt. Es macht wirklich Freude, hier mit dem Schiff einzufahren. Wir machen an der Untertrave fest und bedingt durch den Zwangsaufenthalt in Krummsee vergangene Nacht haben wir jetzt Zeit für einen ausführlichen Stadtbummel. Ich will gar nicht viel von Lübeck schwärmen, die große Altstadt spricht einfach für sich selbst. Man kann sie bequem vom Ufer aus erkunden und hat sein Schiff doch mit dabei.

Die Marina direkt an der Altstadt heißt heute »Newport«, sie liegt auf der gegenüberliegenden Seite der Trave. Merkmal: Moderner Hafen mit neuen Fingerstegen und einem schicken Restaurant. Internet: newport.yabook.de/userbook/ Tel. Hafenmeister: 0151 14341029

Ich muss aber auch heute noch an das Malheur zurückdenken, das uns an der Drehbrücke Trave passiert ist, als wir am Nachmittag weiterfahren. Der Mast liegt ja schön längs auf dem Schiff, gestützt von zwei Holzkreuzen am Bug und am Heck. Eigentlich ist das Schiff damit niedrig und passt unter jeder Brücke durch. Nur ganz am Ende des Mastes ragt die Windmessanlage circa 30 Zentimeter nach oben.

Ich hatte es zu diesem Zeitpunkt noch nicht geschafft, die Anlage wieder in Betrieb zu nehmen. Zu ihr gehörten schöne alte Rundinstrumente mit Zeigern, die vorne im Cockpit eingebaut waren. Eine Anlage des englischen Traditionsherstellers »Brooks & Gatehouse« war das, die wohl so alt wie das Boot und damit von 1979 war. Gerade wegen der Zeigerinstrumente hatte ich die alte Anlage aber noch nicht abgeschrieben, sondern den festen Plan, sie später in Betrieb zu nehmen. Nun fahren wir über die Trave auf besagte Drehbrücke zu. Wir kommen näher und mir fällt auf, dass sie ungewöhnlich niedrig ist. Aber da werden wir doch durchpassen, denke ich. Es kann doch nicht sein, dass…

Tatsächlich, das Schiff passt unter der Brücke durch, der Mast auch. Aber als das Heck in die Nähe der Stahlbrücke kommt, gibt es ein lautes Knacken. Ich drehe mich um. Und sehe gerade noch das Oberteil der Windmessanlage in der Trave versinken. Einfach abgerissen, einfach so. Weg ist das Wunderwerk von »Brooks & Gatehouse«, noch bevor es mir einmal auf hoher See Windrichtung und -geschwindigkeit gemeldet hat. Viel später in Bremerhaven habe ich es durch eine moderne Windmessanlage ersetzt, mit einem Digitalinstrument. Doch den Charme des alten Windmessers konnte das nicht wettmachen.

Wenigstens bietet die Trave zwischen Lübeck und Travemünde ein schönes Revier. Die Ufer weichen zurück, nachdem wir die Stadthäfen in Lübeck passiert hatten, in denen etwas viel Industriebrache an den Ufern zu stehen scheint. Bei Schlutup wird der Fluss herrlich breit, die Abendsonne scheint, wir kommen der Ostsee näher. Wunderschön auch die bewaldeten Ufer und der Abzweig zum Dassower See etwas stromabwärts. Wer in Lübeck segelt, hat ein feines Revier vor seiner Haustür, denke ich, fast wie am Wannsee, aber viel dichter an der Ostsee.

Kritisch wird es noch einmal vor dem Skandinavienkai in Travemünde, an dem die großen Ostsee-Fährschiffe festmachen. Und wie es der Fahrplan so wollte, sind gerade zwei dieser Riesen am Rangieren, als wir mit unserer kleinen »Seestern« vorbeiwollen. Da muss ich Fahrt herausnehmen und warten. Aber nachdem die große »Peter Pan« richtig eingeparkt hatte, können auch wir passieren. Der Kai ist kein Kai mehr, sondern eine riesige Logistik-Anlage, die ausschaut, als könne das gesamte Baltikum von ihr versorgt werden. Kurz danach kommt auch schon Travemünde in Sicht, mit Yachthäfen zu beiden Seiten des Stroms. An Backbord die Böbs-Werft, wo wir uns im Winter schon einmal ein Stahlschiff angesehen hatten, bevor wir die Jaguar 25 erworben haben. An Steuerbord der Rosenhof mit seinem Yachthafen, von dem wir einige Jahre zuvor zu einem Törn in der Lübecker Bucht mit Birgits Segelverein aufgebrochen waren. Bemerkenswert war der Törn, weil damals das Ruder brach und wir mitten auf der Lübecker Bucht das Schiff mit dem Außenborder zurücksteuern mussten. Das ging immerhin, aber glücklicherweise ist uns so etwas seither nicht noch einmal passiert.

Und dann biegen wir in den Passathafen ein, um uns einen freien Liegeplatz zu suchen. Ich bin glücklich, an der Ostsee zu sein und meine die Seeluft schon förmlich zu riechen. Direkt hinter der Viermastbark »Passat« liegen wir, einem richtigen Segelschiff. Nach rund einer Woche Kanalfahrt haben wir endlich das Meer erreicht. Am nächsten Tag kommt dann unsere »Jüteinrichtung« zum Einsatz: Wir rücken den Mast nach vorne und machen ihn im Mastfuß fest. Mithilfe des »Jütbaums« auf dem Vorschiff und einer Winde wird der Mast dann hochgezogen. Anschließend werden alle Wanten durchgesetzt und befestigt und der Baum montiert.

In Travemünde gibt es eine Reihe von Marinas mit Gastliegeplätzen Wir empfehlen den »Passathafen« auf dem Priwall. Merkmale: Sehr moderner Hafen mit historischer Viermastbark und neuer Randbebauung, in der es viele Geschäfte und Restaurants gibt. Internet: www.luebeck.de/de/stadtleben/tourismus/travemuende/sehenswuerdigkeiten-travemuende/viermastbark-passat/passathafen/service.html. Telefon: 0451 1225230.

Lebt wohl ihr komfortablen Motorbootkreuzer auf den Kanälen, denke ich. Ihr mögt ja viel Spaß in Eurem Revier haben. Aber jetzt kommt unser Revier, die Ostsee. Und unser Mast steht und ist weithin sichtbar. Das ist die wahre Essenz des Segelns auf dem Meer, dort ist ein Kielboot zu Hause: vor den Stränden der Ostsee auf den Wellen, nicht in einem

Wasserband zwischen Magdeburg und Wolfsburg. Der Kanal war ja eine interessante Erfahrung. Aber über diesen Weg wieder zurück nach Berlin fahren, eine Woche lang? Das kommt nicht infrage. Jetzt gibt es nur einen Weg: nach vorne. Und so beginnen wir mit einem Törn, der uns die gesamte Ostseeküste Mecklenburg-Vorpommerns entlangführt. Über die Insel Poel, Warnemünde und Stralsund geht es bis ins Stettiner Haff, bevor wir über die Oder und den Oder-Havel-Kanal nach Berlin zurückkehren.

Auf der Ostsee wartet Segelvergnügen auf uns, da das Wetter stabil bleibt. Es gibt mal mehr, mal weniger Wind und Ostseehäfen, in denen die Segelboote überwiegen. Wir haben den ganzen Törn gut in drei Wochen geschafft, eine Woche auf dem Kanal, gut eineinhalb auf dem Meer und dann wieder drei Tage zurück über den Kanal nach Berlin. Ich genieße jede Seemeile und bin mir sicher: Der kürzeste Weg von Berlin in die Ostsee ist künftig der beste. Das sollte später unsere Entscheidung, das Boot nach Bremen zu überführen, noch entscheidend beeinflussen. Von nun an war das Stettiner Haff unser »Hausrevier« an der Ostsee.

Nun könnte man fragen, warum man sich die Bootsfahrten überhaupt antut. Wäre es nicht möglich, gleich mit dem Auto oder mit dem Zug diese Ziele anzusteuern? Das würde doch viel schneller und wesentlich bequemer gehen. Man könnte doch Lübeck zum Beispiel in wenigen Stunden von Berlin erreichen und wäre kaum vom Wetter abhängig. Da hätte man keine Sorge um gleißende Sonne und strömenden Regen mehr. Und dazu noch diese endlos langsame Geschwindigkeit von rund 10 bis 11 Kilometern pro Stunde. Nicht doch lieber ein Auto? Ja, das wäre möglich.

Aber das Reisen auf dem Wasser hat mich schon immer fasziniert. Der Reiz liegt darin, dass man sich in einer völlig anderen Umgebung als auf dem Land bewegt. Dort rollt ein Auto über Straßen, die jeder im Alltag befahren kann. Hier segelt eine Yacht über das Meer – dort, wo niemals ein Auto hinkommen würde. Oder ein Boot fährt auf einem Kanal abseits der Straßen. Das zeigt einen ganz anderen Blick auf die Umgebung und die Orte, die man ansteuert. Es ist ein tolles Erlebnis, wenn man nach stundenlanger Fahrt unter Segeln einen Hafen anläuft. Eine Fahrt mit der Fähre oder dem Zug könnte das niemals ersetzen. Das werde ich im kommenden Kapitel noch näher ausführen.

Und es ist natürlich das eigene Boot, das so fasziniert. Dieses Boot ist mit keinem Auto oder Wohnmobil vergleichbar, schon von der Konstruktion gibt es keine Gemeinsamkeiten. Vier Räder sind nun einmal etwas anderes als ein Kiel. Ein Cockpit an Bord ist kein Fahrer- und Beifahrersitz: Man nimmt im Freien Platz, greift nach der Pinne, der frische Wind streicht über das Gesicht und ein Kaffee steht bereit.

Aber dieses erste Kapitel hat mir gezeigt, dass ich doch lieber auf See unterwegs bin als im Binnenland. Zwar kann man auch auf den Wasserwegen durch Deutschland reisen, aber richtig spannend wird es eben dort, wo wir die ländliche Umgebung verlassen und aufs Meer hinausfahren. Im Binnenland, auf den Kanälen, fehlt zudem etwas Entscheidendes: das Segeln. Nur mit der Kraft des Windes übers Meer zu reisen, ist eben eine besondere Erfahrung.

Man kann es auch so sehen wie der britische Segler Peter Clutterbuck, der in seiner kleinen Jolle halb Europa bereist hat. Auf die Frage, warum er sich das antue, antwortete er ganz schlicht: »Ich bin eben auf der Suche nach Abenteuern.«

KAPITEL 2: BORNHOLM UND DIE HAUPTSTADT

Was für ein vielseitiges Segelrevier Berlin und Brandenburg doch sind. Dazu zähle ich nicht nur den Wannsee oder die Spree, auf der man mitten durch die Stadt fahren kann, sondern auch die Umgebung mit dem Müggelsee oder weiter im Süden, hinter Potsdam, den Templiner See und den Schwielowsee. Da war die »Seestern« in ihrem Element: Den Mast konnten wir problemlos senken, auch wenn das mit einiger Arbeit verbunden war. Doch mit gelegtem Mast ließen sich auch die anderen Berliner Reviere erkunden, wenn man erst einmal die Brücken passiert hatte.

Und wir hatten ja die richtige Route gefunden, um vom Wannsee an die Ostsee zu kommen. Nun standen neue Segeltörns an. Die weiteste Strecke, die wir uns vorgenommen hatten, sollte im nächsten Sommerurlaub nach Bornholm führen. Wir hatten diesmal nicht drei, sondern nur etwas mehr als zwei Wochen Zeit, aber damit war ein längerer Törn möglich. Und weil in diesem Buch natürlich auch reichlich gesegelt werden soll, will ich Sie gern einmal auf den Törn mit nach Bornholm nehmen – bevor wir uns auf die eigentliche Strecke von Berlin nach Bremen machen.

Wir gehen die Fahrt mit der Strecke nach Stettin an. Der Weg führt über den Oder-Havel-Kanal und dann die Oder selbst. Dort können wir auch wieder den Mast stellen, zwei Tage, nachdem wir in Berlin aufgebrochen waren. Bei der Fahrt über den Dammscher See nach Norden ist schon wieder richtiges Segeln möglich. Dann geht es weiter auf das Stettiner Haff, das schon im Süden über fünf Seemeilen breit ist. Ein großzügiges Revier ist das. Von Swinemünde aus steuern wir nach Westen. Es ist ein schönes Erlebnis, an einem Tag im Frühsommer, an dem die Sonne über der blauen Ostsee scheint, die Küste von Usedom entlangzusegeln. Wir passierten Ahlbeck und Heringsdorf in gehörigem Abstand und nur einmal müssen wir einem Ausflugsdampfer ausweichen, der die Seebrücken der Bäder abklappert. Hier präsentiert sich Mecklenburg-Vorpommern von seiner schönsten, touristisch herausgeputzten Seite.

Segler können daran nur als Zuschauer von der Ostsee aus teilhaben, denn es gibt keinen Yachthafen in Reichweite dieser Seebäder, zumindest nicht auf der Nordseite Usedoms. Aber die Touristen, die aus dem Süden, besonders aus Berlin anreisen, finden hier schöne Strände. Die aufwendige Renovierung der alten Bäderarchitektur hat sich ausgezahlt, auch wenn mir gelegentlich etwas die Patina fehlt, die in Orten wie Travemünde anzutreffen ist. Nein, ich mag die Orte wegen der Kiefernwälder am Strand. So etwas gibt es an der Nordseeküste nicht und an der schleswig-holsteinischen Ostseeküste nur selten. Die alten Strandvillen mit ihren weißen Fassaden stehen beeindruckend an Land und verstecken sich geradezu zwischen den Kiefern und der Uferpromenade.

Aber da wir nicht anlegen können, bleibt nur, den frischen Wind von Süden zu nutzen, um weiterzusegeln. Kurs Nordwest liegt an, wir wollen mit einem Abstecher in Richtung Greifswalder Bodden das reine Seestück nach Bornholm etwas abkürzen. Sowohl Birgit wie auch ich waren schon mit der

Fähre auf der dänischen Insel gewesen, und so war klar, dass sie ein hervorragendes Segelziel abgeben würde, gerade, wenn man in Berlin startet. Heute fahren wir erst auf die kleine Insel Ruden, mitten im Greifswalder Bodden, respektive dem Ausgang davon in die Ostsee.

Die Insel ist wirklich ein Kleinod, außer dem Hafen gibt es nichts in dem Naturschutzgebiet. Aber weil wir an der deutschen Ostseeküste sind, die bekanntermaßen voller ist als ihre Nachbarinnen in Polen oder Schweden, müssen Naturschutzgebiete natürlich streng geschützt werden. Auf Ruden kündigen Schilder am Kai des Hafens gleich an, was alles verboten ist. Der Strand darf nicht betreten werden, ja, nicht einmal das Ufer. Eigentlich ist so ziemlich alles verboten, außer an dem Kai des kleinen Hafens festzumachen. Und man spürt förmlich den Widerwillen der Verwaltung, überhaupt das noch zuzulassen. Ich frage mich, welche schlimmen Ereignisse hier vorgefallen sein müssen, dass die Insel jetzt so streng geschützt werden muss? In Dänemark oder Schweden wäre ein solcher Wald an Hinweisen undenkbar. Aber die Verbote müssen wohl ihre Gründe haben. Die Insel hat auch eine wechselvolle Vergangenheit: Hier waren früher Lotsen stationiert, die die Einfahrt ins Stettiner Haff betreuten. Später kam das Militär, das erst nach der Wende wieder abzog. Wunderschön ist es auf Ruden natürlich allemal, besonders an diesem warmen Junitag. Das »Problem« mit dem Hafen auf Ruden sollte sich wenig später von selbst lösen: Seit einigen Jahren gilt der Hafen als nicht mehr »betriebssicher« und die Anlage wurde kurzerhand gesperrt. Ohne es zu ahnen, zählen wir offenkundig zu Besuchern, die noch das Glück hatten, an dem kleinen Eiland festzumachen.

Tags darauf weht ein schöner Wind aus Südwest über unser kleines Naturschutzgebiet. Genau die passende Richtung, um zum »großen Sprung« anzusetzen. An der Insel »Greifswalder Oie« vorbei, soll es jetzt direkt nach Rönne auf Bornholm gehen. Rund 62 Seemeilen liegen vor uns. Kaum sind wir aus der Einfahrt des kleinen Hafens entkommen, setzen wir unsere Segel. Auf der Jaguar 25 war das nicht schwer, denn so große Mengen Tuch hat das eher kleine Boot ja nicht. Immerhin verfügte es über eine Rollfock, die wir bequem vom Cockpit ausrollen konnten. Die Leine von der Trommel am Bug läuft über kleine Rollen an den Relingsfüßen, die mich faszinieren. Wie ein Seilzug führte das Tau in die Plicht. Nur für das Großsegel musste man auf das Kajütdach steigen, oder, wie es korrekt heißt, »auf das Vorschiff«. Dann konnte man die kleinen Gummibänder, in der Fachsprache »Zeisinge« genannt, lösen, die das Großsegel auf dem Baum hielten. Mit einigen kräftigen Zügen an der Großschot wurde das Tuch mit dem schönen schwarzen »J« in einer Raute, dem Segelzeichen der Jaguar, dann hochgezogen. Birgit besteht meist darauf, selbst diese Arbeit auszuführen, damit ich das Boot in der Zwischenzeit auf Kurs halten kann. Ich hätte es auch andersherum gemacht. Jedenfalls steht das Tuch stabil im Sommerwind.

Jetzt beginnt die angenehme Phase des Fahrtensegelns, wenn die Wetterbedingungen stimmen. Man kann noch ein wenig am Segel trimmen, in dem man unter anderem die Spannung an der Unterseite, dem »Unterliek«, verändert. Neuere Boote fahren überwiegend ein sogenanntes offenes Unterliek, aber bei uns ist das Segel unten fest mit dem Baum verbunden. Wenn wir die Spannung erhöhen, wird das Segel im unteren Bereich flacher, sonst bauchiger. Einen ähnlichen Effekt können wir an unserem Achterstag erreichen, das sind die Drähte, die vom Heck des Schiffes zur Mastspitze führen. Wenn wir dort mehr Spannung geben, wird das Segel auch flacher, aber insgesamt, nicht nur im unteren Bereich.

Mit dem sogenannten Traveller kann ich dann noch den Anstellwinkel des Segels verändern. Erfahrene Segler wissen: Bei zunehmendem Wind wird dieser Winkel verkleinert, damit Druck aus dem Segel genommen wird. Da kann ich jetzt noch etwas herumprobieren. Zum ersten Mal hatten wir einen Traveller übrigens auf der Jolle, mit der wir auf Binnenseen in Schleswig-Holstein segelten. Unsere kleine Kelt hatte leider keine solche Einrichtung, da waren die Blöcke der Großschot fix im Cockpit montiert.

Aber das war es dann auch schon. Oder doch nicht? Wir haben zwar keinen »Kicker«, das ist eine Gasfeder, zwischen dem Mast und dem Baum, aber einen »Baumniederholer«. Dieser verhindert, dass der Baum übermäßig nach oben steigt. Da gebe ich noch etwas Spannung drauf, das lohnt sich bei Kursen vor dem Wind oder bei halbem Wind. Nun gilt es, einen geraden Kurs zu fahren und den Wind »seine Arbeit« machen zu lassen. Stunde um Stunde vergeht, in der Ferne ziehen einige Schiffe vorbei, aber gar keine anderen Segelboote.

Wir haben eine Auswahl von Segeln an Bord, die aber alle älteren Datums sind. Zusätzlich zur Genua, die am Bug aufgerollt ist, könnten wir eine weitere Genua setzen und sogar ein Spinnaker gibt es, das mit dem entsprechenden »Spi-Baum« angeschlagen werden könnte. Noch glaube ich, die zusätzliche »Segelpower« nicht zu benötigen, die ganz ausgerollte Fock und das Groß geben uns genügend Schub.

Zwischendurch schalte ich den Autopiloten aus. Nicht weil er nicht funktionieren würde, sondern weil ich gelegentlich gern selbst das Ruder in die Hand nehme. Nun ja, Druck gespürt, soweit das, nun wieder den Autopiloten ran. Ich merke, dass es gar nicht so einfach ist, nach Kompass zu steuern. Zu zittrig drehen sich die Zahlen in dem Magnetkompass, der in das Schott auf der Vorderseite des Cockpits eingebaut ist. Wer da, sagen wir einmal 30 Grad, genau einhalten will, der muss sich schon mit einigen Abweichungen begnügen. So fünf bis zehn Grad würde ich als »Steuerungenauigkeit« darauf geben.

Der Wind lässt nach, wir segeln immer noch, die Sonne steht schon tiefer am Himmel. Genau 25,18 Quadratmeter

Segelfläche haben wir oben. Das ist leider nicht viel mehr wie auf unserer vorherigen, kleineren Yacht. Und das spürt man leider bei schwachem Wind auch. Nun müssten wir für das Setzen der großen Genua die Rollfock abnehmen, worauf ich kurz vor Bornholm lieber verzichte. Das Tempo sinkt dann auf unter vier Knoten. Trotzdem bin ich hoffnungsvoll, dass wir die Insel noch bei Tageslicht erreichen. Bequem ist es in der Jaguar allemal. Einer von uns beiden behält den Schiffsverkehr, der ohnehin nicht vorhanden ist, im Auge, einer kann unter Deck ausruhen oder etwas Sinnvolles tun, etwa den Kaffee kochen, was ich gern übernehme.

Nach 13 Stunden auf See kommt endlich die Insel in Sicht, eine Stunde später laufen wir problemlos in den Freizeithafen ein, der nördlich des Fährhafens liegt. Ein freier Platz ist schnell gefunden. Und da sind wir, und darauf sind wir auch stolz. Die 62 Seemeilen von der Küste, genauer gesagt der Insel, sind geschafft auf unserem ersten längeren Seestück. Und wir sind gerade einmal fünf Tage vom Wannsee entfernt. Auf der Kanalfahrt, die ich im ersten Kapitel beschrieben habe, hätten wir in dieser Zeit nur Lauenburg erreicht.

Wir machen noch einen kleinen Rundgang durch den Hafen, der sich nicht wesentlich von anderen Freizeithäfen unterscheidet, die wir auf unseren Touren durch Dänemark kennengelernt hatten. Alles ist sauber, gepflegt und skandinavisch-stilvoll. Und auch ein Bezahlautomat gehört dazu, an dem man per Karte seine »Hamnavgift«, die Hafengebühr, entrichten kann. Manche Segler finden das unpersönlich, sehnen sich nach Hafenmeistern wie in Deutschland zurück. Aber ihnen sei gesagt: Automaten sind heutzutage in Skandinavien schon wieder auf dem Rückzug und werden durch das Bezahlen per App ersetzt.

Der Sporthafen von Rönne liegt circa einen Kilometer nördlich des Fährhafens. Merkmale: Riesige Anlage mit allen Versorgungsmöglichkeiten in der nahen Innenstadt von Rönne. Von der Touristen-Information gibt es auch den Hafenführer Bornholm, etwa hier zum herunterladen: https://bornholm.info/de/segelurlaub-auf-bornholm/ Er enthält Informationen über sämtliche Freizeithäfen rund um Bornholm, auch die, die wir angelaufen haben.

Am nächsten Tag ziehen graue Wolken über den Himmel. Es ist merklich ungemütlicher geworden und es weht starker Wind. Wir stehen am Ufer und schauen hinaus aufs Meer. Eine Yacht kämpft sich mit gerefften Segeln in Richtung der Hafeneinfahrt. Würden wir auch bei solchem Wetter von der Küste nach Bornholm segeln? Wir würden es vielleicht hinbekommen, aber es wäre ein beträchtlicher Stress. Zumindest schnell müsste es bei dieser Windstärke gehen. »Ich bin schon froh, dass wir bei ruhigem Wetter hier herüberfahren konnten«, sagt Birgit dazu.

Wir machen uns lieber auf den Weg zu unserem Landgang. Rönne ist mit ihren knapp 14.000 Einwohnern eine Kleinstadt typisch dänischer Prägung. Sie sieht auf den ersten Blick aus wie viele andere dänische Orte in Jütland, auf Fynen oder auf Seeland. Zwischen den hübschen kleinen Häusern stehen Bänke, Stockrosen verzieren die Eingänge. Es gibt eine Fußgängerzone mit Geschäften und schön dekorierten Schaufenstern. Wir essen Eis und Birgit sieht sich bestätigt: »Das Eis ist eigentlich immer gut in Dänemark.«

Der Ort hat Geschichte: Hier siedelten schon in der Wikingerzeit Menschen. Und Bornholm wie Rönne waren umkämpft. Im sechzehnten Jahrhundert wurde das Städtchen zum Beispiel Lübeck als Pfand übergeben, da der dänische König seine

Schulden nicht begleichen konnte. Rund 100 Jahre später, die Insel war längst wieder dänisch, fiel sie an Schweden, wie es im Frieden von Roskilde ausgehandelt worden war. Doch Aufständische von der Insel nahmen den schwedischen Festungskommandanten und seine Soldaten in Gefangenschaft und die Insel kam an Dänemark zurück. Das blieb bis heute so, mit Ausnahme des Zweiten Weltkrieges, als die Insel einen deutschen Kommandanten hatte und in einer kurzen Episode kurz vor Kriegsende von der Roten Armee besetzt wurde. Diese sowjetische Zeit dauerte 11 Monate, bis April 1946. Die Insel hätte östlich der Demarkationslinie zwischen West und Ost gelegen, so die Argumentation Stalins, der dann aber doch seine Sowjet-Truppen zurückziehen ließ.

Heute ist Rönne wie eh und je das Handelszentrum der Insel. Der große Fährhafen stellt die Verbindungen nach Schweden und nach Dänemark her, und im Sommer verkehren auch Fähren nach Rügen, die deutsche Urlauber auf die Ostseeinsel bringen. Der Freizeithafen liegt übrigens besonders dicht am Stadtzentrum, man muss nur einen kleinen Hügel hinaufgehen und steht rasch mitten in der zentralen Einkaufsstraße mit dem Radhudsplatz.

Wir wollen nun die Insel einmal im Norden umrunden. Dazu machen wir uns vom Hauptort auf nach Allinge, einmal um die Nordspitze der Insel, die beeindruckende »Hammer Odde« herum. Das ist eine Klippe, auf der das gleichnamige Leuchtfeuer steht. Weil kaum Wind weht, starten wir unter Motor. Die Fahrt läuft dicht am Ufer entlang und ich staune gerade über die Ruine von »Hammershus Slotsruin« als mein Blick eher zufällig in die Kajüte fällt. Was ist denn da los, frage ich laut. Birgit schaut ebenfalls durch den Niedergang hinein. Auf dem Boden stehen schon einige Zentimeter Wasser. Haben wir einen Wassereinbruch? Ein Leck? Ja, sinkt die »Seestern« jetzt etwa?

Ich nehme die Polster beiseite und schaue in die Bilge unter der Sitzbank, das ist der tiefste Punkt des Schiffes. Tatsächlich: Sie ist randvoll mit Wasser, das sich auch noch im Salon verteilt. Also ein wenig bekomme ich es jetzt doch mit der Angst zu tun. Das Wasser scheint ja noch zu steigen. Ich suche das Boot von innen ab, so gut es geht, doch ich kann nichts entdecken.

Glücklicherweise sind wir ja dicht am Ufer und ich male mir kurz aus, wie wir an Land schwimmen, während hinter uns die »Seestern« gurgelnd untergeht. Da gibt es auch einen kleinen Hafen mit einem Strand, da könnte ich das Schiff doch notfalls auf Grund setzen. So ganz absurd erscheint dieser Gedanke gar nicht, wenn man durch eine Kajüte kriecht, auf der mehrere Zentimeter Wasser auf dem Boden stehen. Ich nehme die Abdeckung von der Maschine beiseite, und nach einigen Minuten Suchen kann ich die Ursache des Problems erkennen: Am Motorblock fließt Wasser auf der linken Seite herunter. Dort sitzt die Pumpe, die das Kühlwasser aus dem Meer holt, es durch den Motorblock leitet und schließlich heiß wieder nach draußen entlässt. Und diese Pumpe wird durch eine Welle angetrieben, die mit dem Antrieb verbunden ist. Der kleine »Tunnel« in dem die Welle verläuft, ist undicht, das Wasser strömt heraus. Eine sehr merkwürdige Vorstellung: Die »Seestern« pumpt das Wasser, das dafür sorgen könnte, dass sie untergeht, gewissermaßen selbst ins Schiff. Und obwohl der kleine Strom eher wie ein Rinnsal aussieht, reicht das offenbar nach einigen Stunden Fahrt schon aus, um die Bilge und den Kajütboden zu überfluten.

Rasch greife ich nach der Dose mit der Füllmasse für Lecks, die in der Kajüte griffbereit steht. Ich öffne den Plastikbehälter und nehme mir eine schöne Handvoll mit der klebrigen, braunen Masse. Die drücke ich auf die gesamte Wasserpumpe und ihr Gehäuse. Und tatsächlich, die Füllmasse haftet an dem Metall. Der Wasserstrom versiegt. Die Hauptmaschine lassen wir trotzdem aus und fahren mit dem Außenborder in die

Einfahrt von Allinge-Sandvig. Wir sind nicht untergegangen und können festmachen. Wir liegen dann direkt vor dem Hafenimbiss, von dem wir uns, argwöhnisch beachtet von einer Möwenschar, einen dänischen Hot-Dog und Cola zur Erholung von diesem Schrecken gönnen. Danach ist Ausschöpfen angesagt, bis das Boot wieder halbwegs trocken ist.

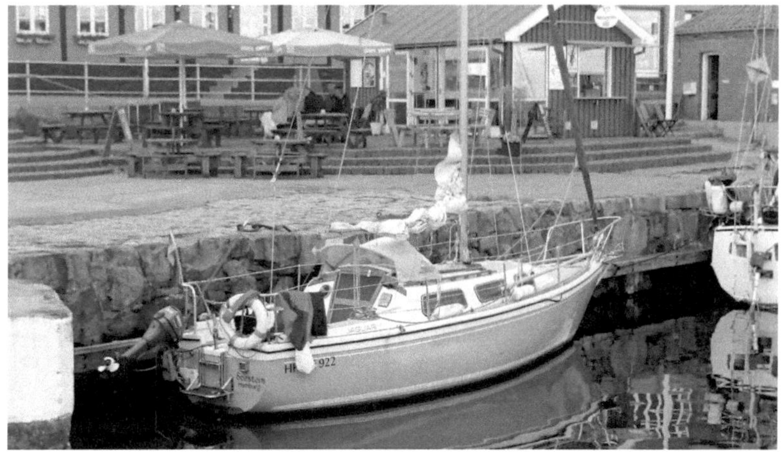

Die »Seestern« im Hafen von Allinge

Um die Maschine müssen wir uns am nächsten Tag keine Sorgen machen, weil der Wind wieder ganz kräftig weht. Und jetzt haben wir Christiansø als Ziel vor Augen, eine der beiden kleinen Inseln, die vor Bornholm in der Ostsee liegen, rund 25 Seemeilen von Allinge entfernt. Wir setzen die Segel vor dem Hafen, während der Wind mit rund 15 Knoten genau von West kommt. Wir müssen also einfach nur mit den Wellen über die Ostsee segeln. Der Himmel ist bewölkt und einige Böen drücken die »Seestern« kräftig voran. Ich stelle wieder fest, dass es gar nicht so einfach ist, nur anhand des Kompasses den Kurs zu halten, denn sehen können wir die Inseln am Horizont noch nicht.

Als wir uns dann nach einigen Stunden schließlich nähern, wird mir klar, dass die Wellen hier draußen auch ganz schön zugenommen haben. Wir fahren hinter die felsige kleine Insel Græsholm, in deren Schutz es kaum noch Wellen gibt. Hier kann Birgit das Großsegel bergen, während ich mit dem Motor das Schiff genau in der Windrichtung halte. Ich mag gar nicht daran denken, was passieren würde, wenn der Motor ausfällt. Aber die Maschine brummt zuverlässig. Danach geht es in einem eleganten Bogen in den Kanal zwischen den Inseln Christiansø und Fredriksø. Beide Inseln sind mit einer kleinen Klappbrücke miteinander verbunden und davor befinden sich die Liegeplätze. Ohne Probleme können wir windgeschützt vor den alten Packhäusern festmachen. Geschafft, wieder liegen wir sicher vertäut.

Man kann herrlich über dieses Kleinod in der Ostsee spazieren. Und gerade bei kräftigem Wind macht es Spaß, auf einer kleinen Insel zu stehen, von deren höchstem Punkt man ringsherum das Meer sehen kann. Wir sind hier auf dem östlichsten Punkt Dänemarks, die kleine Gruppe von Inseln wird auch »Erbseninseln« genannt, und schon viele Segler haben von diesem lohnenden Ziel geschwärmt. Ich kann mich da nur anschließen: Der Streifzug durch den kleinen Ort macht Spaß. König Christian der V. hatte 1684 angeordnet, eine Seefestung auf der Insel zu errichten, da er den schwedischen Schiffsverkehr im Öresund im Blick behalten wollte. Sein Nachfolger, Christian der VI., war es übrigens, der das Gymnasium im damals dänischen Altona gegründet hatte, das ich besucht habe – das Christianeum. Und das Porträt Christian des V., das hier in einem Restaurant hängt, hat doch eine gewisse Ähnlichkeit mit dem Porträt, das einst in unserer Schulaula hing. Christian der V. hat zwar mit der Etablierung der Festung auf den »Erbseninseln« einen Erfolg gehabt. Doch ein Misserfolg folgte gleich darauf: Er hat es mit seinem Heer nicht geschafft, 1686 nach Belagerung die Stadt

Hamburg einzunehmen – und musste sich wieder zurückziehen.

Bei genauso einem schönen und kräftigen Wind, der uns auf die Erbseninseln gebracht hatte, ziehen wir später weiter, um zurück nach Bornholm zu gelangen. Es ist sogar noch die gleiche Windrichtung aus Westen und weil unser Kurs uns genau nach Süden führt, haben wir »ordentlich Schräglage«, wie der Segler so sagt, als wir mit halbem Wind segeln. Und schnell sind wir dabei auch, endlich einmal. Mit dem sonst ja nicht so schnellen Boot pflügen wir mit 5,5 Knoten durch die Ostsee. Es geht nach »Svaneke Havn« an der Nordostspitze Bornholms. Einen Tag später segeln wir nach »Nexø Havn« ganz im Osten Bornholms. Das ist ein großer, rauer Industriehafen, der sich doch merklich von den hübschen kleinen Örtchen auf der Insel unterscheidet. Dafür kann ich bei einem Schiffszubehörhändler eine elektrische Bilgenpumpe erstehen, komplett mit Batterien. Man weiß ja nie, wie sich das mit der Wasserpumpe an der Hauptmaschine entwickelt, die uns vor einigen Tagen Kopfzerbrechen und nasse Füße gemacht hat.

Wir haben Ende Juni und heute steht »Midsommar« an – das ist der Tag, an dem auch in Dänemark die Sonnenwende gefeiert wird. Dazu wurden am Strand nördlich von Nexø schon einige Haufen mit Holz und Reisig aufgeschichtet. Am Abend finden sich viele Bewohner des Örtchens dort ein. Sie breiten ihre Picknickdecken im Sand aus oder stellen Campingstühle auf das Gras zwischen den Dünen. Auch Musik gibt es vereinzelt am Strand und natürlich jede Menge zu trinken. Als die Sonne tiefer steht, werden die Feuer entzündet. Witzig daran ist, dass man gar nicht sehen kann, wie die Sonne untergeht, denn der Strand von Nexø geht nach Osten, die Sonne versinkt natürlich im Westen hinter Bornholm. Aber sei es drum, Sonnenwende ist natürlich trotzdem heute Abend. Und so wird am Strand gefeiert, Hunderte Däninnen und Dänen machen mit. Das ist ein fröhliches Fest.

Wir starten früh am Morgen an einem wolkenlosen Tag. Nun, der Tag ist auch gänzlich Windlos, wie mir in der Hafeneinfahrt auffällt. Vor uns liegt die 55 Seemeilen lange Strecke, die uns nach Kolberg in Polen bringen soll, mit einem leicht südöstlichen Kurs. Kein Wind, es hilft nicht, ich werfe den Diesel an. Stunde um Stunde läuft der große, grüne Volvo Penta, ohne dass nennenswert Wasser aus dem Pumpengehäuse austritt. Ich bin beeindruckt, was das Leckmittel so zustande bringt. Einmal schmiere ich noch etwas nach, denn die Masse hat einen Nachteil: Die Hitze am Motor ist so groß, dass sich die klebrige Paste leicht verflüssigt. Das lässt sich aber beheben, mit einem guten Klacks neuer Masse. Die Reserve-Bilgenpumpe, die ich samt Batterien bereitgelegt habe, kommt jedenfalls nicht zum Einsatz.

Stunde um Stunde vergehen, als wir auf eine Flotte von etwa 12 kleinen Fischerbooten treffen, die allesamt die polnische Flagge tragen. Hier müssen offenbar gute Fischgründe sein. Und jetzt kann man hinter den Booten auch die Küste am Horizont sehen. Nach knapp 11 Stunden Fahrt biegen wir in die Einfahrt des Hafens von Kolberg ein und fahren den Fluss Persante hinauf, um am Gästehafen festzumachen. Die Anlage am Port Rybacki ist nagelneu. Sie hat ein modernes, stattliches Gebäude mit viel Glas und der Hafenmeister kommt persönlich, um beim Festmachen zu helfen. Das ist echte polnische Gastfreundschaft.

Bis in die Innenstadt sind es nur 15 Minuten Fußmarsch vom Gästehafen. Wenig später sitzen wir auch schon in einem einheimischen Restaurant bei einem Menü, zu dessen Preis man auf Bornholm gerade einmal einen Hotdog mit Cola bekommen würde. Das Preisniveau in Polen ist günstig gegenüber Deutschland, genau so, wie das dänische Preisniveau für uns ungünstig ist. Und originell sitzt man in einem der zahlreichen Lokale im Zentrum auch. Kolberg ist zweigeteilt: vorne am Strand liegt das »Kurviertel«. Hier gab es schon im frühen

20. Jahrhundert regen Bädertourismus (der Ort wurde damals noch mit »C« geschrieben). Das setzte sich später zu polnischen Zeiten fort und heute stehen im Kurviertel moderne Hotels, die auch von deutschen Touristen reichlich frequentiert werden. Das eigentliche Stadtzentrum liegt aber südlich des Bahnhofs mit der Altstadt.

Die Marina ist kaum zu verfehlen, wenn man den Fluss Persante hinauffährt. Merkmale: Freundliche Anlage mit großem Hafenhaus mit sanitären Einrichtungen. Internet: https://zpmkolobrzeg.pl/port-jachtowy/cennik/ *Tel. Hafenmeister: +48* 94 351 67 65.

Am nächsten Morgen fahren wir wieder das kleine Stück die Persante hinunter, bevor wir bei der großen Mole wieder auf die Ostsee kommen. Wir wollen jetzt zurück ins Stettiner Haff und vor uns liegt ein herrliches Stück Route, die an den Stränden der polnischen Küste entlang verläuft. Es geht bei frischem Wind in Richtung Südwesten. Kaum haben wir Kolberg hinter uns gelassen, kommt noch das kleine Seebad Dino mit seinem gut besuchten Strand. Und dann folgt eine endlose, kilometerlange Küste, auf der die Kiefernwälder bis an den Sandstrand reichen. Herrlich schaut das aus, ich kann gar nicht genug bekommen. Die Landschaft ist wie die auf Usedom, nur viel länger, ungestörter und einsamer. Das Ufer bildet eine einzige Linie, die in den Farben des Sandes, der Baumstämme und der grünen Kiefern leuchtet. Unterbrochen wird das nur von dem kleinen Örtchen Mrzeżyno, wo ein Fluss in die Ostsee mündet und es einen winzigen Hafen gibt. Dann geht es weiter, unter vollen Segeln, in flottem Tempo, immer am Strand entlang. Ein schöner Leuchtturm aus verputztem Backstein, die »Latarnia Morska Niechorze«, steht im Wald. Der Wind frischt gegen Nachmittag wieder etwas auf, wir werden in der kleinen »Seestern« noch schneller. Als wir den Ort Dziwnów erreichen, weist kaum etwas darauf hin, dass sich hinter den Kiefern ein Seebad verbirgt. Vor der Mündung der Dziwna bergen wir die Segel. Mittlerweile haben sich recht stattliche Wellen aufgebaut, sodass das Manöver nicht einfach ist. Die Jaguar 25 wird ordentlich durchgeschüttelt, aber nach einigem Mühen ist die Rollfock wieder ordentlich aufgewickelt und das Großsegel am Baum festgemacht. Unter Motor fahren wir die Steinmole, die die Dziwna ins Meer begleitet, entlang.

Gar nicht weit, nach einer kleinen Kurve, kommt auch schon der Yachthafen, mitten in den Kiefernwäldern. Und wieder ist der Port Jachtowy eine nagelneue Anlage, natürlich mit einem Schild, das über die Kofinanzierung durch die EU informiert. Prima, davon profitieren wir jetzt. Wir haben uns in dem Halbkreis der Anleger einen schönen Platz ausgesucht.

Der Yachthafen von Dziwnow liegt bequem am Nordufer der Dziwna. Merkmale: Kleine, gemütliche und gepflegte Anlage. Internet (polnisch): www.dziwnow.com.pl/atrakcje/port-jachtowy-dziwnow / *Tel. Hafenmeister: +48 91381 1235*

Zwischen kleinen Ferienhäusern hindurch kann man in die Innenstadt des kleinen Ortes laufen. Dort gibt es ein nettes Restaurant, das polnische Hausmannskost, Fleisch mit Gemüse, serviert, und das zu einem unglaublich günstigen Preis. Der »Kulturschock« zu Bornholm wirkt immer noch nach. Dziwnów ist kein herausgeputzter Badeort wie Kolberg, in dem auch viele Deutsche Urlaub machen, sondern ein kleines Seebad, das ausschließlich von Inländern besucht wird, wie es scheint. Und es liegt perfekt für die Fahrt ins Stettiner Haff, wenn man mit dem Boot von Nordosten anreist und einige Seemeilen gegenüber der Strecke über Swinemünde sparen will. Denn hier mündet der »Camminer Bodden« in die Ostsee, der die Verbindung auf dem Wasser ins Haff herstellt. In das Örtchen Kamień Pomorski kann man auch mit einer Fähre von Dziwnów fahren.

Aber wir reisen in unserem Segelboot weiter. Nachdem sich die Zugbrücke geöffnet hat, steht uns der Weg vom Hafen nach Süden offen. Durch den Bodden geht es nach Wollin, wo wir vor der Eisenbahnbrücke anhalten müssen. Dafür gibt es einen Platz zum Festmachen an der Steuerbordseite. Nachdem wir die Festmacher ausgebracht haben, werden wir durch ein Bellen, gemischt mit Jaulen, aufgeschreckt. Hinter einem rostigen Zaun steht ein wahrhaftiger Kettenhund: Der Schäferhund ist durch das Boot, das direkt vor »seinem« Zaun liegt, aufgeschreckt worden und kann sich nun gar nicht mehr einkriegen. Aufgeregt läuft er hinter dem Zaun auf und ab, dazu rasselt seine Kette. Ich kann nicht genau beurteilen, ob er sich freut (darauf deutet sein wedelnder Schanz hin) oder ob er sauer ist, dass da jemand so dicht an sein Revier herankommt (worauf sein Gebelle hindeutet). Als er nicht aufhört, greife ich zu einem Trick. Alle Hundeliebhaber mögen mir verzeihen. Aber ich hole aus dem Vorratsschrank eine schöne geräucherte Wurst, die ich in hohem Bogen über den Zaun werfe.

Der Hund scheint überglücklich: Er macht sich über die Wurst her, und als er fertig ist, kommt er an den Zaun und schaut freundlich zum Boot herüber. Das hat er wohl noch nicht erlebt: Dass ein Boot an seinem Revier festmacht und er etwas zu essen bekommt. Als die Brücke schließlich öffnet und wir den Liegeplatz verlassen, steht der Hund winselnd am

Zaun und schaut uns traurig nach. An Wollin vorbei segeln wir jetzt ins Stettiner Haff. Der Wind ist schwach und äußerst mäßig schieben wir uns die Wasserstraße entlang, die einem Kanal ähnelt, bevor sie in das Haff mündet. Eine andere Jaguar, ein Segelboot gleichen Typs, mit polnischer Flagge, hat die gleiche Route genommen. Es bleibt aber vor uns, wir holen das Boot nicht ein.

Im Haff selbst wird es Zeit, den Motor zu starten, um weiterzukommen. Wir haben uns die Marina Trzebież PZŻ herausgesucht, die an der Stelle liegt, wo das Haff, das »Zalew Szczeciński«, im Süden schmal wird. Der Hafen liegt vom Hauptstrom durch eine kleine, viereckige Insel abgetrennt. Die Anlage sieht etwas verfallen aus. An den Piers aus Eisen wird direkt festgemacht, dahinter gibt es eine große Fläche aus Betonplatten, zwischen denen das Gras aus den Fugen wächst. Zum Anmelden geht man zu einem Kassenhäuschen.

Der Yachthafen von Trzebież befindet sich sehr günstig gelegen im südlichen Stetiger Haff. Merkmale: Professionelle Anlage, teils etwas verfallen, teils schon renoviert, großzügig, aber kein hoher Standard. Internet: https://marinatrzebiez.pl/ Tel. Hafenmeister: +48 789 327 991

Hier hebt sich meine Laune. Der Hafenkapitän nimmt die ganze Sache sehr ernst. Er arbeitet einen Fragenkatalog durch, der auf Frachtschiffe zugeschnitten scheint: Wie groß unser Boot ist, wie viele Personen in der Besatzung sind, Name und Alter des Kapitäns müssen angegeben werden. Bis zu einem gewissen Grad macht mir diese Bürokratie Freude. Sie hat etwas sehr Seriöses, als habe nicht etwa ein kleines Segelboot festgemacht, sondern ein ernst zu nehmender Frachter auf dem Weg nach Stettin.

Bevor wir uns auf den Weg in das nächstgelegene Restaurant machen können, muss noch der Mast gelegt werden. Schließlich wollen wir morgen bei Stettin die Brücken über die Oder passieren, und das geht nicht mit einem stehenden Mast. Wir bringen die Hilfsleinen an, verbinden das Vorstak mit der Spitze des Jütbaums und legen die Winsch an. Dann wird der Mast ganz langsam abgesenkt und mit der Winsch Zentimeter für Zentimeter aufs Deck gelegt. Schließlich müssen alle Wanten gelöst und der Mast nach vorne über den Bugkorb gezogen werden. Am Heck der »Seestern« wartet schon das Holzkreuz auf die Aufnahme des Mastes. Das ganze Manöver hat im Abendsonnenschein etwa 90 Minuten gedauert. Dafür ist jetzt wieder alles bereit für die Kanalfahrt.

Wir haben zum Besuch Stettins südlich der Hakenterrasse festgemacht, am Kai gleich unterhalb des mächtigen Schlosses der Herzöge von Pommern, das mitten im Zentrum thront. Stettin kann man ja auf zweierlei Art anfahren: Von Berlin kommend gibt es die Westoder oder den östlichen Oderarm. Letzterer führt in den Dammschen See, während die Westoder mitten durch das Zentrum geht. Man könnte auf einigen Kanälen zwischen den beiden Armen wechseln, zum Beispiel über die »Parnica« mitten im Hafengebiet. Das ist ein ziemlich weitläufiges Areal, das sich noch weit nach Norden erstreckt.

Mir gefällt die Atmosphäre der polnischen Hafenstadt: Sie ist lebendig. Überall wirbeln Menschen herum, es herrscht Leben, Straßenbahnen und Autos brausen über die breiten Straßen. So mancher Ort auf der deutschen Seite strahlt da weniger Betriebsamkeit aus. Polen ist im Aufbruch. Dass sich hier etwas tut, kam mir schon im Wendejahr 1989 so vor, als wir die Stettin von Hamburg besucht hatten. Im Gegensatz zur damaligen »grauen« DDR wirkte Polen lebendig und fröhlich. Das ging schon am Grenzübergang Pomellen los: Während der DDR-Grenzer die

Papiere korrekt überprüfte und sich dabei viel Zeit ließ, nahm sich sein polnischer Kollege auf der anderen Seite der Grenze auch viel Zeit. Er wollte alles über den Motor unseres Peugeots wissen, zum Beispiel, wie schnell der denn wäre. Solche Erlebnisse haben meine Einstellung zum Land schon geprägt. Deshalb nahmen wir dann auch gerne den Weg von Berlin zur polnischen Ostseeküste.

In Stettin müssen wir uns aber etwas beeilen: So richtig »offiziell« war der Liegeplatz am Ufer nicht. Weiter flussabwärts gibt es Yachthäfen an der Westoder, etwa am Basen Młyński oder die Marina Gocław. Aber von dort müsste man schon mit der Straßenbahn ins Zentrum fahren. Oder die Marina im Osten mit dem kleinen Hotel, die wir besuchten. Jetzt aber einmal mitten ins Zentrum. Ob man in Polen so etwas wie »Strafzettel« für Autos verteilen würde, frage ich mich? So ein Hafenkapitän könnte ja sehr strikt sein. Wir haben das glücklicherweise nicht herausfinden müssen und konnten die »Seestern« ein Weilchen unbeschadet am Kai liegen lassen.

Vom Ufer gelangt man an einem großen Springbrunnen vorbei auf die Hakenterrasse, die über dem Hafen thront. Die Promenade von 1902 heißt heute »Wały Chrobrego«. An ihr liegen das Nationalmuseum Stettin, die maritime Universität von Stettin und die Behörde des Woiwodschaftsamtes Westpommern. Das wirklich sehenswerte Schloss der Herzöge von Pommern ist dagegen durch das Kreuz einer Schnellstraße abgetrennt, die südlich der Hakenterrasse den Fluss überquert. Aber es gibt eine Unterführung für Fußgänger. Das Schloss wie die Bauten an der Hakenterrasse bilden mit der Jakobskathedrale und der Philharmonie die Wahrzeichen der Stadt.

Ab 1630 war Stettin übrigens eine schwedische Stadt. Der preußische König Friedrich Wilhelm der I. konnte sie erst nach zähen Verhandlungen 1720 erwerben. Danach folgte die lange preußische Zeit, in der Stettin auch zum Seehafen Berlins wurde – verständlich, angesichts der guten Verbindung über die Wasserstraßen. Erst war es der Finowkanal, der kurz vor dem Dreißigjährigen Krieg entstanden war und Berlin mit der Oder verband. Dann folgte der »Großschifffahrtsweg Berlin – Stettin« ab dem Jahr 1906 als großzügiger Nachfolger. Erst gab es eine Schleusentreppe in Niederfinow, das sind mehrere Schleusen hintereinander, auf die das Schiffshebewerk 1934 folgte.

Nach den Zerstörungen des Zweiten Weltkrieges, nach dem Stettin von einer deutschen zu einer polnischen Stadt wurde und fortan Szczecin hieß, wurde viel wiederaufgebaut: Einige historische Gebäude, aber auch viele Wohn- und Geschäftshäuser im Stil der Nachkriegszeit. Eine große, pittoreske Altstadt wird man in Stettin deshalb vergeblich suchen. Aber rund um das Schloss wurden in einigen Straßenzügen doch Häuser im alten Stil wiederaufgebaut, die den Eindruck einiger Altstadt-Straßenzüge vermitteln. Dazwischen stehen gleichwohl einfache Wohnhäuser aus den 1950er-Jahren. Was nicht heißen soll, dass die Stadt unattraktiv ist, da sie ja, wie zuvor erwähnt, sehr lebendig wirkt. Sie ist ja mit ihren 410.000 Einwohnern auch die siebtgrößte Stadt Polens.

In einem Geschäft entdecke ich eine dicke, dunkelbraune Wolldecke, die ein wenig goldfarben schimmert. »Bitte, bitte, probieren Sie, fühlen Sie«, sagt die Verkäuferin auf Deutsch zu mir. Ich komme mir ein wenig vor, wie in einer Komödie. Doch die Decke ist herrlich kitschig, sie sieht ungemein nach Osteuropa aus, fast wie das Fell eines Bären. Ich erwerbe das gute Stück, das auch heute noch auf unserem Boot liegt und einen in kalten Nächten an Bord warm hält. Ein Souvenir aus Stettin. Unseren Besuch runden wir mit einem Besuch eines polnischen Restaurants ab, südlich des Schlosses gibt es einige Straßenzüge mit einheimischen Gaststätten. Ich mag die polnischen Piroggen. Sie sind ähnlich wie schwäbische Maultaschen, nur kleiner, oder wie Ravioli. Es gibt sie in vielen Variationen, mit

Füllungen von Sauerkraut bis Fleisch. Hier sind sie ausgezeichnet.

Danach hieß es wieder an Bord, die Leinen losgemacht und Stettin unbeschadet verlassen. Inzwischen gibt es auch einen tollen Yachthafen auf der Insel »Grozdka«, die dem Stadtzentrum gegenüberliegt. Die »North East Marina« auf einem ehemaligen Werftgelände hat schöne, neue Fingerstege, an denen man sehr komfortabel liegen kann. Die Altstadt ist eine Viertelstunde Fußweg von dort entfernt. An Liegegebühren für ein neun Meter langes Boot zahlt man keine zehn Euro pro Tag. Ein Schild verkündet »Only 150 Kilometer. Visit Berlin!«. Das finde ich schon ganz lustig, wo wir gerade dort hinwollen. Aber für Segler aus Skandinavien würde es sich ja vielleicht wirklich anbieten, die Yacht in Stettin zu lassen und mit dem Zug nach Berlin zu fahren. In zwei Tagen erreichen wir schließlich wieder den Wannsee über die Oder und den Oder-Havel-Kanal. Bornholm liegt in unserem Kielwasser.

North-East-Marina in Stettin: Günstig gegenüber der Stadt gelegen. Moderne Anlage, die aber teilweise etwas gepflegter sein könnte. Die Lage entschädigt dafür. Internet: northeast-marina.pl *Tel. Hafenmeister:* +48 91 311 15 21.

Zu meiner »Lieblingsrunde« auf dem Wasser in Berlin zählte die Fahrt durch die Stadt, die wir in dieser Zeit gleich viermal unternahmen. Beim ersten Mal, wir hatten Freunde aus Hamburg zu Besuch, war es besonders heiß. Deshalb beschloss ich, das Schiff endlich mit einer »richtigen« Kühlbox auszurüsten. Richtig hieß in diesem Fall, sie sollte mit Gas betrieben werden können, um auch während der Fahrt Kühlung zu liefern. Auf der offenen See wäre eine solche Box unpraktisch gewesen, da sie möglichst waagerecht stehen musste, damit die kleine Flamme immer schön den Apparat, der Absorber genannt wurde, heiß halten konnte. Aber auf den Seen und Kanälen klappte es einigermaßen mit der Kühlung.

Die Fortsetzung des Refits des alten Bootes war da schon ein anderes Problem. Auch wenn ich an der »Scharfen Lanke« fleißig zu basteln versuchte, gelang nicht alles. Was klappte, war immerhin dem Motor eine neue Lärm-Isolation zu spendieren. Weil die gut abdichtete, kam auch gleich eine Belüftung dazu, mit der Diesel immer genügend Frischluft bekam. Überhaupt widmete ich mich dem Diesel eingehend. Mithilfe einer Bosch-Werkstatt konnten wir den »Dynastarter« wieder in Betrieb nehmen. Das ist eine Art Dynamo und Anlasser in einem: Als Motor konnte er einen Riemen in Gang setzen, der das schwere Schwungrad des grünen Motors drehte, damit schließlich der Diesel ansprang. Und wenn dieser dann lief, konnte der Dynastarter auch Strom produzieren, um die Anlasserbatterie wieder aufzuladen. Eine Technik, wie sie zum Beispiel auch in der alten BMW Isetta zum Einsatz kam. Eigentlich erstaunlich, dass Volvo Penta so etwas noch Ende der Siebzigerjahre in ihre Bootsmotoren einbaute. In mühevoller Kleinarbeit tauschte ich auch die Kabel am Motor und die Verteiler. Dafür waren mir die Bücher über Bootsmotoren, die ich aus den städtischen Leihbibliotheken ausgeliehen hatte, eine große Hilfe.

Schnaufend konnten wir den Wannsee oder die Kanäle entlang tuckern. Das war gar nicht mehr so laut, dafür sorgte die neue Isolation im Motorraum. Schließlich gelang es uns auch, einige der Türchen für die Ablagen im Schiff wieder zu montieren. Das gestaltete sich nicht einfach, da mit dem Bohrer kleine Löchlein in den Kunststoff gebohrt werden mussten, damit die Holzteile und die Beschläge hielten. Viele Stunden

Arbeit für eine Schranktür waren das. Nur gut, dass man in der Marina Lanke auch im Winter hervorragend arbeiten konnte. Das Schiff stand mit dem Heck zum Wannsee und zwar gleich in der ersten Reihe. Es war ein wenig wie eine Ferienwohnung am See im Winter. Die Dieselheizung sollte auch noch einige Zeit laufen, bevor sie sich später verabschiedete. Aber zwei Winter lang hielt sie bei Arbeiten im Schiff die Kajüte warm.

Da konnten wir uns geradezu romantische Abende machen. Das Heck des Schiffes zum See servierte ich einmal Birgit ein kleines Menü aus der Pantry. Mitten im Winter konnten wir uns wie im Sommer auf dem Wasser fühlen. Das war schöner als in so mancher Bootshalle, in der wir später unterkommen sollten.

Marina Lanke in Berlin: Großer Hafen am Wannsee bei Spandau. Sehr empfehlenswerte, gepflegte Anlage, mit Restaurant, Service und Bootstankstelle. Im Sommer gibt es auch Wohnmobilstellplätze auf dem Freigelände. Internet: www.marina-lanke.de. Tel. +49 30 362 0090

Natürlich konnte man auf dem Wannsee auch segeln. Weil das Gewässer an den Wochenenden aber ziemlich rasch voll wurde und das Segeln mit vielen Schlägen verbunden war, erinnerte es mich eher an das Jollensegeln auf einem Binnensee als an »richtiges« Segeln. Die Höhepunkte auf dem Wasser waren deshalb die Rundfahrten durch die Stadt. Dafür fuhr man nun die Havel Richtung Spandau, wo sie auf die Spree traf. Hinter Spandau ging es genau nach Osten, an dem gewaltigen Kühlturm des »Heizkraftwerk Reuter« vorbei. Man passierte die Kleingartenkolonie Ruhwald bevor die Brücke der Stadtautobahn A 100 näher rückte. Und mit ihr gelangte man zur Schleuse Charlottenburg: Einer freundlichen Anlage, in der das Boot nur rund 1,20 Meter gehoben oder gesenkt wurde, was immer zügig ging. Dann war man mit dem Boot in der Stadt.

In Richtung Süden konnte man nun den wunderschönen Schlosspark Charlottenburg an Steuerbord entlang tuckern. An Backbord standen schon die Häuser der dichten Berliner Wohnbebauung. Ein wenig ging es die Spree noch hinauf, bevor wir das Schleswiger Ufer und dann das Hansaviertel erreichten. Dort wohnten wir – und deshalb konnten wir eines Abends nicht widerstehen, hinter der Hansabrücke am Bundesratsufer festzumachen. Das Boot haben wir aber nicht länger als eine Nacht dort liegen lassen, der Anleger war ja nicht für Dauerbenutzung vorgesehen. Aber ein Segelboot, wenn auch mit gelegtem Mast, fußläufig zur eigenen Wohnung liegen zu haben, das war schon einmalig, und dazu noch mitten in Berlin. So etwas hatten wir erst viele Jahre später noch einmal und dann nicht in der Hauptstadt, sondern in der schleswig-holsteinischen Provinz – was schlicht kein Vergleich mehr war.

Der Diesel sprang am nächsten Tag glücklicherweise nach einem Druck auf seinen neuen Startknopf an, und es ging die Spree hinauf. Durch den Tiergarten fuhren wir in das Regierungsviertel. Hier nahm der Verkehr mit Ausflugsdampfern schlagartig zu, die Besucher ebenfalls durch das repräsentative Areal karren wollten. Ich ließ das Funkgerät mitlaufen und konnte hören, wie sich die Kapitäne der Ausflugsdampfer gegenseitig vor dem »kleinen Segler« warnten, der von hinten auffahren würde. Das waren wir. Na ja, klein war der Segler schließlich auch. Kongresshalle, Bundeskanzleramt, der schöne Zollpackhof mit seinem Biergarten, alles lag in Reichweite. Am Spreebogen konnte man den Berliner Hauptbahnhof passieren. Und dann ging es Schlag auf Schlag mit den Sehenswürdigkeiten weiter: Paul-Löbe-Haus, Reichstag, Schiffbauerdamm folgten. Wenn man heute die Übertragungen aus dem ARD-Hauptstadtstudio in den Tagesthemen sieht, dann zeigt die Kamera für den Hintergrund eine Aufnahme auf den Reichstag und die Spree. Genau hier sind wir mit der »Seestern« durchgekommen. Von links nach rechts würden wir jetzt durchs Bild fahren, denke ich schmunzelnd zurück.

Kein Grün mehr, aber die altehrwürdige, repräsentative Bebauung Berlins am Spreeufer begleitete die »Seestern« jetzt auf ihrer Fahrt nach Osten. Eine Tour, die auch unseren Besuchern an Bord jedes Mal besonders gefiel. »Das ist schon etwas Besonderes hier«, findet Birgit. »Gerade im Regierungsviertel gibt es viel zu sehen. Aber die vielen Ausflugsdampfer sind doch etwas aufdringlich.«

Die Spree teilt sich an der Skulptur »Hektor Köpf«, die vor der Monbijoubrücke steht. Man könnte nun nach Steuerbord in den Kupferkanal fahren und hinter der Museumsinsel passieren. Doch seit dem Jahr 2000 ist die Berliner Stadtschleuse still gelegt, sodass es auf dem Kupferkanal und dem anschließenden Spreekanal kein Durchkommen mehr gäbe. Wir bleiben also notgedrungen auf dem Hauptfahrwasser. Das erste Haus bildet natürlich das bekannte »Bode Museum«, das Teil der Museumsinsel ist, die zum Weltkulturerbe gehört. Darin finden sich die Skulpturensammlung, einer der größten Sammlungen älterer Plastiken in Deutschland, und das Museum für byzantinische Kunst. Auch das Münzkabinett Berlin schließt hier an. Unvergessen der 27. März 2017, als eine 100 Kilogramm schwere Big-Maple-Leaf Goldmünze gestohlen wurde. Die ganze Republik staunte damals. Die beiden Tatverdächtigen wurden 2020 zu viereinhalb Jahren Haft verurteilt. Eine derart schwere Münze jedoch wurde nie gefunden – es kann wohl davon ausgegangen werden, dass sie eingeschmolzen worden ist. In den Wohnungen, Fahrzeugen und der Kleidung der Täter fanden sich schließlich noch Goldspäne.

Das weltbekannte »Pergamon-Museum« folgt an Steuerbord unseres kleinen Bootes mit seinem gelegten Mast. Der Museumskomplex zeigt seine antiken römischen und griechischen Sammlungen, ebenso wie babylonische und persische Antiquitäten. Die Alte Nationalgalerie sehen wir als Nächstes an der Spree, mit ihren Sammlungen romantischer, impressionistischer und früher moderner Kunst. Das Vorderasiatische und das Neue Museum bleiben aber für uns an Bord hinter den Gebäuden verborgen. Nun geht es unter der Friedrichsbrücke hindurch, bevor wir langsam tuckernd den Berliner Dom passieren. Was für ein Bauwerk, das sich da majestätisch auf der Museumsinsel erhebt und dessen Kuppel 93 Meter hoch ist. Jetzt möchte man wirklich das Schiff anlegen, festmachen und den Dom besuchen. Aber halt, wir sind hier ja nicht auf einer Stadtrundfahrt, auf der man ein- und aussteigen kann. »Hop on, Hop off« – das ist bei einer Bootstour in Berlin nur an einigen Stellen möglich. Die Anlegestellen hier an der Museumsinsel sind den Dampfern der Ausflugsfahrten vorbehalten. Also muss für den Besuch des Doms beim nächsten Mal ganz profan die BVG herhalten, die uns vom Hansaviertel dorthin bringt. Die S-Bahn Hackescher Markt, die sich anbietet, ist ja von der Station »Bellevue« bei unserer Wohnung nur drei Haltestellen entfernt.

Dafür können wir die schlichte, glatte Fassade des Humboldt-Forums bewundern, das hinter der Karl-Liebknecht-Brücke folgt. Es war zu dieser Zeit aber noch im Bau. Und heute sieht das Berliner Stadtschloss von der Wasserseite gar nicht so beeindruckend aus. Die moderne Schlichtheit kontrastiert doch mit der kunstvollen Fassade auf der Westseite des Schlosses. Nun, der Bau der früher hier stand, der »Palast der Republik« mit der »Volkskammer« war auch nicht besonders schön anzusehen, und mit dem Boot hätten wir, vom Hansaviertel kommend, hier auch gar nicht entlang fahren können.

Auf der Steuerbordseite fährt man noch an einigen imposanten, klassizistischen Gebäuden vorbei, einem Ensemble, zu dem auch die Stadtbibliothek und der Deutsche Industrie- und Handelskammertag sowie die Deutschen Arbeitgeberverbände gehören. An Backbord liegen die Gassen der Berliner Altstadt, dem Nikolaiviertel, zumindest der Straßenzüge, die in den 1980er-Jahren aus Fertigteilen im Stil einer Altstadt wieder aufgebaut wurden. Am Spreeufer ist in den Lokalen eigentlich immer etwas los, zumindest im Sommer. Mit der Mühlendammbrücke verabschiedet sich die Museumsinsel von uns, denn jetzt kommt eine große Schleuse.

Diese bedeutete immer etwas mehr Wartezeit, anders als ihr Gegenstück in Charlottenburg. Dann aber konnten wir durch eine der interessantesten Gegenden Berlins nach dem Regierungsviertel »dampfen«: die Spree an der Jannowitzbrücke entlang, unter Schillingbrücke und Oberbaumbrücke hindurch, immer auf dem Weg zwischen Friedrichshain und Kreuzberg. Kurz vor dem Badeschiff wurde das Wasser oft kabbeliger und dann war es auch schon Zeit, in den Landwehrkanal einzubiegen und die gleichnamige Schleuse zu passieren. Nach der breiten Spree wurde es jetzt eng, dafür gab es eigentlich keine Berufsschifffahrt mehr und auch nur noch wenige Ausflugsdampfer. Wenn die Getränke aus der Kühlbox bis hier kalt geblieben waren, wurde jetzt ausgiebig zugeprostet, als Binnenskipper aber eher mit Softdrinks als mit Bier.

Die Strecke über den Landwehrkanal von der Spree bis zur Unterschleuse am Tiergarten ist stolze 4,82 Seemeilen lang. Verzeihung, wir sind hier ja im Binnenland, also gut, sie ist 8,93 Kilometer lang und führt mitten durch den feinsten Kreuzberger Kiez. Und zwar auf dem Wasser. Da wäre zunächst das Görlitzufer, hinter dem der berühmt-berüchtigte Görlitzer Park liegt. In diesem Naherholungsgebiet gibt es nicht nur einen Kinderbauernhof, Sportplätze und zwei Aussichtshügel. Nein, der Görlitzer Park ist auch bekannt als einer der größten Drogenumschlagplätze Berlins. Immer wieder kommt es dort zu Zwischenfällen, etwa, wenn Dealer und Konsumenten sich nicht einig werden. Und immer wieder hat die Berliner Politik versucht, das Treiben zu beenden. Doch »Null Toleranz«, wie die Initiative des ehemaligen CDU-Innensenators hieß, hin oder viel Toleranz neuerer Senate her – das Handwerk ist dem Drogenhandel bisher nicht gelegt worden. An diesem Sommerabend war der Park voll mit Besuchern, die sich hervorragend zu amüsieren scheinen. Ich hoffte, es lag nicht daran, dass mittlerweile eine kleine Menge Cannabis straffrei mitgeführt werden darf.

Doch was war das? Kurz hinter dem Park kam auf der Steuerbordseite eine »Liegestelle Sport«. Hier dürfen nun endlich Freizeitskipper für 24 Stunden festmachen, so wie im Hansaviertel. Falls Sie also mit dem Boot den »Görli« besuchen möchten, wie der Park auch genannt wird, nur zu.

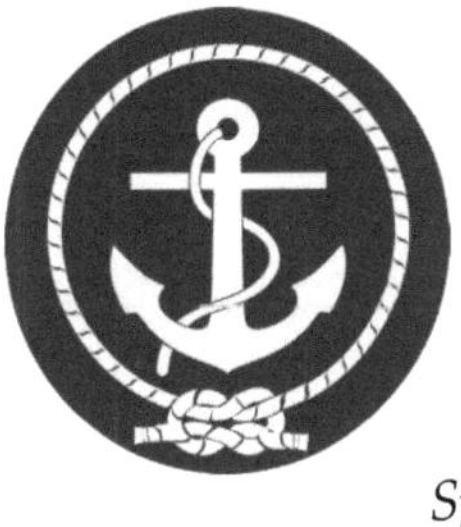

24-Stunden-Liegeplätze in Berlin: Zwölf dieser umbewirtschafteten Anlegemöglichkeiten gibt es, die bis zu 24 Stunden kostenfrei benutzt werden können. Teilweise sehr schön gelegen. Eine Übersicht findet sich unter dieser etwas komplizierten Adresse: www.elwis.de/DE/Sportschifffahrt/Wasserstrassenbezogene-Hinweise/Oeffentliche-Sportbootliegestellen-Berlin/Oeffentliche-Sportbootliegestellen-Berlin-node.html

Ein Wasserdreieck folgt: Der »Neuköllner Schifffahrtskanal« zweigt ab, der sich weit nach Süden bis zum »Britzer Verbindungskanal« hinzieht. Wir aber blieben auf dem Landwehrkanal, waren wir doch gerade erst in Kreuzberg eingetaucht. Am Paul-Linke-Ufer und am Maybachufer stehen die schönen Altbauten dicht an dicht und sehen gar nicht mehr Kreuzbergtypisch aus, eher teuer saniert. Doch auch einen Aldi oder einen Lidl-Discounter konnte man durch die Bäume am Ufer erspähen. Das »Schauspiel« folgte an der Kottbusser Brücke, die wir passierten. In der Admiralsklause, der Gaststätte direkt am Ufer, konnte man laue Sommernächte wunderbar »durchtrinken«, wie man sagen kann. Es war ja nur einen kurzen Fußweg vom der U-Bahn am Kottbusser Tor, dem »Kotti«, entfernt. Ebenso gut ging das im »Fuchsbau« gegenüber oder im »Roten Raben«, oder gleich in allen drei Kneipen. Im Sommer war die Brücke nachts stark bevölkert, weiß zeigt, dass man auch einfach auf der Straße stehen und Spaß haben kann.

»Kreuzberger Nächte sind...«, nein, lassen wir das, nicht diesen nostalgischen Gassenhauer. Denn wir mussten uns konzentrieren, schließlich passierten wird jetzt die Admiralbrücke, und auch diese war voll mit Menschen bepackt. Denn der Kanal weitete sich nach der Brücke am Landwehrufer. Hier sah er schon wie ein kleiner See mitten in der dicht bebauten Stadt aus. Am Böcklerpark gab es an Steuerbord wieder einen Anleger für Sportboote. Da hatten schon einige Motorbootfahrer festgemacht und sich auf ihren Booten häuslich eingerichtet. Mit ihren Liegestühlen an Deck sahen sie aus, als wollten sie die laue Sommernacht in Kreuzberg verbringen. An Backbord lagen einige feine Restaurantschiffe, auf deren Decks zumindest schön eingedeckt ist. Gut, dass wir die kalten Getränke in unserer dicken Kühlbox hatten. Meine Besatzung hatte sich den Bierchen gewidmet, ich musste standhaft bleiben und trotz der Umgebung, die zum Feiern animierte, mich an Cola halten. Ich trank übrigens am liebsten »Pepsi«, nicht »Coca Cola«, zumindest dieses kleines Statement wollte ich hier auf dem Wasser doch abgeben gegenüber all den spazieren gehenden Kreuzbergerinnen und Kreuzbergern, die am Ufer flanierten und uns neugierig zuschauten. »Coole Sache«, sagt meine Verlobte zu der Szenerie.

Eine Brücke noch, der Landwehrkanal wurde wieder schmaler, und schon passierten wir das weltbekannte Prinzenbad. Weltbekannt? Nun, ich finde schon, seit Sven Regner dem Bad auch einen Song gewidmet hat. »Im Prinzenbad allein« heißt der melodische Titel auf seinem Album »Schafe, Monster und Mäuse«. Darin träumt davon, dass der Sommer endlich vorbei ist: »Keine Freude mehr am Sommer / Keine Lust auf Sonnenschein / Keine Wolke, keine Gnade / Und im Prinzenbad allein.« Das Sommerbad Kreuzberg ist jedenfalls so beliebt, dass es an heißen Sommertagen aus allen Nähten platzt. Und das, obwohl es doch drei große Becken hat, zwei davon sogar 50 Meter lang, also genau richtig für sportliche Schwimmer.

Am Halleschen Tor und der Mehringbrücke gab es dagegen keine Anleger mehr für Freizeitskipper. Und so müssen Sie, wenn Sie mit dem Boot unterwegs sind, auch auf einen Bummel den Mehringdamm hinunter verzichten und auch »Curry 36« auslassen, die bekannte Berliner Currywurstbude, die sich nur 500 Meter südlich von unserem Kanal befindet. In den ersten Wochen meiner Arbeit in Berlin waren wir in einer »Entwicklungsredaktion« beschäftigt, als wir an dem neuen Redaktionssystem bastelten. Diese Räume in einer Art Loft befanden sich gleich um die Ecke. Glauben Sie mir, ich hatte alle Variationen von Currywurst bei »Curry 36« ausprobiert. »Ohne Darm« schmeckt es tatsächlich am besten. Irgendwann reichte das aber und »Mustafas Kebab« musste für den »Lunch« herhalten.

Wer begleitete uns da auf der Steuerbordseite? Es ist die Berliner U-Bahn, die hier aufgeständert am Rand des Landwehrkanals verläuft, zumindest zwischen den Stationen Hallesches Tor und Gleisdreieck. Das war jetzt wirklich originell: Unser Segelboot fuhr mit gelegtem Mast auf dem Wasser, während uns die typischen gelben U-Bahnzüge an Land überholten. So wie die U-Bahn sich ihren Weg von der Warschauer

Straße durch Kreuzberg bis zum Wittenbergplatz sucht, fuhren wir auf dem Wasser durch die Stadt, manchmal neben der U-Bahn, meist etwas weiter davon entfernt. Und da war auch schon der Park auf dem ehemaligen Gelände des Anhalter-Bahnhofs und dahinter der das bekannte »Tempodrom«, die Veranstaltungsstätte.

Bei der Fahrt am Tempelhofer Ufer, wo man auch am Deutschen Technikmuseum vorbeikam, wurde es wieder etwas lauter, da beiderseits des Kanals zwei Hauptverkehrsstraßen verlaufen.

Nun wurde es wieder etwas »feiner«, nachdem wir die lauten Straßen hinter uns gelassen haben. Denn bei der Corneliusbrücke überquert eine Straße den Kanal, die in die Budapester Straße mündet, die in die »City West« führt. Dort steht das Hotel Intercontinental Berlin am Ufer, das früher einmal das erste »Hilton« der Stadt war. Noch einige Häuser, dann kam an Steuerbord der Berliner Zoo. Erst standen auf der Steuerbordseite einige Gehege, in denen unter anderem das Wasserschwein leben soll, das wir aber leider nicht sichteten. Es folgte der Park des Tiergartens. Auf der Backbordseite lag jetzt das Hauptgelände des Zoos. Hinter dem Spazierweg am Ufer stand ein Zaun und dahinter sah man doch tatsächlich die Gehege. Die »Oryxantilope« wohnte dort, danach der »Andenkondor«, »Sumpfvögel« und der »Afrikanische Wildhund«. Das ist der größte wild lebende Hund in der Savanne und er sah aus, wie eine Hyäne – ist aber keine. Wo gab es denn so etwas, wenn nicht in Berlin, eine Tierparkbesichtigung vom Boot aus? Nun, es war ja keine wirkliche Besichtigung, aber durch die Pflanzen und den Zaun konnte man die Gehege zumindest erspähen und auch einen Blick auf die dort lebenden Tiere erheischen. Und man konnte sie hören, denn bei den Laufvögeln zum Beispiel ist das Geschnatter wieder etwas lauter, das uns auch auf dem Fluss erreichte.

An der Unterschleuse steht der »Schleusenkrug«, der auch

für uns aus dem Hansaviertel ein schönes Ausflugsziel war. Nun konnten wir ihn mit dem eigenen Schiff passieren. Nicht vergessen will ich das Restaurantschiff von »Captn Schillow«, das kurz vor der Charlottenburger Brücke am Ufer festgemacht hat. Hier haben wir schon einige schöne Abende an Deck gesessen, oder im Winter, auch dann hat »Schillow« geöffnet, in den gemütlichen Räumen im Schiffsinneren.

Hinter dem Salzufer und dem Einsteinufer mündete der Kanal wieder in die Spree und dann brauchte man nicht viel mehr tun, als den Fluss wieder nach Spandau zurückzufahren und über die Havel in den Wannsee zu gelangen. Alles in allem also ein Tag Großstadt auf dem Wasser, wovon wir häufiger Gebrauch machten. Wenn es besonders heiß war, bot sich noch ein Sprung in das kühle Wasser des Wannsees an, etwa am Schildhorn, schräg gegenüber von unserem Liegeplatz an der Scharfen Lanke.

Für solche Flussabenteuer war ein kleineres Boot mit einem zuverlässigen Motor natürlich besser geeignet als eine große Yacht. Und deshalb schien die »Seestern« auch perfekt für Berlin und die angrenzenden Gewässer geeignet zu sein. Aber natürlich waren wir keine Binnensegler. Ich hatte mit dem Segeln zwar auf einer Jolle auf einem Binnensee in Schleswig-Holstein begonnen, war dann aber auf genau diesem Boot auf die Ostsee hinausgesegelt, nach Dänemark. Deshalb zog es mich zumindest seglerisch wieder an die Küste – was nicht mehr lange auf sich warten lassen sollte.

TEIL II

VON BERLIN NACH BREMEN

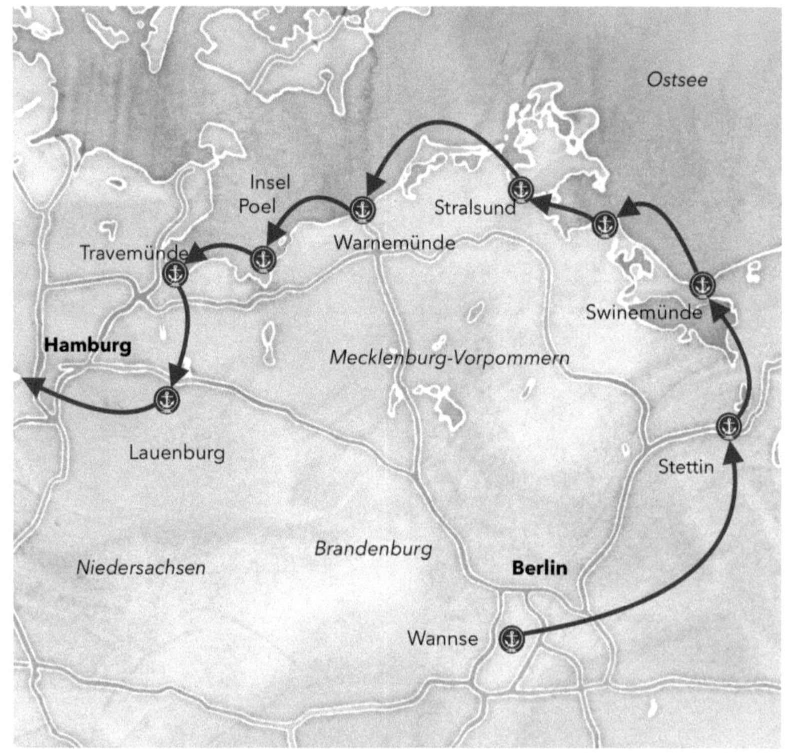

Karte 2: Von Berlin geht es über Stettin an die Ostsee, dann nach Westen

KAPITEL 3: FAHRT INS HAFF

Die Arbeit im Newsroom einer großen überregionalen Tageszeitung war interessant, aber mit der Zeit nicht mehr so spannend, wie sie mir am Anfang erschienen war. Viel war Routine, die sich ständig wiederholte. Es gab einfach eine Menge technischer Prozesse, die abgearbeitet werden mussten. Wir hatten zu Beginn meines Berlin-Aufenthaltes in einer Arbeitsgruppe einige spannende Entwicklungen in der Redaktion eingeführt. Dazu zählte ein neues Redaktionssystem und das Konzept »Online First«, das besagte, dass Texte zuerst für die Webseite geschrieben und produziert werden sollten und erst danach ihren Weg in die Zeitung des nächsten Tages finden sollten. Das war keineswegs Standard. Und ich habe später noch Redaktionen von Regionalzeitungen erlebt, die Jahre danach immer noch mit diesem Konzept haderten und sich mit der Umstellung schwertaten – wenn sie es überhaupt hinbekamen. Schafften sie es doch, waren sie stolz – zehn Jahre, nachdem wir das in Berlin bereits eingeführt hatten. Wir waren also schon weit voraus damals.

Trotzdem glich die Arbeit im Newsroom eher der in einer »Nachrichtenfabrik«: Ungefähr 100 Menschen arbeiteten dort in einer Halle. Produzenten, Layouter, Techniker, Blattmacher, der kreisförmige Online-Balken (auch ein Konzept, das Jahre später Landauf Landab kopiert wurde). Und dort wurden von morgens bis abends die Nachrichten »abgearbeitet«. Etwas mehr Kreativität bei der Arbeit, ein wenig mehr Möglichkeiten, etwas zu entwickeln und umzusetzen, hätten mich schon gereizt. Ich merkte, dass diese Redaktion einfach zu groß war. Trotzdem bewundere ich heute noch, welche neuen technischen Entwicklungen in dieser Umgebung umgesetzt wurden, die in die Zukunft des Nachrichtenjournalismus wiesen.

Und so spitzte ich die Ohren, als sich die Möglichkeit abzeichnete, in Bremen eine Redaktion als Chefredakteur zu leiten. Eine Einschränkung war dabei: Es handelte sich um eine Anzeigenzeitung. Aber keineswegs das, was gemein als »Anzeigenblatt« herausgebracht wird, sondern tatsächlich eine Mischung aus einer »richtigen« Zeitung mit unparteiischer, seriöser Berichterstattung, gepaart mit lokalen Themen und dann, auf den hinteren Seiten, auch mit den typischen Berichten eines Anzeigenblattes. Und die Zeitung trug sich wirtschaftlich, ein Aspekt, der mich besonders reizte. Denn im Gegensatz zum Überlebenskampf, in den überregionale Zeitungen (und besonders Regionalzeitungen) eintraten und den sie kaum zu gewinnen schienen, florierten die Anzeigenzeitungen, und besonders dieser Titel. Könnte das ein Zukunftsmodell für den gedruckten Journalismus sein? Die Frage beschäftigte mich viel zu lange, sodass es am Ende nur noch die Möglichkeit gab, das auszuprobieren. Insbesondere sollte die Anzeigenzeitung ein neues Internet-Angebot erhalten, das es zu konzipieren gab. Ich konnte nicht widerstehen und beschloss, die Redaktion in der Hauptstadt zu verlassen.

Doch zurück zum Segeln, dem eigentlichen Thema dieses Buchs: Was könnte diese Entscheidung für unsere Begeisterung für den Segelsport bedeuten? Natürlich, zurück ans Meer. Statt den Wannsee die Weser vor der Haustür haben. Statt die Ostsee über eine lange Kanalfahrt anzusteuern, die Nordsee zu »besegeln«. Ebenso wie die Änderung des journalistischen Produktes, das ich herstellen wollte, bedeutete auch die Revierveränderung für unser Boot hoffentlich eine Besserung. Auch dafür gab es nur einen Weg: es auszuprobieren. Dass die Nordsee und auch die Weser ganz eigene Herausforderungen stellen sollten, ahnte ich damals nur ungefähr.

Und so reifte nicht nur der Plan, den Wohnsitz von Berlin nach Bremen zu verlegen, sondern auch das Segelboot zu überführen. Die direkte Route wäre nun gewesen, über den Mittellandkanal zu fahren, so weit, bis die Weser den Kanal kreuzt, und dann den Fluss bis Bremen zu nehmen. Aber ich wünschte mir etwas Spektakuläreres, um von der Hauptstadt überzusiedeln. Deshalb konzipiere einen geradezu epischen Törn: von Berlin an die Ostsee, dann die Küste Mecklenburg-Vorpommerns entlang, über den Elbe-Lübeck-Kanal in umgekehrter Richtung wie beim letzten Mal auf die Elbe. Schließlich durch Hamburg elbabwärts auf die Nordsee und dann wiederum die Weser hinauf nach Bremen. Das war zwar ein erheblich längerer Törn gegenüber der direkten Strecke durchs Binnenland. Aber richtig scharf war ich eben nicht darauf, einem Binnenschiffer gleich unsere »Seestern« in ihr neues Revier zu bringen.

Lange rechnete ich an den Seekarten herum, bis ich schließlich die »nackten Zahlen« vor mir hatte: Die Strecke von Berlin bis Hamburg macht 360 Seemeilen aus (666 Kilometer), wenn man den Weg über die Ostsee nimmt und dann den Elbe-Lübeck-Kanal. Zum Vergleich: Der direkte Weg über die Kanäle und die Elbe würde 203 Seemeilen betragen (376 Kilometer). Das ist schon ein beträchtlicher Unterschied. Doch auf der »Haben-Seite« dieser Routenplanung steht ein schönes Seestück, das uns die gesamte Ostseeküste Mecklenburg-Vorpommerns entlang führen sollte, diesmal von Osten nach Westen.

Und wir beschlossen, die Reise in mehrere Etappen aufzuteilen. Anders wäre das nicht darstellbar gewesen. Schließlich befand ich mich ja »zwischen zwei Jobs« und musste die Zeit einteilen. In einer ersten Etappe sollte die »Seestern« nach Swinemünde gebracht werden, gewissermaßen als Startbrett auf die Ostsee. Eine zweite Etappe sollte nach Hamburg folgen. Daran würde sich die Fahrt von Hamburg nach Bremerhaven und schließlich nach Bremen anschließen.

Ich schaue durch die neue Kunststoffscheibe, die ich in die Sprayhood der »Seestern« eingearbeitet habe. Das »Makrolon« genannte Material ersetzt die stumpfe Folie, die vorher in der Spritzkappe als Fenster war. Es ist früher Frühling und ich kann die Blumen am Ufer haargenau durch die klare Scheibe sehen. Hier herrscht jetzt echter Durchblick. Und wenn die neue Scheibe stumpf wird oder brechen sollte, kann sie einfach wieder ausgetauscht werden. Eigentlich müsste eine neue Sprayhood her, weil das jetzige Modell zu klein ist und nicht über die Cockpitbreite geht. Aber das kann später noch folgen. Jetzt steht die Abfahrt von Berlin nach Norden an.

Langsam tuckert die »Seestern« mit ihrem Dieselmotor in Richtung Spandau, um dort in die Schleuse zu fahren. Wird es die letzte Abfahrt mit dem Boot aus Berlin sein? Viel nachdenken kann ich nicht darüber, da das Tor der Schleuse bereits offen steht und die Lichter zur Einfahrt »einladen«. Und ehe ich mich versehe, fahre ich schon die Havel hinunter. An Steuerbord zweigt der Tegeler See ab, der neben dem Wannsee ein weiteres, zusammengehörendes Revier der Berliner Segler ist. Schließlich fahre ich an der Landesgrenze zwischen Berlin und Brandenburg entlang. Genau, hier verlief einst die innerdeutsche Grenze, und Westberliner Segler, die auf diesem Stück fuhren, mussten sich vorsehen, ja an Steuerbord zu bleiben. Hinter dem Nieder Neuendorfer See war Schluss für sie. Heute kann man natürlich ganz bequem weiter nach Norden fahren.

Nördlich von Berlin, wenn man die dicht bebaute Stadt

verlassen hat, kommt auf der Steuerbordseite die »Marina Havelbaude«. Das ist ein netter kleiner Hafen, der zu der gleichnamigen Ausflugsgaststätte gehört und gerne von Freizeitskippern aus den südlich gelegenen Seen angesteuert wird. Schon seit 1925 gibt es den Betrieb, der Liegeplätze hat, Werftarbeiten anbietet und ein schönes Lokal im Grünen ist. Zwischen Henningsdorf und Oranienburg stehen eine Reihe weiterer Gaststätten an der Havel. Da sind der »Weiße Schwan« zum Beispiel, bei Hohenschöpping, oder die Anleger des »Motorwassersportclubs Birkenwerder« in einem Seitenarm. Für eine abwechslungsreiche Fahrt sorgt das allemal, und man könnte auch anhalten, wenn einem danach ist. Und am Lehnitzsee gibt es das große »Hafenrestaurant Oranienburg«, wenn man Rast machen möchte und sich nach etwas Kulinarischem sehnt.

Wenn man sich jetzt Oranienburg nähert, wird der Kanal zu einer Wasserstraße, die mitten durch die grünen Wohngebiete schneidet. Am Ufer stehen kleinere und größere Häuser, von denen viele eine eigene Anlegestelle haben, wo Kanus oder kleine Boote festgemacht haben. Die Menschen sitzen in ihren Gärten, manche haben Pavillons, und wenn es nicht so kühl wäre, wäre es bestimmt viel voller am Wasser. Man fährt sozusagen durch die Hintertür in die Stadt hinein, durch die hinteren Gärten jedenfalls, und das ist eine schöne, entspannte Vorstadtatmosphäre, die man hier vom Boot aus verfolgen kann.

Man fährt unter vielen Brücken durch, bis man in den Lehnitzsee gelangt. Dort wartet die Lehnitzschleuse. Es wird empfindlich kalt durch den Wind, der über den Wartepunkt vor der Schleuse weht. Es ist eben noch ziemlich früh im Jahr, denke ich. Endlich ermöglichen die Lichter die Einfahrt. Auch diese Schleuse stellt den Wassersportler vor keine größeren Aufgaben. Etwa 5,60 Meter beträgt die »Fallhöhe«, das ist ganz ordentlich, aber zu schaffen für einen Einhandsegler. Birgit wird erst am nächsten Tag an Bord kommen auf unserer ersten Etappe in Richtung Bremen, sie musste noch einen Tag länger arbeiten.

Ich rücke den kleinen Faltstuhl im Cockpit zurecht, der aus einem Thermomaterial gefertigt ist und einen schön warm hält, während das Schiff die »HOW« entlang dampft, die »Havel Oder Wasserstraße«. Die sind wir nun schon einige Male von und nach Berlin gefahren, aber dieses Mal könnte das letzte Mal sein, da ja die Überführung des Bootes anliegt. Wolken ziehen auf, und es wird noch ein wenig kälter auf dem Kanal. Das Ziel ist die Marina Marienwerder, ein dankbarer Zwischenstopp auf dem Weg von Berlin zum Stettiner Haff. Denn man kann dort in Ruhe vor Eberswalde übernachten und hat schon ein gutes Stück des Weges geschafft.

Hier probiere ich erstmals das neue »Bett« aus, das wir in die »Seestern« eingebaut haben. Dazu legt man im Salon den Tisch tiefer auf eigens dafür montierte Halterungen. Dann befestigt man ein 1,40 Meter langes Holzbrett zwischen Sitzecke und Sitzbank an der Steuerbordseite. Und schließlich braucht man nur noch die beiden dreigeteilten Klappmatrazen aufklappen, die tagsüber als etwas voluminöses Sofa auf der Backbordseite stehen. So entsteht eine unglaubliche Liegefläche von zwei Metern Länge und 1,40 Metern Breite. Der kleine Heizlüfter brummt, das Licht leuchtet, die »Seestern« macht einem Hotel so die reinste Konkurrenz. Das Doppelbett bietet wirklich eine unglaubliche Liegefläche für ein Boot.

Der Nachteil, auch gegenüber einer größeren Yacht, wie wir sie heute segeln, wird aber auch gleich augenfällig: Wenn man das Bett ausgeklappt hat, ist das Schiff im Wesentlichen nur noch ein Bett. Im Salon ist vorne noch etwas Platz vor der Pantry. Aber alles Gepäck muss man in die Hundekoje unter dem Cockpit lagern oder ganz vorne in der V-Koje im Bug. Es bleibt nicht mehr viel Platz im Schiff, außer eben einer riesigen Liegefläche.

Auf der Fahrt über die Havel-Oder-Wasserstraße und die Oder bieten sich einige Häfen für einen Zwischenstopp an. Von Berlin aus sind das folgende: Die Marina Havelbaude vor Oranienburg (www.marina-havelbaude.de / Tel. Hafenmeister 0170 892 60 61). Kurz vor Eberswalde kommt der Yachthafen Marienwerder (www.yachthafen-marienwerder.de / Telefon 0179 7286338). Außerdem gibt es die Marina Oderberg, zu der auch ein Restaurant und ein Hotel gehören (www.marina-oderberg.de / Tel. 033369 755 40). In Schwedt finden sich der Seesportclub Schwedt (südlich der Stadt, www.seesportclub-schwedt.de, Tel. 03332 514689) und der Hafen des Wassersports PCK Schwedt e.v. (www.wassersport-schwedt.de / Tel. 03332 23962). In Gartz gibt es ebenfalls einen sehr schönen Yachthafen direkt am Strom. Kurz vor der Grenze folgt noch der Hafen Mescherin (hafen-mescherin.umena.de/). Auf der polnischen Ostoder gibt es einen neuen Steg bei Gryfino.

Am nächsten Tag bin ich ausgeschlafen, wie ich feststelle. Die Klapppolster haben genau die richtige Härte, dass man nicht zu tief einsinkt. Dazu gibt es ein bequemes Kopfkissen. Das ist herrlich. Ich starte auf dem Kanal, auf dem am Morgen noch Nebelschwaden ziehen. Und ich freue mich über das flotte Tempo, dass das Boot mit seinem Dieselmotor macht, der gleichmäßig vor sich hin wummert. Damals ahnte ich noch nicht, welchen Stress die Maschine nur einen Tag später verursachen sollte. Der Antrieb ist ein alter Volvo Penta MD 3a mit 13 PS. Eigentlich ein unverwüstliches Teil, dieser »Selbstzünder«. Ein schweres Schwungrad ist vorne auf der Welle montiert, hinten geht die Kraft in einen »Saildrive« über, das ist ein Schaft, der senkrecht aus dem Schiff ragt und über den der

Propeller angetrieben wird. Es war das erste Modell eines Saildrives, das bei Volvo Penta Ende der Siebzigerjahre gefertigt worden war. Und der störrische Diesel hatte so eben noch einen neuen Anlasser bekommen, weil der alte »Dynastarter«, den ich vor eineinhalb Jahren noch repariert hatte, wieder ausgefallen war. Glücklicherweise konnte man diese Geräte noch bestellen.

Nun also dampft die »Seestern« mit ihrem Volvo Penta den Kanal entlang, bis am Ufer winkend Birgit steht, die in Eberswalde zusteigt. Da ist sie morgens mit der Bahn von Berlin hingefahren und hat sich mit einem Taxi zum Kanal bringen lassen. Jetzt geht es nur noch ein Stündchen weiter nach Osten, wo das Schiffshebewerk Niederfinow wartet. Das ist ein beeindruckendes technisches Denkmal. In Scharnebeck an der Elbe geht es im Schiffshebewerk des Elbe-Seitenkanals 38 Meter auf und ab. Hier fährt der Trog mit Wasser immerhin 36 Meter hinauf und herunter. Dabei ist die Anlage bereits in den Jahren 1927 bis 1934 errichtet worden. Und die Konstruktion aus Stahl sieht beeindruckender aus. Weit geht der Blick vom Trog, wenn er oben steht, in Richtung Osten auf den Oderbruch. Gleich daneben im Norden befindet sich die Baustelle des neuen Hebewerkes, das die alte Anlage einmal ersetzen soll. Denn länger als 84 Meter dürfen die Schiffe nicht sein, die in das alte Hebewerk hineinfahren. Die neue Anlage, deren Bau schon 1997 begonnen wurde, soll einmal 115 Meter Nutzlänge bieten. Doch die Eröffnung wurde immer wieder verschoben; im Frühjahr 2022 war es immer noch nicht in Betrieb.

Wir haben das Glück, dass sich das alte Hebewerk zügig mit unserem Segelboot absenkt. Ich mag diese Hebewerke wirklich gerne, weil man, wie schon in Scharnebeck, einfach am Trog festmacht und vom Steg aus die Fahrt beobachten kann und sich nicht in einer muffigen Schleusenkammer herabsenken lassen muss.

Und in was für eine schöne Landschaft sich das Hebewerk

absenkt. Direkt hinter dem kurzen Kanal, der aus der Anlage führt, liegen der Lieper See und der Oderberger See. Da ist die Kanalfahrt beendet, von jetzt an geht es die Seeufer entlang. Zumal die Landschaft bei Oderberg auch noch recht hügelig ist. Für uns als Hamburger ist das eine vollkommen unbekannte Gegend. Berlinern und Brandenburgern dürfte sie natürlich vertrauter sein. Aber ich staune noch jedes Mal, wie hübsch es hier doch ist. Über die »Wriezener Alte Oder« erreicht man schließlich die beiden Schleusen in Hohensaaten. Die Westschleuse führt in den Kanal, der die Oder entlangführt. Die Ostschleuse bringt uns schließlich direkt in den Fluss. Das ist der schönere Weg, weil man flussabwärts die Strömung nutzen kann, um nach Stettin zu kommen. Im Gegenzug ist es flussaufwärts natürlich günstiger, ohne Gegenströmung den Kanal zu fahren, der zudem immer einen gleichbleibenden Wasserstand garantiert.

Ein wenig trübt die Freude, dass es die Schleusenbesatzung heute offensichtlich nicht allzu eilig hat. Mit drei Booten liegen wir in der Nachmittagssonne in der Schleusenkammer, in der wir eine runde halbe Stunde ausharren müssen, ohne dass sich etwas tut oder es eine Ansage gibt. Erst dann geht das Tor in Richtung Osten auf und wir können auf die Oder hinausfahren. Es ist eine wunderschöne Fahrt durch das frische Grün zwischen Deutschland und Polen. Einzig die Grenzpfähle am Ufer irritieren mich: Schwarz-rot-goldene, viereckige Pfähle, das kannte man höchstens von der innerdeutschen Grenze. Warum die hier noch stehen, mag sich mir nicht erschließen. Aber sie markieren deutlich, wo sich Deutschland und wo sich Polen befindet. Der Anleger im Örtchen »Gryfino« sieht nicht sehr einladend aus, sodass wir das letzte Stück bis Stettin auch noch fahren, wo wir zur »Sen Marina« wollen. Diese zählt zu einer Reihe von kleinen Yachthäfen an dem Verbindungskanal zwischen der Oder und dem Dammschen See und bietet einen netten Zwischenhalt. Wir haben auch schon zwei Mal das kleine, einfache Hotel genutzt, das direkt am Yachthafen steht. Aber heute haben wir ja unser neues Doppelbett dabei, das seinem zweiten Einsatz entgegensieht.

Bei Stettin biegt man kurz nördlich der Cłowy Bridge von der Ostoder in einen Kanal ein, der zum Südufer des Dammschen See führt. Dort gibt es sehr viele Marinas zur Auswahl, wie zum Beispiel die Marina Club, den Jacht Klub AZS Szczecin, die Przystań LOK oder die Camping Marina PTTK, um nur einige zu nennen. Man kann ohne weiteres vor Ort die Marinas abfahren und nach Plätzen schauen. Wir sind in der Sen Marina mit ihrem Hotel (Tel. +48 91 4614350) sehr gut untergekommen.

Am nächsten Vormittag scheint eine Feier in dem kleinen Hafenhotel anzustehen. Schon vormittags bauen Musiker ihre Ausrüstung auf der Terrasse auf. Wir stellen erst wieder den Mast mithilfe unserer Hebeeinrichtung, denn jetzt liegen ja der Dammsche See, das Haff und dann die Ostsee vor uns. Nach dem Frühstück geht es los. Und dann passiert es: Wie ich auf den Dammschen See von Süden zufahre, der Diesel tuckert, gibt es einen lauten Knall, dann ein Kreischen von Metall und dann steht der Motor still. Verzweifelt schaue ich zum Heck, wo natürlich nichts zu sehen ist. Das Boot treibt im Wasser, weit genug vom Ufer weg, es ist schwach windig. Ich starte den Motor erneut. Im Leerlauf ist nichts zu merken, der Diesel läuft vor sich hin. Ich kann auch etwas Gas geben. Aber sobald ich den Gashebel eingekuppelt nach vorne drücke, kracht es und die Maschine geht aus. Ich habe die schlimmsten Befürchtungen, was den alten Diesel von 1979 angeht. Aber jetzt bleibt mir nur, den Außenborder abzusenken und zu starten. Der läuft immerhin problemlos mit seinem Superbenzin, das aus dem roten Tank unten in der Backskiste kommt. Wenig später können wir auch die Segel setzen, da es auf dem Haff doch ein wenig weht.

Wir halten uns am Südufer und segeln in Richtung Westen. Dabei machen wir ganz ordentlich Fahrt. Ziel sind die beiden Örtchen Altwarp in Deutschland und gegenüber Nowe Warpno in Polen. Hier wollen wir einen Zwischenstopp auf dem Weg nach Norden machen. Im deutschen Örtchen Altwarp ist der kleine Hafen ziemlich voll, vor allem scheinen an Land die Wohnmobile jeden Platz zu belegen. Wir fahren weiter und probieren den Hafen von Altwarp. Der ist ein Treffer: Hier hat nur ein einziges anderes Boot an dem Anleger festgemacht. Der Ort lockt mit seiner Altstadt. An dem Motor kann ich ohnehin heute nichts mehr ausrichten, und deshalb machen wir das Boot zu und spazieren durch den Ort. Wenn man von der »Marina Nowe Warpno« nach Süden geht, kommt man über die Halbinsel, auf deren Südseite die »Promenada« verläuft. Und da steht ein hübsches polnisches Lokal. Die Besucher sitzen allesamt draußen, obwohl es langsam sehr kalt wird. Wir machen das auch – und essen schließlich gut und günstig.

Doch als wir zum Hafen zurückkommen, sehen wir, wie die Wellen zugenommen haben, die auf die Steinmole prallen. Auch wenn es schon dunkel geworden ist, will ich das Boot auf die andere Seite der Mole legen. Denn dort ist eine windabgewandte Seite und wir würden absolut ruhig liegen. Mit dem Außenborder gelingt es mir auch, das Boot um den Molenkopf herumzusteuern und auf der Südseite festzumachen. Wir haben wenigstens eine ruhige Nacht vor uns.

Meine Befürchtungen bezüglich des Dieselmotors sind groß. Ich ahne schon, dass etwas mit dem Getriebe nicht stimmt. Wir beschließen, am nächsten Tag die Fahrt nach Swinemünde über das Haff fortzusetzen und uns dort eine

Werkstatt zu suchen. Der Wind ist etwas abgeflaut und wir können von Neuwarp nach Norden segeln. Später nehmen wir die Segel. herunter und fahren in den »Kanal Piatkowski« ein, der Swinemünde mit dem Haff verbindet. Sehr spannend ist diese kurze Wasserstraße allerdings nicht.

Dann tuckern wir aber auch schon durch die polnische Seestadt auf den Yachthafen zu. Wir machen im »Porto Yachtowy« im »Bassin Polnocny« fest. Der Hafenmeister, der sein Büro in einem hübschen Häuschen hat, das aus dicken, dunklen Holzbalken gebaut wurde, weiß Rat: Er ruft bei »Navikon Engineering« an, einer Werft auf der anderen Seite des Kanals. Von dort soll gleich am nächsten Tag ein Techniker kommen, der sich unseren Antrieb einmal ansehen wird. Wir legen das Boot ordentlich an den Steg, schließen den Strom an und räumen etwas zur Vorbereitung auf.

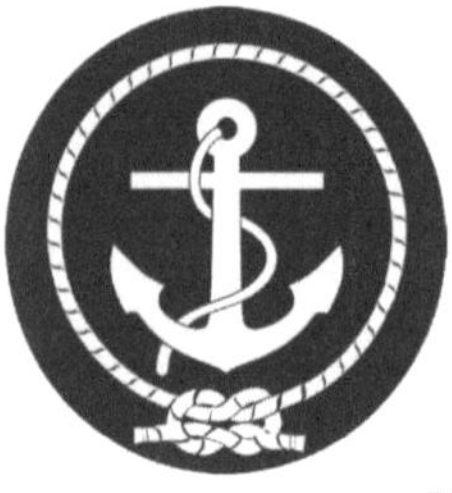

Der große Yachthafen von Swinemünde ist der Port Jachtowy, nördlich der Innenstadt in einem Becken, das vom Hauptstrom abgeht, gelegen. Merkmal: Großzügige Hafenanlage mit kompetentem Personal, direkt neben dem Kurpark Park Zdrojowy. Internet: https://www.osir.swinoujscie.pl/obiekty-sportowe/port-jachtowy/opis / Tel. +48 91 321 3781.

Am nächsten Tag schüttelt der Techniker den Kopf: Der Motor ist in Ordnung, stellt er fest, während er den Gashebel vor- und zurückdrückt. Das Getriebe ist hinüber. Seine Diagnose ist nachvollziehbar: Schließlich läuft der Motor noch rückwärts. Vorwärts aber ist keine Umdrehung mehr zu machen. Doch das Getriebe ansehen heißt, so erklärt er uns, das Boot aus dem Wasser zu holen und den Saildrive-Antrieb auszubauen. In den nächsten Tagen lerne ich zweierlei: Polnische Techniker sind ziemlich einfallsreich, wenn es darum geht, Probleme zu lösen. Zunächst wollte Navikon die »Seestern« in das große Schwimmdock für Frachtschiffe bringen und aus dem Wasser heben. Dann stellte man aber fest, dass die Stützen nicht passen. Also wird ein »Autokran« gerufen, der das Schiff vom Ufer des Kanals auf eine Abstellfläche heben kann.

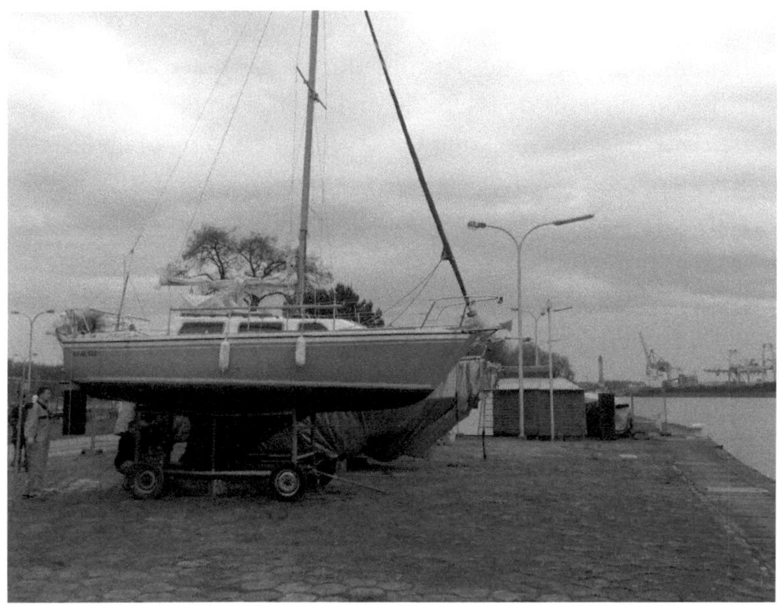

Die Seestern steht in Swinemünde am Kai

Und ich lerne, dass Fachkräfte in Polen nicht teuer, aber auch nicht günstig sind. Der Stundensatz liegt in etwa bei 60 Prozent der deutschen Sätze. Dafür werden die Reparaturarbeiten engagiert angegangen. Und wir haben ja immerhin den ersten Abschnitt unserer Reise geschafft: Die Seestern ist in Swinemünde, einige Hundert Meter von der Ostsee entfernt. Nur, dass sie nicht mehr im Wasser schwimmt, sondern an Land steht, während der Saildrive ausgebaut wird. Unser Techniker Tomasz macht uns Mut: Der Antrieb sieht gar nicht mal schlecht aus, sagt er, die Manschette zur Abdichtung des Saildrives zum Boot ist jedenfalls noch in Ordnung. Jetzt steht die Entscheidung an, nach der Diagnose sich für oder gegen den Motor zu entscheiden. Ich schlafe schlecht. Soll ich die Dieselmaschine aufgeben und ausbauen lassen, ein Weg, den Tomasz vorschlägt? Sie könnten den Rumpf verschließen und uns würde immerhin noch der Außenborder zur Verfügung stehen. Oder soll ich gar einen neuen Motor einbauen lassen? Das steht außer Frage, da ein neuer Antrieb doch recht teuer wäre. Ich entscheide mich für das Reparieren lassen, und Navikon verspricht, dass sie auch den Diesel so weit wie möglich überholen werden.

Das Getriebe sehen wir schon einen Tag später wieder: Es liegt, fein säuberlich auseinandermontiert, vor uns auf der Werkbank im Werftbetrieb. »Wir haben bei Volvo nachgefragt, aber diese Teile gibt es nicht mehr«, sagt Tomasz. »Deshalb haben wir sie in unserer Werkstatt nachgebaut.« Unglaublich, ich halte einige Zahnräder in den Händen, die gerade neu angefertigt wurden. Das wäre in Deutschland wohl nicht möglich gewesen. Zumindest hatte ich noch keinen Bootsmotoren-Mechaniker hierzulande getroffen, der bei den bisherigen Problemen mit dem Diesel in Berlin ein besonderes Engagement gezeigt hätte. Im Gegenteil: Einem gelang es, den Schlüssel abzubrechen und sich dann aus dem Staub zu machen.

Nicht so in Swinemünde: Alles wird wieder zusammengesetzt. »Es kann sein, dass der Vorbesitzer Dichtungen nicht ausgetauscht hat, die alle zehn Jahre im Getriebe gewechselt werden müssen«, vermutet Tomasz als Ursache des Defekts. Bezahlt wird übrigens in bar, und dazu machen wir mit unserem Techniker und seiner Frau im Auto eine Stadtrundfahrt durch Swinemünde und über die Grenze nach Deutschland, um einen Geldautomaten zu besuchen, den wir im Seebad Ahlbeck finden.

Interessanter noch finde ich die Rundfahrt durch ihre Heimatstadt, die uns die beiden bieten. Stolz zeigen sie uns die Straßen im Kurviertel nördlich des Zentrums. Ein Jammer sei es gewesen, dass der frühere Kurort so verfallen war, sagt Tomasz. Schuld daran seien die Russen gewesen, soviel stehe fest. Die hätten das Kurviertel zum Sperrgebiet gemacht. Ansonsten hege man keinen Groll gegen irgendjemanden.

Im Grunde geht es jetzt um ein heikles Kapitel deutsch-polnischer Geschichte. Warum das einst elegante Seebad Swinemünde so verfallen war, und warum jetzt wieder renoviert wird, darüber kann man lange diskutieren. Unseren polnischen Gästeführern macht die Diskussion wenig aus. Ich verstehe, dass Russen nicht sonderlich beliebt sind, auch wenn in der Bar des Hotels, in dem wir während der Reparatur wohnen, ständig »Russia Today« läuft. Und bei den Sendungen mit offensichtlicher Propaganda in englischer Sprache, in denen sich ein überdrehter Moderator die »amerikanischen Cowboys« vorknöpft, kann einem schon der Atem stocken.

Auch wenn die Arbeiten an der »Seestern« nicht günstig waren, ist es sehr solides Handwerk und vermutlich der einzige Weg, diesen Antrieb wieder zu reparieren, der in Deutschland höchstwahrscheinlich das Ende seiner Tage gesehen hätte. So aber bekam die »Seestern« eine überholte Maschine, die sie mit 13 PS noch einmal ordentliche Wegstrecken über die See und über Kanäle bringen sollte – und vermutlich heute noch immer läuft. Und ich habe seither eine wirklich sehr hohe Meinung von der Kunst polnischer Techniker. Man könnte sagen: Gut, dass das Malheur auf dem Weg bei Stettin passiert ist.

Wir fahren zwei Wochen nach Berlin zurück, während an der »Seestern« alle erforderlichen Arbeiten erledigt werden. Das geht von Swinemünde gut mit der »Usedomer Bäderbahn«, die die Verbindung zur Hauptstrecke von Greifswald nach Berlin herstellt. Als das Boot fertig ist und wir die Zeit haben, die nächste, längere Etappe anzugehen, kehren wir zurück. Diesmal fahren wir mit der Bahn über Stettin, und dann an die polnische Seite der Küste hoch, was aber doch länger dauert, als über Usedom mit der Bäderbahn zu fahren. Am Kai steht in Swinemünde das Schiff auf seinem Gestell, und während ich den Propeller ansehe, startet Tomasz drinnen den Motor und führt mir vor, wie einwandfrei der Vorwärts- und Rückwärtslauf funktionieren. Wir können also den »Autokran« rufen, der am nächsten Morgen anrückt, um das Boot wieder ins Wasser zu befördern. Der Preis dafür ist niedrig. Im Hafenmeisterbüro wird aber jeder Tag einzeln abgerechnet, auch die Tage, an denen das Schiff an Land steht. Die Summe, die da zustande kommt, ist ebenfalls noch günstig. Aber die Rechnung wird von zwei verschiedenen Hafenmeistern kontrolliert, erst dann wird das Boot »freigegeben«. Freundlich und hilfsbereit sind die Hafenmeister in Swinemünde, aber sie achten auch genau auf ihre Einnahmen.

Einen kleinen Schreck macht es mir, dass nach der Wasserung der Diesel anspringt und sofort wieder ausgeht. Die Kraftstoffleitung für den Antrieb musste noch entlüftet werden. Jetzt ist aber alles in Ordnung, glaube ich, und wir können die Reise fortsetzen.

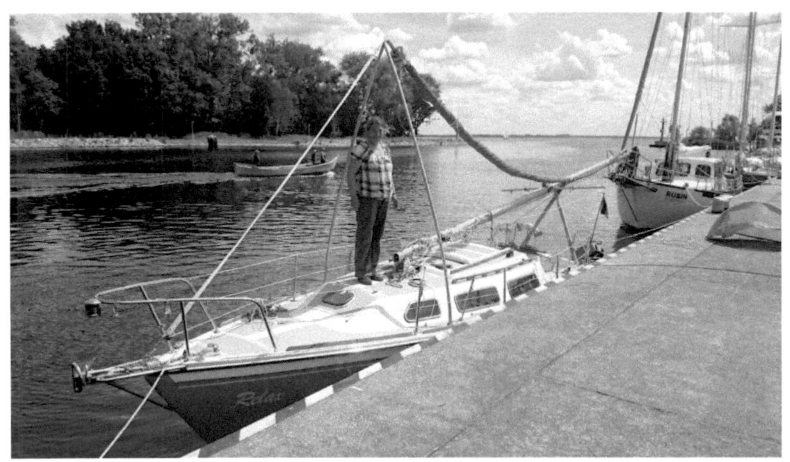

Mit dem Jütbaum auf der »Seestern« wird der Mast gestellt

KAPITEL 4: ZWISCHEN STRELASUND UND DARSSER ORT

Vor Swinemünde gehen wir auf Westkurs und setzen nach dem Passieren der langen Mole die Segel. Es weht ein schöner Wind von Süden, sodass wir wieder fast perfekt die Küste mit den »Kaiserbädern« absegeln können. Diese Strecke fuhren wir schon, als wir auf dem Weg nach Bornholm waren. Auf unserer ersten Tour rund Mecklenburg, die mit der Kanalfahrt im ersten Kapitel, haben wir das Achterwasser benutzt, um ins Haff zu kommen. Das ist eine reizvolle Strecke an dem Städtchen Wollin vorbei. Im Haff musste man gleichwohl auf die vielen Stellnetze Acht geben, die sich manchmal in den Weg stellen können. Sie alle wollen umfahren werden. In der »Lagunenstadt Ueckermünde« hatten wir damals Station gemacht, und die Anlage hatte bei uns einen zwiespältigen Eindruck hinterlassen. Einerseits war sie ganz originell angelegt worden, der Yachthafen gruppiert sich um eine große Anzahl Ferienwohnungen in Backsteingebäuden. Andererseits wirkte sie auch leblos, auf eine seltsame Art. Da waren nicht viele Feriengäste, und diejenigen, die dort Urlaub machten, wirkten nicht sehr zugänglich, eher verschlossen. Nein, die »Lagunenstadt« hat uns nicht sonderlich gefallen.

Solche Sorgen haben wir jetzt nicht, als wir zum großen Schlag die Ostseeküste entlang ansetzen, immer in Richtung Westen. Am Ufer zieht sich wieder der Kiefernwald hinter dem Sandstrand hin, den ich wirklich sehr gerne mag, und dahinter tauchen gelegentlich Gebäude auf, die ein wenig versteckt im Wald stehen. Unsere »Seestern« macht ganz ordentlich Fahrt, auch wenn sie, ich hatte es schon erwähnt, kein wirklich guter »Segler« war. So geht es mit knapp fünf Knoten voran. Ahlbeck, Heringsdorf und Bansin ziehen vorbei, später dann Koserow.

An der Mündung des Achterwassers haben Segler eine große Auswahl an Yachthäfen. Von Peenemünde bis Wollin gibt es zahlreiche Anlaufstellen zum Festmachen. Peenemünde liegt günstig, aber ich finde nicht, dass der Hafen für Segler einen sonderlich attraktiven Zwischenstopp ausmacht. Wir hatten den Ort einmal von der Landseite besucht und uns auch das Museum angesehen, das die Entwicklung der Raketentechnik im Dritten Reich nachvollziehbar macht. Und trotz aller Ingenieursleistungen handelt es sich um einen wahrhaft gruseligen Ort, an dem Zwangsarbeiter mit großem Leid schuften mussten und Langstreckenraketen bauten, die einmal London treffen sollten. Diese Zerrissenheit merkt man dem Museum heute sehr deutlich an. Direkt vor der ehemaligen Heeres-Versuchsanstalt mit dem Boot anlegen möchte ich nicht unbedingt.

Deshalb laufen wir über den Strom und machen im Hafen des Örtchens Freest fest, das gewissermaßen gegenüberliegt. Es ist ein schöner Hafen: Der lange Steg reicht am Schilf in die Bucht hinein. Das ist ein feiner Zwischenstopp auf dem Weg in Richtung Westen, denn der dortige Verein betreibt die Anlage engagiert.

Im Bereich Peenemünde gibt es viele Häfen, wie die erwähnte Sportgemeinschaft Seesegeln (www.seesegeln-freest.de / Tel. Hafenmeister 0175-9870109), den Gemeindehafen Freest (www.fischerei-freest.de / Tel. 038370 - 20474). Auch in Kröslin gibt es einen sehr großen Freizeithafen, die Marina Kröslin im Baltic Sea Resort (baltic-sea.resort.com / Rezeption: 038370 259 990, Tel. Hafenmeister 0162 24 70 677 - nur in dringenden Notfällen).

Ein Industriedenkmal erstens Ranges ist das Kernkraftwerk Lubmin, an dem wir am nächsten Tag vorbeikommen. Das »Kraftwerk Greifswald« war das größere der beiden Nuklear-Meiler in der DDR und lieferte ab 1974 Strom. Über 2000 Megawatt konnte die riesige Anlage produzieren. Im Jahr 1990 konnte es mit der Stilllegung nicht schnell genug gehen, schließlich waren erhebliche Sicherheitsmängel bekannt geworden und auch bisher nicht berichtete Störfälle. Einen Teil des Kraftwerks hätte man sanieren und weiterbetreiben können, aber es fand sich kein Energieunternehmen, welches das Risiko tragen wollte. Und so mussten 1000 von ehemals 10.000 Beschäftigten das Kraftwerk ab 1995 zurückbauen. Aber die Reste der gewaltigen Anlage auf der Südseite des Greifswalders Boddens sieht man auch heute noch von weither.

Wir segeln unterdessen tiefer in den Greifswalder Bodden hinein. Unser Ziel ist der kleine Hafen Glewitz, wo eine Autofähre den Strelasund überquert und Rügen mit dem Festland verbindet. Ein idyllisch gelegenes Ziel. Schnell ist das Boot an der Steinmole festgemacht. Nun aber stelle ich mit einem Blick auf die Wasserschläuche und unsere Eimer in der Backskiste fest, dass wir einen Schiffsputz machen könnten. Die Tage, an denen die »Seestern« auf der Kaimauer in Swinemünde stand, haben staubige Spuren hinterlassen. Und so wird die »Pütz« gefüllt, wie so ein Eimer in Seglersprech auch heißt. Mit einem Schrubber mache ich mich über das Deck her, während Birgit in der Kajüte ein Abendessen vorbereitet. Nach einem halben Stündchen ist das Boot abgeschrubbt und ich begebe mich ebenfalls in die Kajüte.

Da steht unser großes Bett zusammengefaltet und bietet ein breites Sofa, auf dem man bequem sitzen kann. Nicht die perfekte Einrichtung zum Abendessen, da es keinen Tisch gibt, um die Teller abzustellen. Aber wir experimentieren ja noch. Eine Möglichkeit wäre, die Matratzen zusammenzufalten und in die Achterkoje zu schieben. Ich hatte mir vor der Bestellung extra ausgerechnet, dass sie hochkant dort hineinpassen würden. Dann kann man den Tisch im Salon wieder als Esstisch aufbauen. Aber nach diesem Segeltag und einem kleinen Schiffsputz sind wir zu faul für solche Umbauarbeiten und essen auf unserem breiten Sofa in der Kajüte. So manche Umbauten scheitern auf Booten übrigens daran, dass die Eigner am Abend zu bequem sind, um sie aufzubauen – wie etwa das Aufstellen der »Kuchenbude«, das ist das Verdeck, das man über das Cockpit spannen kann. Bis die »Kuchenbude« hervorgeholt ist, das Gestänge über dem Cockpit steht und dann alles am Schiff befestigt ist, vergeht schon ein Weilchen – das macht man im Allgemeinen nur, wenn sich schlechtes Wetter ankündigt und man weiß, dass man etwas länger im Hafen bleiben wird.

Wo der Strelasund in den Greifswalder Bodden übergeht, liegt die kleine Hafen Glewitz (Tel. Hafenmeister 0174-1789647). Noch etwas größer ist der gegenüberliegende Yachthafen Stahlbrode (Tel. 038328 650005), der auch über eine Tankstelle verfügt.

• • •

Im Hafen Glewitz ist sonst eigentlich nichts los. Aber der Ort liegt günstig am Ende des Strelasundes. Weil der Wind am nächsten Tag fast eingeschlafen ist und der Sund nicht sehr breit ist, habe ich die Möglichkeit, »endlich« unseren renovierten Schiffsdiesel anzuwerfen. Der rumpelt gleichmäßig und treibt das Schiff wieder ordentlich an. Mit einem deutlichen »Tuck Tuck« fahren wir an der Glewitzer Fähre vorbei in den Sund ein. Ich bin ein wenig stolz auf den renovierten Diesel, der uns sicherlich noch gute Dienste leisten wird, das ahne ich. Natürlich schafft der Außenborder am Heck auch jede Flaute. Aber er ist eben ein Ersatzmotor. Bei viel Seegang und viel Strömung ist er doch nur recht eingeschränkt verwendbar: Neigt sich das Boot in höheren Wellen, taucht der Propeller des Außenborders nur zu schnell aus dem Wasser aus. So ein fest eingebauter Diesel steht dagegen bei jedem Wetter zur Verfügung. Sein Propeller liegt unter dem Rumpf, weit unter der Wasserlinie. Segelt man, bremst der Propeller dagegen etwas, da er sich nicht zusammenfaltet, wie es die Flügel bei einigen weiter entwickelten Modellen tun.

Langsam ziehen die Ufer der Südseite Rügens an uns vorbei, während wir bei schönem Sonnenschein auf Stralsund zufahren. Diese »Ecke« der Ostsee kannte ich vorher überhaupt nicht, bis wir zwei Saisons vorher auf unserem Törn »rund Mecklenburg« hier durchgekommen waren. Und ich muss sagen, das ist ein schönes, geschütztes Revier. Eigentlich hätten wir auch einen Abstecher nach Greifswald einplanen können. Aber der Weg ganz bis nach Hamburg ist noch weit und wir wollen ja »Strecke machen«, wie es so schön heißt. »Strecke machen«, das ist ein Konzept, das mich noch oft beschäftigen sollte. Eigentlich steckt eine gewisse Ungeduld dahinter. »Strecke machen« heißt, dem selbst gesteckten Ziel ein entscheidendes Stück näherzukommen. Und wenn der Wind nicht genug bläst oder genau von vorne kommt, dann kann man »Strecke« nur noch mit der Maschine machen. Es sei denn, man ist auf längeren Törns auch bereit, und zeitlich in der Lage, nur kleine Schritte in Kauf zu nehmen, etwa, weil man um jede Seemeile aufwendig kreuzen muss. Heute wird also mithilfe des überholten Diesels »Strecke gemacht« im Strelasund. Wenn die Ufer immer weiter zusammenrücken, fühlt sich das Tempo des Schiffes schneller an, als wenn man weit draußen auf See ist, wo es keine Bezugspunkte zum Land mehr gibt, und als Referenz für das eigene Vorankommen nur noch die Wellen zu sehen sind oder manchmal andere Segler.

Begeistert bin ich auch immer, wenn wir unter großen Brücken durchfahren. Birgit staunt dann darüber, dass ich ständig Fotos machen muss. Aber ich finde es einen interessanten Moment, wenn sich ein hoher Mast einer Brücke nähert. Das sieht dann aus dem Cockpit stets so aus, als würde er gleich gegen stoßen. Und wenn die Höhe dann hinhaut, was sie dank guter Seekarten ja tut, dann fährt man einfach so unter diesem fixen Bezugspunkt von Land hindurch. Hier haben wir nun die neue Rügenbrücke mit ihrem gewaltigen Pfeiler, an denen die Fahrbahn hängt und die wir passieren. Gleich dahinter können wir nach Backbord abbiegen und den Segelhafen von Stralsund ansteuern. Mir ist die Stadt auf Anhieb sympathisch. Sie liegt fast direkt an der Ostsee und hat eine lange maritime Vergangenheit, die noch weit vor die Zeit der Hanse reicht. Und sie ist touristisch auch nicht ganz so präsent wie Lübeck oder Rostock, sondern hält sich eher im Nordosten der Republik zurückhaltend versteckt. Stralsund erinnert mich aber auch an Wismar. Und das ist kein Zufall: Die beiden Städte sind ähnlich groß und ihre Altstädte wurden zusammen 2002 zum UNESCO-Weltkulturerbe erklärt.

Absolut zentral in Stralsund liegt die Citymarina. Merkmal: Moderner, großer Hafen, der für Landgänge ideal stadtnah gelegen ist. Internet: www.citymarina-stralsund.de / Tel. 03831 444978. *Die Brücke über den Stralsund öffnet täglich um 5.20 Uhr, um 8.20, 12.20, 15.20, 17.20 und um 21.30 Uhr.*

Der Hafen, der sich heute »Citymarina Stralsund« nennt, hat den Vorteil, dass er fast direkt an der Altstadt liegt. Und er ist einfach vom Strelasund anzusteuern. Die Stege mit den freien Plätzen befinden sich an Steuerbord, ganz im Norden der Anlage, und wir machen bequem fest.

»Ist das eine Jaguar 27?«, fragt uns ein jüngerer Segler, der uns beim Festmachen hilft.

»Danke, das ist eine 25er, also etwas kleiner«, entgegne ich.

»Da solltet Ihr unbedingt einmal die Püttinge überprüfen lassen. Wir hatten eine Jaguar 27, bei der die gebrochen sind. Das ist ein echter Schwachpunkt bei dem Schiff.«

Die Püttinge sind die Befestigungen der Wanten an Deck, die bis ins Schiff reichen, wo sie mit der Bordwand verbunden sind. Nach dem gut gemeinten Rat unseres Stegnachbarn schaue ich mir tatsächlich die Püttinge einmal genauer an. Doch ich kann nichts feststellen: keine Risse, keine Schrauben, die nicht mehr halten, kein Spiel, rein gar nichts. Natürlich müsste der Stahl mit speziellen Geräten geröntgt werden, wollte man wirklich seinen Zustand erforschen. Von außen ist nicht alles zu sehen.

Aber er hielt auch später noch, wir sollten noch einige Herausforderungen mit diesem Schiff erleben. Dann waren es nicht die Püttinge, die uns Sorgen machten. Die hielten immer bombenfest und mit den Wanten gab es keine Probleme, obwohl bei einem Schiff mit einem solchen Klappmast die

Drähte mehr beansprucht werden dürften als bei Schiffen ohne. Das häufigere Stellen und Legen des Mastes könnte leicht dazu führen, dass die Wanten verknicken – und dann wären sie geschwächt.

Aber ich kann unserem Stegnachbarn berichten, dass alles in Ordnung zu sein scheint, und dass es vielleicht doch Unterschiede zwischen der Jaguar 25 und der Jaguar 27 geben könnte. Wir klönen von Schiff zu Schiff noch eine Weile über das Revier und die Stadt Stralsund mit ihren Sehenswürdigkeiten.

Besonders beeindruckt mich die St. Marien-Kirche, die schon von weither sichtbar über der Altstadt thront. Hätten Sie das gedacht: Die Kirche soll einmal das weltweit höchste Gebäude gewesen sein. Soll – denn ganz sicher ist man sich nicht. Heute ist der Turm genau 104 Meter hoch, das weiß man. Aber früher soll es noch einen viel höheren Turm gegeben haben. Und jener soll stolz 151 Meter in den Himmel geragt haben und damit von 1549 bis 1647, also fast 100 Jahre, das international höchste Bauwerk gewesen sein. Aber genau weiß man das leider nicht. Die Geschichtsschreibung hat das so überliefert, zweifelsfrei nachgewiesen ist es nicht. Während man sich in Stralsund damals über seinen außergewöhnlich hohen Turm freute, zog allerdings 1647 ein starkes Gewitter heran. Und ein Blitzschlag traf den hohen Turm und ließ ihn abstürzen. In den folgenden Jahrzehnten baute man einen neuen Turm auf. Schon vor dem »Turmfall« war die alte gotische Spitze 1495 in einem Sturm umgestürzt. Hohe Türme und Stürme vertrugen sich in früherer Zeit offenbar nicht so gut. Nach 1647 bekam die St. Marien-Kirche ihren heutigen Turm, doch die Höhe des alten sollte er nicht mehr erreichen. Dafür hat er bis heute gehalten. Nun, auch von der 104 Meter hohen Turmspitze gibt es einen schönen Rundblick, wenn man den Weg bis ganz nach oben wagt.

Aber auch im Inneren der Kirche gibt es eine Menge zu

sehen, wie die gotischen Malereien aus dem 15. Jahrhundert, die man bewundern kann, wenn man in den Arkadengängen spaziert. Überhaupt bietet sich die ganze Stralsunder Altstadt für ausgedehnte Spaziergänge an. Man merkt die frühere Pracht der Stadt auf Schritt und Tritt und erkennt: Das ist keine »gewöhnliche« Altstadt, das ist das Zentrum einer wichtigen Handelsmetropole. Besonders der Alte Markt und das Rathaus vermitteln einen authentischen Eindruck davon. Die vielen Gaststätten auf dem Markt sind auch hervorragend besucht.

Neben der Altstadt ist das alte Hafengebiet von Stralsund einen Besuch wert, das als »Hafeninsel« genau südlich des Freizeithafens liegt. Denn dort steht das »Ozeaneum«, ein gewaltiges, modernes Naturkundemuseum mit interessanter Architektur. Das »Deutsche Marinemuseum«, das bis 2020 noch geöffnet war und noch weiter südlich vom Hafen liegt, wird dagegen zu einem gänzlich neuen, großen Museum umgebaut. Das »Ozeaneum« gehört der gleichen Stiftung an. Seine Themen sind »unsere« Reviere, die Ostsee, die Nordsee, aber auch der Nordatlantik. Und es bietet Superlativen: Während die Aquarien im Binnenland, zwischen Speyer und Waren an der Müritz, so 80.000 bis 100.000 Liter Wasser in ihre Schautanks gepresst haben, sind es in Stralsund sagenhafte 2,6 Millionen Liter, die in das größte Aquarium passen.

Na gut, wer am Mittelmeer segelt und sich für Aquarien interessiert, wird dem in Genua schon begegnet sein, das rund 3,78 Millionen Liter fasst. Das Aquarium von Valencia, das Größte in Europa, kann knapp sieben Millionen Liter Wasser aufnehmen. Aber hier oben am Strelasund ist das »Ozeaneum« allemal einen Besuch wert. Das große »Schwarmfischquarium« hat eine Fläche von 300 Quadratmetern und durch eine riesige Glasscheibe kann man bequem die Schwärme von Fischen beobachten. Dazu kommen ja noch viele weitere Wasserbecken, die bis zu 200.000 Liter Wasser fassen. Das Ganze ist eine sehr gelungene Anlage, die über eine halbe Million Besucher im

Jahr anzieht, und die der Bund zur Hälfte mitfinanziert hat. 2008 wurde das »Ozeaneum« eröffnet, das sich als moderner Höhepunkt in die Hafeninsel einpasst. Wir schauen uns das alles an, von den Plattfischen der Kreideküste bis zu den Kraken des Kattegats, die hier gezeigt werden.

Nach so viel Unterwasserwelt und so viel Geschichte einer großen Hansestadt legen wir nach zwei Tagen wieder ab, um unsere Reise fortzusetzen. Es steht nur ein kleiner Sprung zum Hafen von Barhöft an, dem letzten Hafen, bevor es wieder aus dem Sund heraus an die Ostseeküste geht. Während wir bei sanftem Wind gemütlich zwischen Rügen und dem Festland segeln, überholt uns die schnelle Fähre nach Hiddensee. Dann kommt nach kurzer Zeit auch schon der kleine Hafen in Sicht. Er liegt gewissermaßen an einer Kreuzung der Wasserwege: Nach Norden geht es an Hiddensee vorbei hinaus auf die Ostsee, nach Westen kann man in den Barther Bodden hineinfahren. Ihm schließt sich der Saaler Bodden an, der bis Ribnitz-Dammgarten reicht. Von dort stammt übrigens unsere Jolle, der Conger, das war sein Revier, bevor wir ihn an einen Binnensee in Schleswig-Holstein legten. Barhöft ist ein hübscher, kleiner Yachthafen am Schnittpunkt dieser Wasserwege. Er nennt sich auch »Wasserwanderrastplatz«, eine merkwürdige Bezeichnung für einen Hafen, die man eher im Binnenland antrifft, in den Berliner Gewässern beispielsweise. Hier kurz vor der Ostsee muss das eigentlich »Hafen« heißen und nicht »Rastplatz«, wie ich finde. Das ist doch genauso unangebracht, wie manche Häfen am Wannsee sich »Bootsstände« nennen. Wir sind aber jetzt nicht mehr im Binnenland.

Genauso lustig ist der Name des Schnitzels, das ich im Restaurant »Waterkant« bestelle: Ein »Hamburger Schnitzel« nennt es sich. Ich weiß, dieses Schnitzel kann man in Mecklenburg-Vorpommern in jedem zweiten Gasthof ordern. Es ist ein Schnitzel mit einem Spiegelei. Nur versuchen Sie mal, in Hamburg ein »Hamburger Schnitzel« zu bekommen. Das ist bei uns an der Elbe völlig unbekannt. Ähnlich verhält es sich mit den »Berliner Pfannkuchen«: Es wäre völlig normal, in Hamburg in eine Bäckerei zu gehen, und einen »Berliner« zu bestellen. Ich ging diesem Namen aber natürlich auch in Berlin auf den Leim, obwohl ich eigentlich wusste, dass man in der Hauptstadt keine »Berliner« bestellt. Die Verkäuferin schaute mich völlig verdutzt an und wusste wirklich nicht, was ich wollte. Da dämmerte es mir auch und ich bat um zwei »Pfannkuchen« an der Theke. Nun, so ähnlich verhält es sich mit dem »Hamburger Schnitzel«, das im Hafen von Barhöft dem hungrigen Segler serviert wird, das man in Hamburg aber nicht bekommen würde.

Der Yachthafen Barhöft ist die letzte Möglichkeit vor der Ostsee, festzumachen, wenn man den Strelasund verlässt, bzw. dort ankommt. Merkmal: Idyllisch gelegener kleiner Hafen mit gutem Restaurant. Internetseite der Gemeinde: klausdorf-vorpommern.de/portfolio/infrastruktur/barhoeft/

Tag darauf schiebt sich die »Seestern« unter voller Besegelung durch das Fahrwasser vor Hiddensee. Der Wind weht kräftig aus Nordwest und vor der Insel haben sich doch stattliche Wellen aufgebaut. In solchen Momenten ist mir auf unserem kleinen Boot ein klein wenig mulmig zumute, und das auch zu Recht. Wenn es kurz nach der Abfahrt schon so schaukelt, wie mag es dann erst weiter draußen sein? Aber es geht gut, die Sandbänke an Steuerbord rücken weg, als wir den Kurs nach Westen einschlagen. Nur, dass wir dazu in besonderem Maße hart an den Wind gehen müssen, um überhaupt noch voranzukommen.

Da zeigt die Jaguar leider auch wieder seglerische Schwächen. »Höhe laufen« kann sie noch relativ gut, das heißt im Seglerlatein, dass sie steil auf den Wind zufahren kann. Und sie nimmt bei den vier bis fünf Beaufort, die wir heute haben, auch einigermaßen Fahrt auf. Bei weniger Wind ist das Schiff schlicht langsam. Aber sie steuert sich nervös. Jede Welle lässt das Schiff erzittern, das sich, wie ich finde, auch noch unangemessen weit auf die Seite legt und nervös am Ruder zieht. Das hatten wir auf anderen Yachten schon angenehmer erlebt und sollten es später auch auf unserer Vindö wieder wesentlich angenehmer erfahren. Aber an jenem Tag bestand die Kunst darin, das kleine Boot sicher die Küste entlang zusteuern und das war, aller Nervosität des Ruders zum Trotz, auch eine spannende Aufgabe, wenn man es einmal andersherum betrachtet. In ordentlicher Schräglage geht es jetzt die Küste entlang, unserem weiter entfernten Ziel Warnemünde entgegen. Segler, die auf diesem Abschnitt der Ostsee unterwegs sind, wissen, was ich meine: Zwischen Barhöft und Warnemünde gibt es auf einer Strecke von rund 45 Seemeilen keinen Hafen mehr. Nur der kleine Nothafen Darßer Ort würde im Falle eines Falles zur Verfügung stehen.

Um diesen Hafen aber tobt eine leidenschaftliche Diskussion zwischen Wassersportlern und Naturschützern. Letztere Gruppe verlangt nämlich, dass der Hafen zugunsten des Naturschutzes des Darßer Ort aufgegeben wird. Erstere Gruppe, zu der ich mich als Segler zähle, möchte, dass der Nothafen unbedingt erhalten bleibt, um eine Anlaufstation bei Schlechtwetter zu haben. Dort betreiben auch die Seenotretter der DGzRS einen Stützpunkt. Ein Ersatz soll einmal am Örtchen Prerow an der Seebrücke entstehen, mit einem Anleger für die Rettungskreuzer. Aber das ist noch Zukunftsmusik.

Nun wäre eine kritische Wetterlage an anderen Küsten der Ostsee, in Schweden oder Finnland etwa, kein Problem, die

Schären würden auch bei schlechtem Wetter genug Schutz bieten. Aber zum einen sind hierzulande viel mehr Wassersportler unterwegs wie im Norden. Und zum anderen gibt es an dieser sandigen Küste eben keinerlei Schutz, wenn das Wetter umschlagen sollte. Unüberwindlich ist das Hindernis nicht, man muss eben auf das richtige, günstige Wetter für die Passage warten. Es ist möglich, die Strecke von 45 Seemeilen auch in einem kleineren Boot an einem Tag bequem zu absolvieren. Aber man sollte tunlichst die Wettervorhersage im Auge behalten.

Wir haben ordentlich Wind an diesem Tag, aber nicht zu viel. Und die Windrichtung macht es gerade möglich, auf die Landspitze des Darßer Ort zuzuhalten, ohne kreuzen zu müssen – dann könnte der Abschnitt mit unserer kleinen »Seestern« doch etwas lang werden. Die Küste weicht weit nach Süden zurück, sodass wir ein gutes Stück über das offene Meer fahren und dabei sicheren Abstand zum Strand halten können. Und nach einigen Stunden ist es geschafft: Der Darßer Ort wird umrundet, wir können auf einen bequemen Kurs nach Südwest einschlagen. Hier kommt der Wind einfach »sauber« von der Steuerbordseite. Das lässt das Boot zwar genauso schräg liegen, doch die ständige Sorge, es nicht mehr um die Spitze herum schaffen zu können, die ist vergessen.

Entspannter genießen wir jetzt die flotte Fahrt, auf der wir wieder dichter am Ufer segeln. Es geht immer den schönen Kiefernwald entlang, an den Orten Wustrow und Ahrenshoop auf dem Darß vorbei. Das ist schon das Kerngebiet des Tourismus im Nordosten, hier kommen nach Rügen die nächsten großen Seebäder.

Warnemünde rückt näher. Vom Wasser sieht der Ort schick aus: Die Hotelbauten, allen voran das traditionsreiche Hochhaus des Hotels »Neptun« zeichnen sich am Horizont ab. Dazu verlassen immer wieder große Fährschiffe den Hafen zwischen den beiden Molenköpfen und folgen dem Fahrwasser, das die roten und grünen Tonnen bis weit auf die Ostsee hinaus markieren. Unsere »Seestern« rückt näher und näher an die Stadt am Meer heran. Uns kommen auf unserem Kurs aber keine Segler entgegen und auf die Fähren müssen wir nicht achten. Denn unser Ziel ist der Yachthafen »Hohe Düne«, der noch vor dem Fahrwasser auf dieser Seite der Warnow liegt. Kurz davor nehmen wir die Segel herunter und laufen unter Motor in die große, moderne Anlage ein. Geschafft, wir sind von Barhöft bis hierhergekommen. Nein, nicht nur von Barhöft, eigentlich ganz von Swinemünde.

Trotz der beachtlichen Dimensionen empfinde ich die »Hohe Düne« als eine schöne Anlage und einen hervorragenden Segelhafen. Da sind die modernen Piers, an denen man bequem festmachen kann, und an denen sich auch jetzt im Hochsommer genügend freie Plätze finden lassen. Da sind die sanitären Anlagen, teils in den Gebäuden des Hotels untergebracht, teils auch auf schwimmenden Pontons, mitten im Hafen. Und da sind an Land das Büro des Hafenmeisters mit einem kleinen Geschäft und eine Handvoll Restaurants, von denen wir uns eines mit einer schönen Terrasse aussuchen, um auf unsere Ankunft anzustoßen. Das ist romantisch: Die Sonne geht langsam hinter dem Hafen unter, die Strahlen fallen Birgit ins Gesicht. Wir halten ein Gläschen Wein in der Hand und das Essen wird serviert. Zufrieden sind wir beiden auch: Wieder ein Abschnitt geschafft, nach dem Verlassen des Strelasundes konnten wir einen ganzen Tag auf dem Meer segeln. Darauf stoßen wir an und lassen die eleganten, langstieligen Gläser klingen. »Es ist wirklich sehr hübsch hier«, ergänzt Birgit.

In der Region Warnemünde / Rostock gibt es sehr viele Liegemöglichkeiten. Wir sind praktischerweise gleich in der Hohen Dühne an der Warnowmündung geblieben. Merkmal: Sehr, sehr große Anlage mit perfekter Infrastruktur, in der es auch im Hochsommer genügend

Plätze gibt. Internet: www.yachthafen-hohe-duene.de. Tel. 0381 50408080. Schön ist auch der Yachthafen Mittelmole, dichter an Warnemünde gelegen.

Am nächsten Tag gönnen wir uns den Abstecher nach Warnemünde, das mit der Fähre, die die Warnow kreuzt, erreicht werden kann. Durch das traditionsreiche Ostseebad kann man einfach schlendern, da muss man nicht viel planen. Man lässt sich durch die Straßen, mit den Geschäften treiben, kreuz und quer, und bummelt natürlich die Strandpromenade entlang. Alles ist voll mit Urlaubsgästen, und bei diesem breiten Angebot an Geschäften, Cafés und Restaurants kann kein Zweifel bestehen, dass Warnemünde seinen Platz in der ersten Reihe der deutschen Seebäder beanspruchen kann. Manches sieht ein wenig billig aus, auch Discounterangebote oder Imbissbuden gibt es in der Einkaufszone, manches teuer, und manches schick und modern, wie die zahlreichen besseren Geschäfte in der Nähe des Alten Hafens, in dem die Fischkutter liegen. Warnemünde strahlt sehr den Glanz eines städtischen Seebades aus.

1821 wurde das Örtchen zum ersten Mal als Seebad erwähnt und hat seitdem eine stürmische Entwicklung vollzogen. Schon 1853 entstand das Hotel »Hübner«, das heute noch an der Strandpromenade steht. Der Aufwärtstrend mag auch an den guten Verkehrsverbindungen gelegen haben: 1886 wurde die Eisenbahn eröffnet, die Besucher aus Rostock und natürlich aus Berlin an die Ostsee brachte. Vorher fuhren die Dampfer aus Dänemark bis nach Rostock durch. Dann aber konnte in Warnemünde nach Gedser umgestiegen werden. Ab

1903 wurden sogar ganze Eisenbahnwagen auf die Fähre gebracht, die dann durch Dänemark weiterfahren konnten – was leider 1995 endete. Von da an nahmen die Passagierzüge den Weg über Hamburg nach Dänemark. Dafür verkehren die Fähren heute noch in dichter Folge, mit ihren Autos, Lkws und Fußpassagieren. Sie verlassen das neue Fährterminal im Rostocker Überseehafen.

Richtig etwas los auf dem Wasser ist aber vor allem, wenn die »Warnemünder Woche« oder die »Hanse Sail« stattfinden. Da waren wir auch einmal mit dabei. Nein, wir sind nicht mitgesegelt, weder mit unserer kleinen Kelt, die auch schon einmal in Warnemünde war, noch mit der Jaguar. Aber wir haben das Spektakel vom Ufer mitverfolgt, an dem wirklich erstaunlich viele Großsegler teilnahmen.

Segeln hat auch in Warnemünde Tradition. Das ging los mit dem Mecklenburger Yacht-Club (MYC), der 1884 in Rostock gegründet worden war. Schon vorher brachte man Badegäste mit kleinen Segelbooten zu Ausflugsfahrten auf die Ostsee. Ein echter Höhepunkt muss für die Segler das Jahr 1898 gewesen sein (je nach Quellenlage könnte es auch ein Jahr früher gewesen sein): Dann fand die erste offene deutsche Segelregatta vor Warnemünde statt. In den 1920er-Jahren begannen die Regatten, die als »Warnemünder Woche« bekannt wurden.

Aber wie war das eigentlich in der DDR, fragt man sich unweigerlich. Schon 1951 fand wieder eine Warnemünder Woche statt, die »Internationale Ostsee Regatta« genannt wurde. Die ersten internationalen Gäste kamen aber wohl erst 1956 aus Polen. Segeln war in der DDR ja ein etwas problematischer Sport, zumindest wenn es aus dem Binnenland hinaus aufs Meer ging. Die Teilnehmer der Regatten hatten wohl so etwas wie einen »Ehrenkodex« entwickelt, ist heute noch nachzulesen. Sie hielten sich strikt an die vorgegebenen Kurse, um nicht in Ungnade zu fallen. Verständlich, ansonsten wäre die Regatten wohl ziemlich eingeschränkt worden. Nicht unerwähnt soll aber bleiben, dass mutige Segler zweimal nicht stoppten, sondern mit ihren Booten in Richtung Dänemark flüchteten.

Wir kommen mit einigen Seglern ins Gespräch, die uns von ihren Törns auf der Ostsee erzählen. Dabei dreht sich das Gespräch auch um Segeln zu DDR-Zeiten, und unweigerlich auch um das Thema Flucht mit dem Boot. Beeindruckend ist zum Beispiel der Fluchtversuch, den die Besatzung der Segelyacht »Shanty« unternommen haben soll. Unser Bootsnachbar in Warnemünde hat uns die Geschichte erzählt, die auch der Akademische Segler-Verein zu Rostock dokumentiert hat. Der Sohn des Skippers hatte Anfang der Siebzigerjahre einen Freund mit an Bord der Yacht geschmuggelt. Und nachdem sie zu einem Segeltörn im August aufgebrochen waren, überwältigten die beiden jüngeren Männer den Vater. Bei fünf Windstärken segelten sie hinter den Schiffen durch, die vor Warnemünde auf Reede lagen. Das daneben auf- und abfahrende Schiff der Volksmarine war offenbar mit einem Boot des Bundesgrenzschutzes beschäftigt und bemerkte die Yacht nicht. Vor Gedser in Dänemark muss sich ein Familiendrama abgespielt haben: Der Vater, hochrangiges Parteimitglied in der DDR, wurde von den beiden Jüngeren vor die Wahl gestellt, mitzukommen oder zurück nach Warnemünde zu segeln. Er wählte den Weg zurück und brachte das Boot solo nach Hause über die Ostsee. Gedser liegt rund 23 Seemeilen nördlich von Warnemünde, aber dazwischen verläuft eben die internationale Seegrenze. Das flößt einem heute noch Respekt ein, für beide Seiten übrigens. Allerdings weist der Autor des Segelvereins darauf hin, dass die Geschichte nicht überprüft werden konnte – von wem auch, muss man sich heute fragen.

Es blieb nicht die letzte Flucht per Segelboot. So fuhr beispielsweise 1975 die Familie Gaeth mit ihrer Yacht von Warnemünde nach Westen, mit an Bord Vater, Mutter und die beiden Söhne. Da gab es wohl keine Diskussionen, zumindest nicht auf dem Segelboot. Bei der Marine wohl umso mehr: Ein Schiff des Bundesgrenzschutzes hatte das Segelboot entdeckt und wartete bereits, um die Familie an Bord nehmen zu können. Sie schafften es auf das Schiff. Trotzdem kamen drei Boote der Volksmarine und kreisten das westdeutsche Schiff ein. Ein Schnellboot der Bundesmarine, das dazukam, soll den Ausschlag dafür gegeben haben, dass die Volksmarine sich doch zurückzog. Pikant ist allerdings der Hintergrund: Der Vater war offenbar inoffizieller Mitarbeiter der Stasi. Was seine Beweggründe für die Flucht waren, darüber kann nur gemutmaßt werden. Naheliegend, dass er sich trotz seiner Tätigkeit in den Westen absetzen wollte. Denn es wartete ja bereits ein Schiff auf ihn. Doch die Hintergründe sind noch immer ungeklärt.

Mit diesen und ähnlichen Fluchtgeschichten könnte man ein ganzes Buch füllen: Spektakulär war auch die Flucht des Ingenieurstudenten Bernd Böttger. Er durchquerte die Ostsee mit seinem Tauchfahrzeug, das ihn dicht unter der Wasseroberfläche zog. Oder der Surfer, der es auf seinem Brett bis nach Dänemark schaffte. Schon in den 1960er-Jahren zog die Besatzung einer finnischen Fähre Segler aus dem Wasser, die es bis zum Schifffahrtsweg an der Tonne 13 auf der Ostsee geschafft hatten. Selbst 1988 noch, ein Jahr vor dem Mauerfall, paddelte eine Familie von Kühlungsborn in einem Schlauchboot nach Fehmarn, fast 60 Seemeilen weit. Man kann sich der Faszination dieser Geschichten nicht entziehen, wenn man die deutsch-deutsche Küste entlangsegelt.

Die Warnemünder Regatten fanden aber weiter statt, bis zur Wende, und auch danach noch. Einen Boom erlebte das Segeln in den vergangenen Jahrzehnten, als immer mehr Menschen hinaus auf das Wasser der Ostsee wollten. Und so sollten ein Höhepunkt für Warnemünde die Olympischen Spiele 2012 werden: Gemeinsam mit Leipzig hatte man sich beworben und wollte die Segelwettbewerbe austragen, kam aber nicht zum

Zug. Die Spiele fanden bekanntermaßen in London statt. Aber der Bau der großen Marina auf der Hohen Düne war Teil dieser Olympiapläne. Deshalb gibt es heute mehr als genug Liegeplätze im gesamten Revier.

Segelt man nun von Warnemünde nach Rostock, so liegen nur 6,5 Seemeilen vor dem Bug. Wir hatten diesen Törn mit unserer kleineren Kelt bereits unternommen, deshalb verzichten wir jetzt auf den Abstecher. Schließlich sind wir ja auf „Überführungsfahrt". Aber es ist näher als von Travemünde nach Lübeck (oder von Bremerhaven nach Bremen, wenn man so will, denn auch dort liegt ja die Hafenstadt am Meer, die Großstadt aber weiter binnenwärts. Alle Ostseefans mögen mir diesen Vergleich verzeihen. Da passt die Parallele Cuxhaven bis Hamburg wohl doch besser).

Doch dieser Abstecher lohnt sich: Erst fährt man an dem riesigen Wendebecken des Überseehafens und dem See Breitling vorbei. Der Hafen war der Stolz des Außenhandels der DDR. Die gigantische Anlage wurde 1960 eröffnet und diente auch der Deutschen Seereederei (DSR) als Heimathafen. Auf alten Fotos kann man sehen, wie die Kais voll mit Frachtern sind, die dicht an dicht liegen und be- und entladen werden, während dahinter Eisenbahnzüge heranfahren. So viel Leben herrscht heute nicht mehr an den Terminals.

Dann kommt an der Backbordseite das neue Fährterminal, von dem die oben erwähnten Ostseefähren starten. Auf der Steuerbordseite aber wird es interessant und grün: Dort liegt, vor der Hochhauskulisse des Vorortes »Groß Klein« der IGA Park Rostock, das Gelände der Gartenbauausstellung. Sogar ein kleiner Strand gehört dazu. Und zum Schifffahrtsmuseum Rostock gehört der Stückgutfrachter »Dresden« aus DDR-Zeiten, der hier vertäut ist und besichtigt werden kann. Festmachen kann man südlich davon in einem Yachthafen, genau an der Stelle, wo der Warnowtunnel den Fluss unterquert.

Auf der Steuerbordseite bei der Fahrt die Warnow hinauf

folgen viele Industrie- und Gewerbebetriebe, während es an Backbord grüner ist. Dafür gibt es dort gleich drei Freizeithäfen in dichter Reihenfolge. Aber allen Seglern empfehlen wir, den Weg bis vor die Stadt, die Unterwarnow hinauf, zu nehmen. Denn die schönsten Liegeplätze sind natürlich die in der Stadt Rostock, von denen man das Zentrum gut zu Fuß erreichen kann. Da gibt es den »Schwimmsteg Stadthafen«, gleich als Erstes, an Steuerbord. Und es gibt die Marina mit dem klangvollen Namen »Oceans End Rostock« an der Promenade des Stadthafens.

Reichlich Gastronomie finden Sie vor beiden Häfen. Im ersten Fall gibt es das urige »Staal Rock Café« zum Beispiel, in dem ein großes Motorrad zwischen den Tischen steht, und das günstig ist. Aber auch die Restaurants daneben, der Grieche oder das Fischlokal, sind einen Besuch wert. Zwischen den Häfen liegen ein Beachclub und ein großes Brauhaus. Auf der anderen Seite hatte es uns der gute Italiener in einem modernen, kantigen Gebäude am Ufer angetan. Aber natürlich können Sie auch einfach in die Stadt schlendern: Rostock bietet als Universitätsstadt und größter Ort Mecklenburg-Vorpommerns eine Menge zu sehen und zu besuchen. Ich finde, das Angebot ist noch besser als in Warnemünde – aber dafür müssen sie natürlich die sechseinhalb Seemeilen die Warnow hinauffahren.

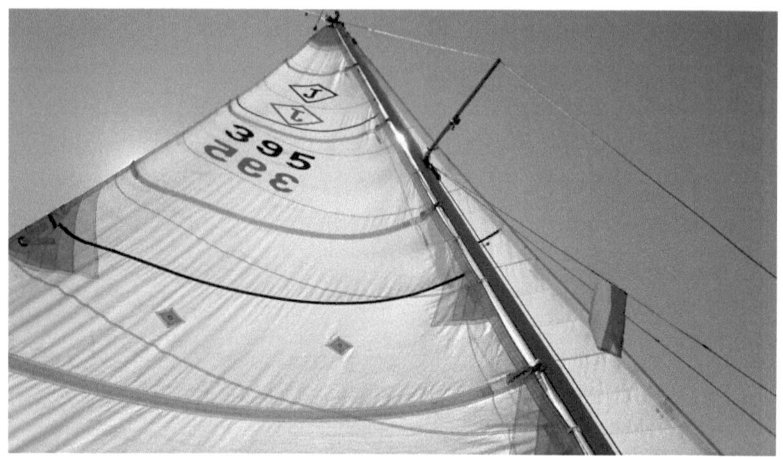

Das Großsegel in der Sonne, mit polnischer Gastlandflagge

KAPITEL 5: VON WARNEMÜNDE NACH TRAVEMÜNDE

Wer von Warnemünde in Richtung Westen segelt, mit dem Ziel Travemünde, fährt von einem der bekanntesten und belebtesten deutschen Segelreviere zum nächsten. Denn hier an der Warnowmündung haben nicht nur viele Rostocker ihre Boote liegen, sondern auch Berliner Segler. Am westlichen Ende, an der Trave wiederum, ist der bevorzugte Liegeplatz vieler Hamburger, die auf die Ostsee möchten. Dazwischen liegen einige doch sehr unterschiedliche Häfen, auf die wir jetzt Kurs nehmen.

Der erste Hafen könnte das Seebad Heiligendamm, kurz hinter Warnemünde, sein. Aber falsch gedacht: Heiligendamm hat eine prachtvolle klassizistische Bebauung, einen schönen Strand mit Seebrücke – aber keinen Hafen. Man kann also das Ufer an Backbord schön bestaunen, aber für einen Stopp müsste man den Anker werfen und mit dem Beiboot an Land rudern. Und unser Beiboot liegt in einer grauen Nylontasche verstaut auf dem Vorschiff, ist aber nicht aufgeblasen oder einsatzbereit. Noch dazu sieht die elegante Hotelanlage nicht so aus, als ob sie Seeleute willkommen heißen würde, die in Badekleidung ans Ufer rudern und dann ein Getränk an der

Bar zu sich nehmen möchten. Schade, dass Heiligendamm keinen Hafen hat.

Doch das Gegenteil erwartet einen Segler nur wenige Seemeilen die Küste weiter, mit dem Hafen von Kühlungsborn, der an der Küste gerade einmal 12 Seemeilen von Warnemünde entfernt liegt. Durch die schmale Einfahrt fährt man in eine große Anlage. Vielleicht ist die Marina nicht ganz so groß wie Warnemünde, aber immer noch beeindruckend. Es herrscht reger Betrieb, wir nehmen die Segel herunter und reihen uns ein in den Strom der Boote, die nacheinander in den Hafen fahren. Einen Liegeplatz finden wir auch, nachdem wir die »Gassen« mit den »Boxen«, also die Wasserfläche zwischen den Stegen, entlanggefahren sind. Mittendrin im Hafen machen wir die »Seestern« fest. Kühlungsborn hat ebenfalls eine große Vergangenheit als Seebad, so wie Warnemünde.

Wir aber richten das Augenmerk zunächst auf das Heute. Das Hafenbecken ist nämlich umgeben von einer Promenade, an der sich viele Cafés und Restaurants befinden. Normalerweise mag ich solches Leben direkt am Wasser recht gern. Hier aber beschleicht mich das Gefühl, mit unserem Segelboot Teil einer Kulisse zu sein, die der Unterhaltung der Spaziergänger und Gäste am Ufer dient. Die beiden Welten sind getrennt – hier die Freizeitskipper auf ihren Booten, dort die Urlaubsgäste am Land, die auf den Hafen hinunterschauen. Vielleicht ist mir der Hafen, der nach der Wende angelegt wurde, aber einfach auch nur zu groß. 400 Liegeplätze wurden in der Anlage geschaffen, die von 2002 bis 2004 gebaut wurde. Dafür gibt es aber auch eine Station der Seenotretter.

Der Hafenmeister hat hier sein Zuhause in einer eleganten Rezeption. Er ist auch keine einzelne Person, sondern mehrere Damen bedienen die Gäste. Mit ihnen kann man nach einer gewissen Wartezeit in der Schlange Kontakt aufnehmen. Sie händigen die benötigten Utensilien für den Aufenthalt aus, etwa den Zugang zu den sanitären Anlagen, und nehmen die Liegegebühren entgegen.

Danach machen wir uns auf den Bummel durch den Ort, um ein Restaurant zu finden. Man muss wissen, wo man sich befindet: Es gibt ein »Kühlungsborn Ost« mit dem Yachthafen, ein »Ostseebad Kühlungsborn« und noch ein »Kühlungsborn West«. Verwirrend? Nicht so sehr, es sind eben die Ortsteile des Seebades, Verzeihung, der »amtsfreien Stadt«, wie es im Amtsdeutsch heißt, mit ihren 7930 Einwohnern. Entstanden ist sie durch die Zusammenlegung zweier Gemeinden im Jahr 1938. Dass der Ortsname aus den 1930er-Jahren stammt, könnte einen das Kunstwort Kühlungsborn schon vermuten lassen. Ein »Born« war damals sehr beliebt und steht für eine Quelle. Sogar die Bäderbahn »Molly« hat zwei Stationen in dem Ort, eine im Osten und eine im Westen.

Eine Quelle in Form einer urigen »Hafenkneipe« gibt es hier nicht, dafür ist die Hafenanlage einfach zu groß und zu gut ausgebaut. Aber ein breites gastronomisches Angebot findet sich. Bei der Namensgebung versuchen die Betreiber, Kunstworte mit maritimem Klang zu bilden, was doch etwas bemüht klingt: Da gibt es neben dem »Beach House«, dem »Yachteck« und dem »Nordblick« auch ein Lokal, das sich »Strandliebe« nennt und eines, das gar »Vielmeer« heißt. Aber das breite Angebot ist ganz auf die Urlaubsgäste in den Hotelanlagen und Apartmenthäusern zugeschnitten, die sich nach »Meeresfeeling« sehnen. Ihnen kann es offenkundig gar nicht maritim genug zugehen. Hier stehen in der Mehrzahl große Gaststätten. Wenn man am frühen Nachmittag schon auf größere Gruppen Urlauber trifft, die Bier trinken, dann merkt man: In Kühlungsborn ist Urlaub mit Feiern angesagt. Nun, ich will keineswegs meckern, denn der Fisch, den wir in einem Lokal in der Hermannstraße serviert bekommen, ist wirklich gut. Vor der Terrasse ziehen Heerscharen an Gästen vorbei.

Das setzt sich am Abend fort, als ungefähr in der Mitte des

Hafenbeckens, am Ufer, die Bühne aufgebaut wird, auf der wenig später die »Disco Night« beginnt. »Disco Night«? Ganz recht, in Kühlungsborn verwandelt man den gesamten Hafen in eine Disco. In dieser Form hatten wir das vor einigen Jahren, als wir mit unserer kleineren »Kelt« hier einen Zwischenstopp einlegten, nicht erlebt. Erst bin ich fasziniert: Auf dem Wasser, zwischen den Stegen, fahren kleine Motorboote mit Unterwasserscheinwerfern auf und ab. Das scheint hier groß in Mode zu sein. Das Wasser im Hafenbecken leuchtet dann rot, grün und blau. Fast wären hinter unserem Heck zwei dieser Boote zusammengestoßen, offensichtlich lenkt das bunte Wasser auch die Skipper ab. Es ist Samstagabend und ich habe das Gefühl, als seien auch aus der weiteren Umgebung Bootsbesitzer angereist, um hier einmal richtig »Party zu machen«.

Dann füllt sich die Uferpromenade mit Urlaubsgästen, vorwiegend im Alter zwischen 20 und 40 Jahren. Gratulation, Kühlungsborn, dass es Dir gelingt, jüngere Feriengäste anzuziehen. Schließlich gibt es einige Seebäder an der deutschen Küste, die gern ein jüngeres Publikum hätten. Das kostet aber seinen Preis, der in diesem Fall von den Hafenliegern »bezahlt« werden muss. Denn die Boxen auf der Promenade röhren unvermittelt los, während bunte Lichtblitze über dem Hafen zucken.

Auch bei uns an Bord ist es laut, da wir ja mitten im Getümmel liegen. Die Wände vibrieren etwas von den »fetten Bässen«. Die Musik ist eine typische Mischung aus belanglosem Disco-Beat, wie sie im Radio rauf und runter läuft, also nichts wirklich Dramatisches. Wenn jetzt hier ordentlich »los gerappt« worden wäre, hätte das die Schmerzgrenze überschritten. Zwischen den Songs dröhnt lautes Gejohle und Geklatsche über den Hafen, das später auch in betrunkenes Gegröle mündet. Bis zu einem gewissen Grad ist es ja sehr amüsant, auch wenn wir darauf nicht eingerichtet waren.

Man kann recht entspannt im Cockpit des Bootes sitzen,

den warmen Abend genießen, etwas trinken, mit dem Schiffsnachbar klönen (auch wenn man dabei sehr laut sprechen muss) und die Füße im Takt der Disco-»Tunes« wippen. Das lässt sich noch aushalten. Ich widerstehe nur der Versuchung, aus einer der Bars am Hafen etwas zu trinken zu holen, denn wir haben in unserer großen Kühlbox im Schiff auch noch kaltes Bier. Trotzdem empfindet Birgit die Atmosphäre nicht als sehr nett, sie ist zusehend genervt von der Partynacht im Hafen. »Das kann doch nicht sein, dass es bis zwei Uhr morgens so laut ist, dass man nicht schlafen kann«, wirft sie ein.

Wer etwas Ruhe will, das merke ich mir, macht in Kühlungsborn am Wochenende aber besser am äußersten Steg fest und hält sich vom inneren Hafenbereich fern, denn da ist man mittendrin in der »Action«. Ansonsten hat Kühlungsborn eine perfekte Infrastruktur, man ist auch als Segler Teil eines Urlauberresorts – wenn man so etwas denn möchte. Birgit jedenfalls würde lieber an Kühlungsborn vorbeisegeln.

In Kühlungsborn erwartet der sehr große Hafen Freizeitskipper, die Action mögen. Merkmal: Am Wochenende der „Party-Hafen" der Region. Internet: www.bootshafen-kuehlungsborn.de / Tel. Hafenbüro 038293 41055.

Der Wind pustet wunderbar gleichmäßig von Nordost am nächsten Tag, anfangs mit der Stärke drei, die sich später noch etwas hochschrauben sollte. Wir verlassen Kühlungsborn in einem großen Schlenker durch die Ausfahrt, bevor wir vor der Küste die Segel auf unserer Jaguar setzen. Den folgenden

Abschnitt fand ich schon auf unserem ersten Besuch in diesem Revier toll: Hinter dem Sandstrand gibt es an der Küste immer wieder etwas zu entdecken, auch, nachdem die Hotelbauten von Kühlungsborn, die durchaus schön vom Wasser anzusehen sind, hinter uns liegen. Denn wir fahren nun auf die »Bukspitze« zu. An diesem Naturschutzgebiet macht die Küstenlinie einen Knick nach Südwesten. Die Sonne strahlt und der Wind schiebt die »Seestern« mit ordentlichen fünf Knoten dahin. Das Großsegel steht einigermaßen gut im Wind, selbst die kleinen Trimmfäden halten sich schön waagerecht, und die Rollfock ist ganz ausgerollt. Durch die Segelfläche ist die Fahrt auch sehr stabil. Nach nur 7,5 Seemeilen passieren wir auch schon die Seebrücke des Ostseebades Rerik, die hier ins Meer ragt. Rerik liegt vor einer Landzunge, die auf die Halbinsel Wustrow führt. Und hier ist das Land sehr schmal. Trotzdem muss man um die Halbinsel herumfahren, wenn man den Hafen von Rerik ansteuern will. Und das lässt die Entfernung von Kühlungsborn auf respektable 37,7 Seemeilen anwachsen.

Ich gerate etwas ins Grübeln: Wie unterscheidet sich das Segeln an dieser Küste von Törns in Dänemark? Wir sind mit unserer »Kelt« schon weit durch die dänische Südsee gesegelt und haben auch Abstecher nach Kopenhagen und in den Öresund gemacht. Das Boot lag in Damp, von dort ist es nur ein »Katzensprung« nach Dänemark. Diese Touren hatten wir unternommen, noch bevor wir das erste Mal die Ostseeküste Mecklenburg-Vorpommerns bereist haben. Wir kannten Dänemark also recht gut. Dort gibt es scheinbar sehr viel mehr Häfen. Zu jeder kleinen Insel gehört ein Inselhafen, der so gut wie immer nicht nur dem Fährverkehr, sondern auch den Seglern dient. Und auch auf den Hauptinseln, auf Fynen wie auf Seeland gibt es alle paar Seemeilen Häfen, ebenso an der jütländischen Ostseeküste. Das mag an mehreren Faktoren liegen: Die Dänen scheinen ein noch etwas mehr begeistertes Völkchen von Seglern zu sein als ihre deutschen Nachbarn.

Und der Segelsport konnte sich in Dänemark nach dem Zweiten Weltkrieg kontinuierlich entwickeln. Dementsprechend wurden im ganzen Königreich die Häfen immer weiter ausgebaut: die kleinen Häfen dicht bei Inseldörfern, aber auch die großen Anlagen bei den Städten. In Mecklenburg-Vorpommern war das Segeln auf der Ostsee lange Zeit nur eingeschränkt möglich. Und der Boom, den der Segelsport nach der Wende nahm, führte dazu, dass einige Häfen kräftig ausgebaut wurden, wie Kühlungsborn etwa. Aber das Geschehen konzentrierte sich auf wenige große Häfen. Dazu kommt natürlich das Revier des Bodden, wo die Hafenanlagen und Marinas gewissermaßen von der Ostsee abgewandt im Binnengewässer liegen, aber nicht »vorne« an der Küstenseite.

Ich will auf den Seekarten doch einmal überprüfen, ob das hinkommt. Rund 97 Seemeilen ist die Strecke von Barhöft im Osten bis nach Travemünde im Westen weit. Auf dieser Strecke finden Sie sieben Marinas, wenn man den Nothafen vom Darßer Ort dazurechnet, Rerik aber beispielsweise außen vor lässt. Und wie sieht es an der gegenüberliegenden dänischen Küste aus? Knapp 83 Seemeilen wären es von Nakskov auf der Insel Lolland bis zum Hafen von Klintholm bei den Klippen von Møn. Dort hätten Sie die Wahl zwischen neun Häfen. Und dieser Abschnitt ist noch eine der einsameren in Dänemark. Gleich dahinter, im bekannten Smallandsfahrwasser, reiht sich Hafen an Hafen.

Schauen wir uns zum Vergleich noch einmal die schwedische Südküste an, die landschaftlich übrigens der Küste in Mecklenburg-Vorpommern sehr nahekommt, mit ihren Hügeln und Feldern, ihren Stränden, aber auch dem Kiefernwald, der sich weit an der Küste erstreckt. Würde man von Skanö auf der Halbinsel Falstebro nach Simrishamn segeln, wären das knapp 70 Seemeilen. Auf dieser Strecke könnten Sie aber zwölf Segelhäfen anlaufen.

Kein Wunder, dass diese Reviere so beliebt bei Seglern aus

Deutschland sind. Kaum bricht der Sommer an, machen sich unzählige Bootsbesatzungen auf den Weg nach Dänemark, fahren durch die Inselwelt bis ins Kattegat hoch. Oder sie nehmen Kurs auf Schweden, und segeln bis in den Kalmarsund (wer noch weiter fährt, landet schließlich in Stockholm).

Das soll nun nicht heißen, dass unsere Küste nicht für Segler attraktiv wäre. Im Gegenteil, ich finde sie sehr reizvoll. Man muss es nur wissen und damit planen, dass es nicht überall einen Hafen zum Ausweichen gibt. Doch schon der Abstecher nach Rerik lohnt sich. Denn der Ort liegt ja am »Salzhaff«. Zum einen segeln wir ja vom Haff zum Watt, und damit ist klar, dass wir auch dieses Haff einmal besuchen wollen. Zum anderen ist es das am weitesten westlich gelegene Haff – wenn man vom »Pötenitzer Wiek« bei Lübeck absieht, das gelegentlich auch als Haff bezeichnet wird. Was gibt es für großartige Haffs an der Ostsee: Das kurische Haff zum Beispiel, in das die Memel mündet, und das noch hinter Kaliningrad liegt. Oder das Frische Haff, auf der anderen Seite Kaliningrads, das weit bis nach Polen reicht. Dann natürlich das Stettiner Haff, von dem aus wir unseren Ostseetörn begonnen haben. Und jetzt das »Salzhaff«, was schon toll klingt, mit dem Salz im Namen. Dabei sind Haffs der Definition nach eigentlich Brackwassergebiete, weil diese Gebiete eines Meeres durch Inseln abgeschirmt sind und meist ein Fluss in sie mündet – ähnlich einer Lagune. Entscheidend ist wohl der Salzgehalt im Wasser, damit sich eine solche Lagune »Haff« nennen darf. Und weil im »Pötenitzer Wiek« auch schon Salzwasser gefunden wurde, darf man es als Haff bezeichnen. Aber im Vergleich ist das Salzhaff doch noch schöner.

Als wir hinter der Halbinsel Wustrow den Kurs nach Backbord einschlagen, hat der Wind schon kräftig aufgefrischt. Die Seekarte, die uns der kleine Garmin-Bildschirm am Schott bietet, zeigt weiterhin recht präzise die Untiefen an. Trotzdem habe ich den Blick jetzt ganz allein auf das Ufer gerichtet.

Denn die Fahrrinne, die in das Salzhaff führt, geht ziemlich dicht am Strand entlang. Und da ist es auf der einen Seite 90 Zentimeter tief, auf der anderen Seite nur 1,30 Meter – beides zu flach für unser Boot, das auf 1,40 Meter Tiefgang kommt. Also »Warschau«, was so viel heißt wie »aufgepasst«. Wir halten auf eine dicke Gefahrentonne zu, die den Namen »Werder Nord« trägt. In 1,3 Seemeilen Entfernung sehen wir auch schon die Ansteuerungstonne für das Fahrwasser nach Rerik. Schnurgerade und gut betonnt zieht sich die Route über drei Seemeilen hin, durchquert dabei das schöne Salzhaff. Nur, dass wir jetzt leider genau in den Wind hineinsegeln müssten. Zum Kreuzen bleibt neben der nach Nordosten führenden Fahrrinne kein Platz, denn auch hier ist es teils nur 90 Zentimeter tief. Also wird der Volvo Penta gestartet, der dumpf rumpelnd seinen Dienst versieht und uns durch das Haff bringt.

In Rerik wartet ein wirklich schöner, kleiner Gästehafen auf uns. Das ist genau die richtige Abwechslung nach Kühlungsborn und dem noch größeren Warnemünde. An den langen Stegen können wir unser Boot wunderbar festmachen. Rechts sieht man auf den Kurpark Rerik, der sich am Ufer entlangzieht und links liegt, ganz meiner Begeisterung für das Haff folgend, ein Platz, der sich »Haffplatz« nennt, und an dem es gleich vier Lokale gibt, die Tische und Stühle nach draußen gestellt haben. Von dort kann man durch den Ort auf die Seebrücke gehen, die keine 50 Meter entfernt liegt. Und dann steht man auf dem Bauwerk und spürt den Wind über das Meer fegen, der doch zugelegt hat. Rerik ist ein schöner, gut geschützter Hafen für Freizeitskipper, wenn man sich einmal die Mühe gemacht hat, das Salzhaff zu durchqueren und »von hinten« den Ort anzusteuern.

Im Salzhaff erreicht man Rerik von Süden, wo es mehrere einfache, aber schöne Stege im Ort gibt, an denen Yachten festmachen können. Internet: www.ostsee.de/rerik/hafenflair.html.

Seinen Namen hat das Seebad übrigens, ähnlich wie Kühlungsborn«, im Jahr 1938 bekommen, als aus »Alt Gaartz« Rerik wurde. Pate für den neuen Namen soll die Wikingersiedlung »Reric« gewesen sein. Spuren hat die Zeit auch auf der Halbinsel Wustrow hinterlassen, die 1933 komplett an die Reichswehr verkauft worden war. Dort wurden Kasernen für über 3000 Soldaten angelegt. Auch ein Flugplatz zählte dazu. Und nach dem Zweiten Weltkrieg nutzte die sowjetische Armee Wustrow als Standort. Erst 1993 endete die militärische Nutzung. Übrig geblieben sind die Ruinen des Kasernenareals, die vom Westende des Ortes aus zwischen den Bäumen hervorlugen. Die Häuser, im etwas dumpfen Stil einer Kasernenanlage der 1930er-Jahre gebaut, verfallen zusehends und verleihen dem Ort etwas Unheimliches. Die ursprüngliche Planung, auf der Halbinsel eine Ferienanlage zu errichten, platzte, auch, weil man im Ort Rerik fürchtete, der gesamte Durchgangsverkehr würde dann durch den Ort rollen müssen. Deshalb wurde die Zufahrtsstraße gesperrt.

Im Ort werden Besichtigungen der »Geheimnisvollen Halbinsel Wustrow« angeboten, auf denen Urlauber sich gruseln können. Segler können sich übrigens auch gruseln: Gelegentlich sind schon Yachten am Ufer der Halbinsel gestrandet. Und weil das Areal ein gesperrtes Naturschutzgebiet ist, ist die Bergung nur von der Wasserseite möglich. So erwischte es vor einigen Monaten einen Segler, dessen Schiff nicht voll versichert war. Er musste für die exorbitant hohen Bergungskosten seines gestrandeten Schiffes aus eigener Tasche aufkommen – mit den Kosten zerplatzten seine Träume, auf eigenem Kiel die Ostsee zu bereisen. Also: Vorsicht ist angesagt, wenn man Wustrow passiert, erst recht, wenn der Wind auflandig, also hin zum Ufer weht. Denn dadurch steigt die Gefahr eines »Legerwalls«, einer Situation, aus der sich ein Boot mit eigener Kraft vor einer Küste nicht mehr frei segeln kann. Da würde nur noch ein starker Motor helfen.

Nach dem Besuch des Salzhaffs setzen wir die Reise Richtung Süden fort. Der nächste Hafen, der auf unserem Reiseplan steht, ist der von Timmendorf auf der Insel Poel. Ich erinnere mich gerne an diesen Hafen, weil wir mit unserem kleineren Boot schon mehrmals dort waren und die Insel zu Birgits Lieblingsorten an der Ostsee zählt. Schließlich erstreckt sich die Küste vor Timmendorf von Nord nach Süd, man schaut also nach Westen und kann auf der Mole wunderschöne Sonnenuntergänge mit ansehen.

Einige Segelschüler werden sich auch an die Kartenaufgabe mit dem »Offentief« erinnern, die bei einem der Sportbootführerscheine gelöst werden musste, und die damit vor der Insel Poel »spielt«. Die Strecke von Rerik ist bequeme 13,1 Seemeilen lang, und der Kurs geht direkt nach Südwesten. Nach dem Verlassen des Salzhaffs muss man erst einmal nach Nordwesten segeln, um die Flachstellen der kleinen Vogelschutzinsel Langenwerder zu umfahren. Doch dann kann man schön an Poels Nordküste nach Westen segeln. Der Wind hat gegenüber gestern noch mehr zugenommen. Aber wir haben schon ein Reff in das Großsegel eingebunden, als wir noch unter Motor durchs Salzhaff getuckert sind. Durch das »Offentief« und das noch beeindruckender klingende »Krakentief« müssen wir gar nicht, da wir mit unserem Kurs direkt vor der Insel segeln können, in respektvollem Abstand zum Sandstrand, versteht sich.

Timmendorfs Hafen, nicht zu verwechseln mit dem Ort Timmendorfer Strand an der Lübecker Bucht, ist durch eine große Ansteuerungstonne markiert, vor der die Segel geborgen werden. Wir sind im Schutz der Insel, sodass die Wellen kein Problem darstellen. Wenige Minuten später tuckern wir am frühen Nachmittag auch schon durch die Hafeneinfahrt und können uns an dem schönen langen Steg an Backbord einen freien Platz aussuchen. Der Hafen von Timmendorf wird im Sommer rasch voll. Kein Wunder, er ist auch ein lohnendes Ziel und liegt ja günstig auf dem Weg zwischen Warnemünde und Travemünde.

Im Salzhafen erreicht man Rerik von Süden, wo es mehrere einfache, aber schöne Stege im Ort gibt, an denen Yachten festmachen können. Internet: www.ostsee.de/rerik/hafenflair.html.

Eine kräftige Leine zu einem Heckpfahl und zwei zum Steg, das muss in diesem Fall reichen, da es mir nicht gelungen ist, beim ersten Versuch beide Heckpfähle zu belegen. Normalerweise setzen wir in einem solchen Fall wieder zurück, um die zweite Leine doch noch auszubringen. Doch diesmal verzichten wir darauf.

Das ist überhaupt eine kniffelige Aufgabe, wie ich finde. Während Birgit am Bug steht und den näher kommenden Steg im Auge behält, um dann daran festzumachen, lege ich die Leinen um die Heckpfähle. Meist klappt das, wenn man kurz stoppt, aber eben nicht immer. Es gibt da noch zahlreiche andere Techniken, etwa den Rudergänger, der nichts anderes tut, als am Ruder zu stehen, während eine zweite Person alle Leinen belegt. Es gibt reichlich Literatur über das Thema und ich muss immer schmunzeln, wenn ich in den Sachbüchern die Zeichnungen sehe, die »Anlegetaktiken« verraten, auf denen es kleine Kreise für die Pfähle, Linien für die Leinen und ein Schiff von oben gibt. Ich denke: Probieren Sie aus, was für sie am besten funktioniert.

Nun ist die »Jaguar 25« ein kleines Schiff, und ich übertreibe nicht, wenn ich schreibe, dass es problemlos von einer Leine gehalten werden kann. Und wer im Norden in Skandinavien segelt, muss oft genug nur mit einer Heckboje auskommen oder einen Heckanker ausbringen, der das Schiff dann auch nur mit einer Leine hält. Obwohl ich zugebe: Zwei Pfähle, da wären mir zwei Leinen auch lieber.

Timmendorf hatte früher einen Hafenmeister, der ein echtes »Original« war. Er soll einmal U-Boot-Kapitän gewesen sein, erzählt uns ein Einheimischer, und etliche Geschichten über das Meer parat gehalten haben. Sein Nachfolger ist aber auch sehr hilfsbereit. Geduldig sitzt er in seinem Büro am Hafen und erklärt Neuankömmlingen, wie sie ins öffentliche Wlan-Netz für Gastlieger kommen.

Überhaupt, die Legenden aus alten Tagen. Der Einheimische, mit dem wir uns in der Gaststätte gleich beim Hafen unterhalten, berichtet uns, dass es nur eine Geschichte gewesen sei, dass die Insel Poel Sperrgebiet gewesen wäre – warum auch immer. Schon zu DDR-Zeiten seien keineswegs nur Privilegierte hierhergekommen. Viele normale Menschen hätten hier Urlaub gemacht. Das Motto der Bauern sei im Sommer gewesen »Schweine raus, Sachsen rein«. Dann habe man alles vermietet, was ein Dach hatte. Oft seien es Räume mit fünf Betten und Gemeinschaftsdusche gewesen, die von privaten Vermietern angeboten worden seien. Auch der große Campingplatz in Timmendorf am nördlichen Teil des Strandes sei landauf-landab bekannt gewesen. Damals standen dort, wo heute die großen Wohnmobile nebeneinander parken, in erster Linie Zelte.

»Poel ist eben nicht Sylt. Hier gibt es kein Schickimicki«, stellt Birgit fest, »das sind freundliche, reelle Menschen hier auf der Insel.« Die Insel sei so schön, gerade weil nicht viel los ist und es wenig Verkehr gebe, fügt sie hinzu.

Südlich des Ortes liegt eine schöne Steilküste, durch die Spazierwege führen. Über den Damm ist die Insel Poel mit dem Festland verbunden. Deshalb kommen auch viele Besucher aus der nahen Stadt Wismar hierher. Das Zentrum von Timmendorf ist der Leuchtturm. Das ist ein besonders schöner Vertreter seiner Art: Nicht der höchste, aber schlank und elegant steht er auf dem Haus des Leuchtturmwärters. Er markiert für die Schiffe weit draußen auf See die Einfahrt in die Wismar Bucht. 1872 war das Leuchtfeuer in Betrieb genommen worden, das bis zu 16 Seemeilen weit hinaus auf das Meer strahlt. Erst 1996 musste der Turm aus Backstein stabilisiert werden, in dem man von unten neu mauerte. Jetzt hält er und kann auch besichtigt werden. Der Campingplatz hat sich zu Ehren des Leuchtfeuers nach ihm benannt, es ist der »Campingplatz Leuchtturm«.

Der Yachthafen von Timmendorf / Poel dürfte zu den schönsten kleinen Häfen an der Küste Mecklenburg-Vorpommerns zählen. Merkmal: Familiärer Hafen mit guter Infrastruktur und Liegeplätzen im Halbkreis. Internet: www.insel-poel.de

In dem kleinen Hafen sind auch die Losten stationiert, die dort ein Boot liegen haben. Sie müssen die Schiffe in den Hafen

Wismar geleiten, denn die Zufahrt ist wegen der Flachstellen etwas trickreich für größere Frachter. Und auch für uns würde sich ein Besuch Wismars mit dem Boot anbieten. Aber da wir uns ja auf einer langen Überführung befinden, und Wismar von früheren Besuchen kennen, lassen wir die Fahrt nach Süden von Timmendorf diesmal ausfallen. Neben dem Lotsenboot unterhalten auch die Seenotretter eine Station in Timmendorf, an der das Boot »Wolfgang Wiese« liegt. Fast 20 Freiwillige haben sich dem Dienst auf diesem kleinen Seenotretter verschrieben – gut zu wissen für alle Freizeitskipper, die auf oder vor der Wismarer Bucht unterwegs sind.

Der zweite wichtige Hafen von Poel liegt in dem Hauptort, in Kirchdorf. Auf unserem ersten Törn die Mecklenburger Küste entlang, als wir nach der Kanalfahrt in die Ostsee kamen, hatten wir Kirchdorf angelaufen. Denn dort gibt es eine Bootsmotorenwerkstatt. Ich bat den Meister, einmal die Verkabelung unseres Motors anzusehen. Doch der Inhaber wollte sich nicht so recht mit dem Durcheinander aus bunten Kabeln befassen, geschweige denn, sie durchzuprüfen. Das hatte ich dann später in Berlin selbst gemacht: Mit einem Spannungsmesser bewaffnet maß ich jedes einzelne Kabel durch und ordnete die Stränge neu. Für die Fahrt zum schönen Freizeithafen muss man aber eine lange Biegung in Kauf nehmen, da der Hafen von Süden durch ein Fahrwasser vor der Insel angesteuert wird. Kirchdorf bietet noch etwas mehr als Timmendorf, da sich dort mehrere Supermärkte und auch eine Kirche befinden. Timmendorf ist etwas touristischer, hat dafür aber auch einen langen Sandstrand. Und ein größeres gastronomisches Angebot. Wer nun vom Hafen kommend links in den Lotsenstieg geht, hat eine ganze Reihe an Lokalen vor sich, und auch rechts steht ein großes, beliebtes Restaurant, von dessen Terrasse man einen schönen Blick über den Hafen hat.

Weil Birgit die Insel gerne mag und dort schon häufig Urlaub gemacht hat, haben wir Poel bereits mehrfach angelaufen. Einmal kamen wir mit unserer kleinen Kelt 620 von Fehmarn. Wir sind morgens in Burg aufgebrochen, es war ein wolkenloser Tag, an dem leider überhaupt kein Wind wehte. Ich erinnere mich gut, wie uns der Außenborder durch das spiegelglatte Wasser brachte. Im Cockpit hatten wir ein Frühstück aufgebaut und wie bei einer buchstäblichen Kaffeefahrt konnten wir in Ruhe essen, während das Boot unter Autopilot seinen Weg nach Süden nahm. Ich hatte den Kurs ganz genau auf das Offentief ausgerichtet, nachdem wir die Ausfahrt aus dem Burger See passiert hatten. 27,5 Seemeilen ist die Strecke lang, eine gute Tagesetappe. Nach etwa 20 Seemeilen, ich hatte gerade wiederholt Sonnencreme aufgetragen, liegt eine Gruppe von Motorbooten genau auf einem Fleck, mitten in der Ostsee, mitten auf unserem Kurs. Eine interessante Abwechslung auf einer stundenlangen Fahrt. Als wir näher kamen, sahen wir, dass es eine Gruppe von Anglern war, die sich versammelten hatten, vermutlich, weil dort ein guter Fischgrund war. Aber nach vier Stunden Fahrt über die fast leere Ostsee zeigte unser Bug genau auf die Motorboote, die eng zusammen lagen. Per Knopfdruck am Autopiloten fuhren wir einen schönen Bogen um die Fischer herum, um wieder auf unseren alten Kurs zu gehen, den wir noch ein Stündchen fortsetzten, bevor wir auf die Ansteuerungstonne des Offentiefs kamen und wenig später Poel erreichten. Am Abend zog ein starkes Gewitter heran, der Regen prasselte und wir lagen gut geschützt im Timmendorfer Hafen, während draußen die Blitze zuckten.

Ein anderes Mal hatten wir es mit kräftigem Wind zu tun, sodass die Einfahrt inmitten hoher Wellen recht hektisch wurde. Von Backbord erwischte uns ein Brecher nach dem anderen, es kostete einige Mühe, das Boot auf Kurs zu halten, was aber doch gelang. Poel ist also von drei Himmelsrichtungen verkehrsgünstig zu erreichen, könnte man sagen, gleich, ob Sie nun aus der Lübecker Bucht kommen, von Fehmarn oder aus Richtung Warnemünde.

Vom Timmendorfer Hafen selbst geht der Blick weit über die Wismarer Bucht. Scheinbar nah liegt genau im Westen das Ostseebad Boltenhagen. Mit dem Boot wäre es auch nah, an Land muss man erst einmal die ganze Wismarer Bucht ausfahren, bis man es erreichen könnte. Vor dem »Iberotel Boltenhagen« befindet sich der moderne, große Yachthafen »Weiße Wiek«, auch ein Ziel für alle Segler, die in diese Ecke kommen. Keine fünf Seemeilen entfernt von Timmendorf findet man die Einfahrt zu diesem Hafen, die man über das »Wohlenberger Wiek« erreicht. Boltenhagen ist das letzte der großen Seebäder an der Mecklenburger Küste, die auf unserer Fahrt mit der Insel Usedom begann. Auch dort gibt es wieder schönen Kiefernwald, Sandstrände und hübsche, renovierte Ferienhäuser und Hotels.

Wer jetzt von Timmendorf Richtung Travemünde segelt, muss sich aber von der Küste, und den Stränden Boltenhagens, fernhalten. Eine große Flachstelle vor dem Ufer, die rund 1,7 Seemeilen in die Wismarer Bucht hineinragt, hält uns davon ab, Boltenhagen nahezukommen. Auch wer von Travemünde in den Yachthafen »Weiße Wiek« will, muss einen großen Bogen um diese Flachstelle fahren. Die gesamte Strecke ist von Timmendorf bis Travemünde mit etwa 20 Seemeilen trotzdem nicht so weit. Je nach Windrichtung lässt sich das in einigen Stunden komfortabel schaffen.

Als wir kurz vor Travemünde den Priwall passieren, wird mir ganz wehmütig zumute. Hier hat unsere Ostseefahrt ein Ende. Hier hatte die andere Fahrt zwei Jahre zuvor begonnen, als wir aus dem Kanal kommend an der Mecklenburger Küste in Richtung Osten gesegelt sind. Aber wir haben eine schöne »Abschiedstour« gemacht, die uns ja von Swinemünde im Osten bis nach Travemünde brachte. Und schließlich liegt nun die spannende Nordseeküste vor uns, ein Revier, in dem ich mit dem eigenen Boot noch nicht unterwegs gewesen bin. Vorher sollte es via Elbe-Lübeck-Kanal, den ich noch in guter

Erinnerung habe, auch, weil er so klein ist, in Richtung Hamburg gehen. Wir biegen in die Mündung der Trave ein und fahren stromaufwärts, um wieder zum Passathafen zu kommen, wo wir festmachen wollen. Denn als nächstes Manöver steht das Mastlegen an, bevor wir nach Lübeck und in den Kanal aufbrechen können. Der Sandstrand des Priwalls, der mit Badegästen gefüllt ist, reicht bis an den südlichen Molenkopf heran. Auf unserem kleinen Garmin-Bildschirm, für den ich einen AIS-Empfänger habe, sehe ich keine größeren Fährschiffe, die jetzt aus der Travemündung kommen können. Die zeigt der Garmin als grüne (ungefährliche) oder rote (gefährlichere) Dreiecke an. Alles ist frei. Also nichts wie hinein und festgemacht im Passathafen.

Langsam senken wir am nächsten Tag wieder den Mast der »Seestern« ab. Die Wanten sind losgemacht, bis auf zwei Stützwanten, die sich in Ringen drehen und den Mast am Ausbrechen nach Steuerbord oder Backbord hindern. Mit der Winsch gebe ich langsam Leine, während Birgit den schwankenden Mast genau im Auge behält und ihn in die Halterung aus Holz bugsiert, die wir am Heck aufgestellt haben. Als er dann liegt, ziehen wir den Bolzen im Mastfuß heraus und schieben ihn wieder nach vorne, wo wir den Mast am Bugkorb aus Edelstahl fest verzurren können. Nach diesem Manöver müssen nur noch sämtliche Wanten und Fallen schön dicht am Mast festgezurrt werden, vor allem so, dass es nirgends zu einem Knick kommt. Unser Bootsnachbar schaut staunend auf das Manöver. »So ein Klappmast ist ja ganz praktisch«, sagt er. »Ja, das ist eine feine Sache, wenn man zwischen Binnen und See wechseln will«, antworte ich. Und deshalb sind wir jetzt bereit für die Binnenfahrt nach Hamburg.

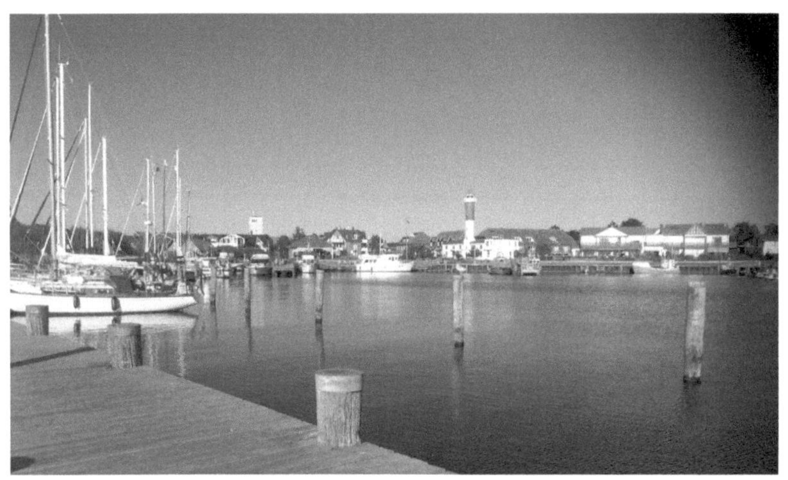

Der Hafen von Timmendorf auf der Insel Poel

KAPITEL 6: VON LÜBECK NACH HAMBURG

Wieder fahren wir über die Trave. Diesmal nicht aus dem Binnenland kommend, vom Elbe-Lübeck-Kanal in die Ostsee, sondern umgekehrt, Trave-aufwärts Richtung Lübeck. Wir passieren die gewaltige Terminalanlage des Skandinavienkais. Da keine der Fähren ablegt, können wir ungehindert vorbeifahren. Ich erinnere mich noch gut meine erste Fahrt mit der Finnjet nach Helsinki. Damals fuhren die Fähren nach Nord- und Osteuropa noch etwas weiter stromabwärts ab. Der Vorteil: Es gab noch einen Bahnhof direkt am Terminal, von dem Passagiere bequem umsteigen konnten. Bei der neuen Anlage ist der Haltepunkt der Bahn ziemlich weit entfernt, alles ist nicht auf Passagiere, sondern vielmehr auf den Frachtverkehr per Lkw ausgerichtet. Dafür gibt es gewaltige Zufahrten mit »Gatehouses«, Stauflächen und Rampen, die in die großen Fährschiffe führen. Die Passagiere werden per Bus an das Schiff gebracht. Von der alten Anlage, die hinter der Marina Baltica liegt, ist nicht viel übrig geblieben. Doch wir als Segler und Freizeitskipper können den Hafen weiterhin gut passieren, insofern ist es kein

Nachteil für uns, dass Travemünde als Fährhafen boomt und gewaltig ausgebaut wurde.

Am Pötenitzer Wiek vorbei, das ja ebenfalls ein Haff sein soll, jetzt aber endgültig das letzte auf dieser Reise, fahren wir unter Motor weiter den Strom hinauf. Die Trave ist bis Schlutup breit und würde allein schon ein Segelrevier ausmachen, das mehr als der Wannsee bietet – plus den direkten Anschluss an die Ostsee in der Lübecker Bucht. In Schlutup gibt es auch einen schönen Segelhafen, dessen lange Stege weit in die Bucht reichen. Wir müssen auf dieser Reise ja einige Pausen einlegen und können sie nicht an einem Stück absolvieren. In meinem Fall musste ich von Swinemünde nach Berlin, demnächst nach Bremen, und Birgit muss nach Hamburg. Also habe ich mich auch nach Liegeplätzen auf der Strecke erkundigt. Travemünde und Lübeck schieden da ziemlich schnell aus. Selbst wenn man sein Schiff einfach nur an einem Steg »parken« will, ohne Strom und Wasser, nehmen die Hafenbetreiber zwischen der Travemündung und Lübeck exorbitante Preise, die weit höher als etwa in Hamburg sind. Als ich einen der Hafenmeister am Telefon darauf hinwies, zuckte er buchstäblich mit den Schultern: »Travemünde ist eben begehrt, wir können diese Preise nehmen.«

Er hat wohl recht. Für die Segler, die hier viel zahlen müssen, ist das natürlich etwas schade. Ich habe Jahre später das noch einmal durchgespielt, auf der Rückfahrt unserer Reise nach Haparanda, und einige Yachthäfen abtelefoniert. Das Ergebnis: Selbst in Stockholm liegt man mit seinem Boot günstiger als in Travemünde, trotz des höheren schwedischen Preisniveaus. In jenem Moment ist das für uns aber kein Drama, da wir die Strecke nach Hamburg zeitlich noch gut schaffen können.

Hinter Schlutup wird die Trave schmaler. Die Kirchtürme von Lübeck sind weithin zu sehen: Sieben Türme ragen in den

Sommerhimmel, die höchsten unter ihnen, wie am Anfang geschrieben, die Marienkirche am Rathaus, der Dom und die Jakobikirche. Fährt man die Trave aufwärts, sieht die Stadt besonders beeindruckend aus, und man versteht sofort, warum sie sich einst »Königin der Hanse« nannte. Da es keine Hanse mehr gibt, ist Lübeck heute natürlich keine Königin mehr, aber immer noch eine sehr beeindruckende alte Hansestadt, die vom Prunk vergangener Zeiten erzählt. Ich würde sie deshalb die »Königin der Altstädte« nennen, jedenfalls entlang unserer Route, auf der wir schon Stettin, Stralsund und Warnemünde mit Rostock passiert haben. Die wechselvolle Geschichte Lübecks und der Hanse wird sehr anschaulich im »Europäischen Hansemuseum« nacherzählt, das an der Untertrave liegt. Von den Bootsanlegern ist es fußläufig erreichbar und ich kann sagen, dass sich der Besuch sehr lohnt: Hier wird die Geschichte Lübecks und der Hanse wahrhaft lebendig, mit aufwendig gestalteten Räumen, in denen lebensgroßen Figuren, Ladung und Boote stehen.

Wenn etwas richtig schön nach Lübeck passt, wird hier gerne das Adjektiv »lübsch« benutzt. Im Rest des Landes dürfte das nahezu unbekannt sein, aber es heißt nichts anderes als »bremisch« oder »hamburgisch«. Man könnte sich jetzt fragen, warum eigentlich Hamburg und Bremen Stadtstädte sind, das traditionsreiche Lübeck aber dem Bundesland Schleswig-Holstein im Norden der Republik angehört und dann nicht einmal die Landeshauptstadt ist. Die Stadt Lübeck war 1866 dem norddeutschen Bund beigetreten und schloss sich 1871 dem Deutschen Reich an. Im Jahr 1937 wurde die Stadt Teil der preußischen Provinz Schleswig-Holstein. Und natürlich gab es nach dem Zweiten Weltkrieg Pläne, ein eigenes Bundesland auszurufen. So versuchten Lübecker Patrioten Anfang der Fünfzigerjahre ein Volksbegehren auf die Beine zu stellen. Man wollte die »nationalsozialistische Willkürmaßnahme« von 1937, so die Argumentation, korrigiert sehen. Zum großen Bedauern der »lübschen« Patrioten sah das erst das

Bundesinnenministerium, dann auch das Bundesverfassungsgericht in seinem »Lübeck-Urteil« 1956 anders und die Hansestadt musste wohl oder übel Teil Schleswig-Holsteins bleiben. Wenigstens hat die Stadt noch eine »Bürgerschaft« als Stadtvertretung und als Dezernatsleiter ihre Senatoren, ganz so wie in Hamburg und Bremen. Ob die Eigenständigkeit, wenn sie sich hätte durchsetzen lassen, bis heute Bestand gehabt hätte? Schließlich ist im Länderfinanzausgleich Hamburg der einzige Stadtstaat, der einzahlt, während Bremen und Berlin Nehmerländer sind. Auf unserer Reise passieren wir alle drei Stadtstaaten, den vierten, Fast-Stadtstaat Lübeck haben wir jetzt gerade an Backbord liegen gelassen, während wir an der Altstadt vorbeifuhren. Auch die Drehbrücke an der Willy-Brandt-Allee, an der wir beim letzten Mal unsere Windmessanlage verloren haben, passieren wir unbeschadet, weil der Mast tief genug auf dem Schiff liegt. Es geht wieder in die »Kanal-Trave« hinein, auf die Schleuse Büssau zu, an der der Elbe-Lübeck-Kanal beginnt.

Wir passieren wieder Schleuse um Schleuse, tuckern mit unserem Boot und dem gelegten Mast, der auf dem Holzkreuz ruht, gemütlich den Kanal entlang durch die grüne Landschaft Ostholsteins. Ganz in einem Tag schaffen wir die Strecke wieder nicht, sodass eine Zwischenübernachtung in Mölln ansteht. Doch am nächsten Tag können wir die letzten Kanalkilometer absolvieren, die letzten beiden langen geraden Stücke abfahren, bevor wir die Schleuse Lauenburg erreichen, die gewissermaßen unser »Ticket« zur Elbe ist. Die Anlage ist ja sehr modern, die Schleusenwärter sind freundlich, als sie uns erklären, dass das Tor für die Zufahrt gleich freigegeben wird. Etwa 4,5 Meter geht es hinunter, dann öffnen sich die Tore wieder und wir sind auf der Elbe.

Jetzt geht die Fahrt mit der Strömung weiter. Wieder passieren wir Lauenburg, das auf den Hügeln am Rand der Elbe thront. Achteinhalb Seemeilen sind es von Lauenburg den

Fluss hinunter bis nach Geesthacht, wo wir Station machen wollen, eine Strecke, die sich sehr bequem in unter zwei Stunden absolvieren lässt. Am Ufer ragen Buhnen in den Fluss, wir halten uns schön auf der Steuerbordseite des Fahrwassers, obwohl nur wenig Schiffsverkehr ist. Kurz vor Artlenburg kommt die Mündung des Elbe-Seitenkanals in Sicht, dahinter kann man das Schiffshebewerk erkennen. Hätten wir den Weg über den Kanal von Berlin nach Hamburg gewählt, wäre hier die Strecke wieder auf die Elbe getroffen. Natürlich wäre das wesentlich schneller als die Fahrt über die Ostsee gewesen, die andererseits wunderschön war. Und wer hätte dann unseren Dieselmotor repariert und gewartet, wenn nicht die Werft in Swinemünde?

Einige Seemeilen weiter kommt noch ein Zeugnis der Industriegeschichte: Auf der Steuerbordseite steht das Kernkraftwerk Krümmel. Der Siedewasserreaktor lief von 1984 bis 2011 und ist damit schon wieder Geschichte, auch wenn der Rückbau noch Jahrzehnte dauern wird. Wir lassen das Kraftwerk unbeachtet liegen und freuen uns auf Geesthacht, das nur noch gute zwei Seemeilen entfernt ist. Dort können wir gemütlich in einem Seitenarm der Elbe am örtlichen Yachtclub festmachen. Nicht ein Mensch ist zu sehen, aber die »Seestern« liegt gut und sicher vertäut. Ich mache mich über die Reling her: An den Stützen sind die Kappen gebrochen, die ich mit etwas GFK, also glasfaserverstärktem Kunststoff, repariere. Diesen mischt man mit Harz und Härter in einem Becher an, gibt noch etwas Füllmaterial hinzu und kann die Paste dann verteilen, bis sie aushärtet. Das sieht etwas merkwürdig aus, eine zähe Masse wird daraus, aber es ist eine schöne Reparaturmöglichkeit. Schließlich müssen die Rehlingsdrähte auch halten, wenn man gegen sie kommt oder sich an ihnen festhalten muss (was man eigentlich nicht tun sollte). Schließlich marschieren wir durch ein Industriegebiet zum nächsten Lokal. In »Dimis Taverne« kann man ein griechisches Abendessen bestellen, das mit dem obligatorischen Ouzo und einigen Gläschen Retsina gut begleitet wird.

Nun ist aber am nächsten Morgen frühes Aufstehen angesagt. Unsere »Seestern« wird sich jetzt ins Tidengebiet hineinwagen. Auf der Ostsee gibt es ja keine nennenswerten Unterschiede zwischen Ebbe und Flut, ebenso wenig wie – logischerweise – auf den Berliner Gewässern und Kanälen. Aber hier beginnen die Tidengewässer: Bis zur Schleuse Geesthacht reicht das Wechselspiel von Ebbe und Flut, bei dem das Wasser von der Nordsee den Fluss hinauf gedrückt wird. Und wir wollen natürlich nicht gegen das auflaufende Wasser durch Hamburg fahren, sondern uns mit dem ablaufenden Wasser »hinunterspülen« lassen. Also fahren wir aus unserem Seitenarm heraus und finden uns genau zum Hochwasser an der Schleuse Geesthacht ein. Trotz der frühen Stunde sind dort schon Dutzende von Schiffen und Booten versammelt. Es gibt offensichtlich viele Freizeitskipper, die heute das Ziel Hamburg haben. In die 230 Meter langen Schleusenkammern, die zum Beispiel vier ausgewachsene Binnenschiffe aufnehmen könnten, passen auch alle Freizeitboote locker hinein, die sich hier versammelt haben.

Die Schleusung ist unkompliziert, nachdem wir das Boot festgemacht haben, können wir im Cockpit Kaffee trinken und auf das Ende des Schleusenvorganges warten. Ein klein wenig nervös bin ich aber doch: Wie wird sich die »Seestern« auf der Elbe verhalten? Wird der Strom sie mitreißen? Wie lange werden wir bis Hamburg benötigen? Endlich öffnen sich die Tore und der Weg ist frei. Wir dampfen aus der Schleusenkammer heraus und fahren auf die Elbe. Auf der Steuerbordseite beginnt das Bundesland Hamburg, an Backbord ist noch Niedersachsen. Zunächst einmal passiert nicht viel, wir tuckern wieder mit gemächlichen fünf Knoten den Fluss entlang. Doch langsam, aber merklich nimmt die Geschwindigkeit zu, wie uns die Anzeige für das Tempo über Grund verrät. Nach einiger Zeit passieren wir das Zollenspieker Fährhaus schon mit einem Tempo von sieben Knoten, die Elbe hat hier also bereits eine Strömung von zwei Knoten erreicht. So gut wie jeder Hamburger kennt das Ausflugslokal in den Vier- und Marschlanden, zu dem auch ein kleiner Hafen gehört. Jetzt finde ich es wirklich schön, an dem Fährhaus, das in den letzten Jahren zu einem eleganten 4-Sterne-Hotel ausgebaut wurde, auf dem Wasser vorbeizukommen. Die Zollenspieker Fähre kreuzt den Fluss nach Niedersachsen, wartet aber freundlich, bis wir sie passiert haben. Die dicken Deiche auf beiden Seiten lassen den Blick auf das Hinterland gerade noch soeben zu. Wir haben ja Hochwasser und fahren »oben« auf der Elbe.

Die dunklen Wolken, die sich über uns aufgetürmt haben, schlagen unvermittelt zu. Es beginnt stark zu regnen. Ich verziehe mich unter die Sprayhood und schaue durch die Plastikscheibe auf den Fluss, während der Autopilot steuert. Rechts von mir kann ich das Bedienteil des Gerätes bequem erreichen und korrigieren, weil die Elbe hier ja große Biegungen macht. Das klappt sehr gut, ich werde gar nicht einmal nass und habe doch den Fluss vor mir im Blick. Die Seekarte wird jetzt auf unserem kleinen Tablet angezeigt, das immerhin wasserdicht sein soll. Ich habe auf die Karten des N.V. Verlages umgeschaltet, der Garmin dient als reines Instrument, auf dem die Geschwindigkeit und die Tiefe abgelesen werden können. Wenigstens hat dieses Tablet ein einigermaßen helles Display, ich klemme es zwischen die Strebe der Halterung der Sprayhood und dem Rumpf ein. Da hält es gut. Die Fahrt bis zur Bunthäuser Spitze macht Freude, trotz der widrigen Wetterbedingungen. Steuerbords passieren wir den Hafen Oortkaten, dahinter liegt der Oortkatener See. Wassersport begeisterten ist er als Surfrevier bekannt, aber wiederum kann man über die Deiche nicht hinwegschauen, sodass uns die Surfer in ihrem geschützten Revier verborgen bleiben.

Dafür hört der Regen wieder auf, ich kann mich im Cockpit ordentlich hinsetzen. An der Bunthäuser Spitze teilt sich der Fluss in Norder- und Süderelbe auf. Als Hamburger wollen wir natürlich über die Norderelbe fahren, das bringt uns ja schließlich ins Herz der Stadt hinein. Das niedersächsische Ufer bleibt an der Süderelbe zurück und wir fahren weiter an den Vier- und Marschlanden vorbei, an der Mündung der Dove-Elbe, wo es ebenfalls eine Schleuse gibt, über die man Bergedorf erreichen kann.

Nach der Elbbrücke der Autobahn A1 wird es am Ufer industrieller: Im Süden liegt das große Industriegebiet auf der Veddel, im Norden das ehemalige Wasserwerk Kaltehofe. Ab 1844 war hier eine gewaltige »Wasserkunst« errichtet worden, um die Stadt mit filtriertem Wasser aus der Elbe zu versorgen. Schon um 1900 kam das Elbwasser aber in Verruf, das trotzdem weiter aufbereitet wurde. Erst 1990 wurde die Anlage, die nur noch in kleinen Teilen lief, schließlich stillgelegt. Die Pläne, auf dem Areal Wohnungen zu bauen, wollte man in Hamburg nicht umsetzen. Stattdessen entschied sich die zuständige Behörde für den etwas seltsam anmutenden Plan, das ganze große Areal unter Denkmalschutz zu stellen. Ein so weitflächiges Gebiet, das zudem dicht an der Stadt liegt, nicht zu nutzen – und das in einem Stadtstaat, der an Flächenknappheit leidet – das muss man sich erst einmal leisten können. Vielleicht hätte auch ein etwas kleineres Museum genügt? Als ebenso skurril empfinde ich den menschenleeren »Elbpark Entenwerder«, der am Nordufer an das Wasserwerk anschließt.

Jetzt aber geht es in die Hafencity, Hamburgs neuestem und wohl modernstem Stadtteil. Die schicken neuen Gebäude, die hier das Ufer zieren, in anspruchsvoller Architektur, sind auch von der Elbe aus schön anzusehen. Ich erinnere mich gut an die Debatte, ob die Hafencity eigentlich Wohnraum für nicht so Begüterte schaffen würde, die vor Jahren begann. Damals war die Steigerung der Mieten noch gar nicht so stark wie heute.

Nach einem kritischen Artikel, den ich dazu geschrieben hatte, rief der Chef der Gesellschaft für die Entwicklung der Hafencity bei unserer Zeitung an, um sich zu beschweren und zu verlangen, dass der Artikel korrigiert werden müsse. Denn er sei ja nicht gut fürs Geschäft. Ein unfeiner Zug, dem wir nicht nachkamen. Und auch wenn der Anteil der Sozialwohnungen und der Genossenschaftsbauten in der Hafencity seither etwas zugenommen hat – es bleibt ein Stadtteil, den sich heute nur wenige Hamburger zum Wohnen leisten können, angeheizt durch die Entwicklung der Immobilienpreise in der ganzen Stadt.

Auf dem Wasser verändern sich jetzt aber schlagartig die Bedingungen: Mit dem Passieren der Elbbrücken wird es sehr kabbelig. Floss die Elbe vor den Brücken noch träge vor sich hin, ist das Wasser jetzt aufgewühlt. Die »Seestern« wird von den Wellen auf- und abgeworfen. Ich frage mich, ob das so weitergehen kann: Nach links und rechts wird das Boot geschleudert, das aber trotzdem tapfer Kurs hält. Hinter der Dalbenreihe, die hier die Norderelbe teilt, ist es etwas besser. Aber die gemütliche Fahrt scheint ein Ende zu haben, dabei kommt doch jetzt eine Attraktion nach der anderen. Am Strandkai liegt das Überseequartier, im Süden der Grasbrook, der ebenfalls gerade als Wohnquartier entwickelt wird. Aber die Elbe ist nicht die Trave oder die Spree. Sie ist rau, die Wasserfarbe dunkel, der Schwell, der das Schiff durchschüttelt, bedenklich.

Wir passieren die Elbphilharmonie, die zu diesem Zeitpunkt gerade ihrer Fertigstellung entgegensieht. Heute wissen wir, was für ein beeindruckender Konzertsaal aus der Baustelle entstanden ist, eine echte Attraktion der Stadt. Direkt danach kommt die Überseebrücke. Dort machten, wie es der Name schon sagt, früher die Ozeandampfer fest. Heute liegt hier das Museumsschiff »Cap San Diego« vertäut, der letzte »Schwan des Südatlantiks«, wie die Dampfer der Reederei Hamburg-

Süd einmal genannt wurden. Sie hat auch wirklich eine elegante Linienführung. Das Innere kann besichtigt werden, es gibt viele Veranstaltungen und Konzerte in den Laderäumen. Hier hatten wir auch schon einmal Silvester gefeiert: Die Party fand in den Laderäumen statt. Von Deck aber hatte man einen einmaligen Blick auf das Feuerwerk im Hafen. Direkt davor geht nach Steuerbord übrigens die Abfahrt zum »City Sportboothafen« ab, dem einzigen Yachthafen mitten in der Hamburger Innenstadt. Dort liegen schöne, neue Stege, die unweit der U-Bahnstation Baumwall ins Wasser gelegt wurden. Aber unser Ziel ist Wedel, wir möchten die Strömung der Ebbe weiter ausnutzen.

Wir passieren die Musicaltheater auf der Südseite der Norderelbe. Ein perfektes Beispiel für die »Mindernutzung« von Flächen mitten in der Stadt. Nicht unbedingt die beliebten Theater, aber sehr wohl das Logistikzentrum westlich daneben. Auf einem Grundstück in allerbester Lage gegenüber den Landungsbrücken werden Waren in Containern gelagert. Nicht einmal das Kopfgebäude mit Büros, das einmal geplant war, wurde errichtet. Nun, das Areal ist eben Hafengebiet, für das andere Spielregeln der Stadtentwicklung gelten. Aber im Ergebnis kann man über solche Entwicklungen nur den Kopf schütteln. Auch in einer Großstadt wie Hamburg gibt es eben Fehlplanungen.

Zum Kopfschütteln bleibt mir aber gar keine Zeit, denn plötzlich ist die gesamte Bordelektronik ausgefallen. Die Schirme, auf denen eben noch Tiefe und Geschwindigkeit abzulesen waren, sind dunkel. Was ist da los? Die Musik ist verstummt, eben lief das Radio noch. Nur gut, dass der Diesel weiter brummt, er scheint von dieser Störung nichts mitbekommen zu haben und es ist ihm auch egal. Schließlich läuft so ein »Selbstzünder« immer weiter, bis ihm der Kraftstoff ausgeht. Da bleibt nur eines: Ich muss raus, weg von dieser kabbeligen Elbe. Ich biege nach Backbord in den Fährkanal ein, dicht hinter dem Südportal des Alten Elbtunnels, der hier unter dem Strom verläuft. In dem Kanal ist das Wasser erstaunlich ruhig, und ich kann in Ruhe schauen, was los ist. Der Fehler ist erstaunlich: Etwas hat den Hauptschalter von »I« auf »O« umgelegt. Den Drehschalter muss ein Gegenstand getroffen haben, der bei dem kabbeligen Wasser durch die Kajüte flog. Oder er muss sich von selbst umgelegt haben. Was es auch war, kann ich nicht ermitteln, die Ursache bleibt im Verborgenen. Ich schalte den Strom wieder ein, und schon geht's wieder raus auf die Elbe, direkt auf die Landungsbrücken zu.

Wer schon einmal an den Anlegern am Nordufer der Elbe gestanden hat, zwischen all den Touristenbooten, Imbissbuden und Souvenirshops, der weiß, was für ein Rummel auf dem Wasser hier herrscht. Als ich während meines Studiums mir einige D-Mark mit Stadtrundfahrten dazuverdient hatte, war ich Teil dieses Apparats, so könnte man sagen, der mit dem Hamburg-Tourismus gut verdient. Und wir haben auch in den Bussen Fahrkarten für Hafenrundfahrten verkauft, mit denen wir Stadtführer eine gute Provision verdienten. Jetzt karren wieder die alten Barkassen, die einst für die Hafenarbeiter auf Kiel gelegt worden waren, Besucher an der Wasserkante Hamburgs vorbei. Dazu schallt über die Lautsprecher die Erklärung des einen oder anderen Kapitäns herüber. Es sind immer noch die gleichen Sprüche, die »He Lücht«, der Kapitän, der den Besuchern die Stadt zeigt, macht: Die Namen der Schiffe zählt er auf, was sie geladen haben, wohin sie fahren. Was es mit den Docks der Werft Blohm + Voss auf sich hat, dass Hamburg mehr Brücken als Venedig hat und die größte unter ihnen die Köhlbrandbrücke ist. Ich muss schmunzeln, als ich unsere »Seestern« zwischen den Barkassen durch steuere und Wortfetzen mitbekomme. Genauso habe ich es selbst einmal gemacht, nicht auf einer Barkasse, aber vorne in einem Reisebus. Und das hatte für studentische Verhältnisse damals ziemlich gutes Geld gebracht.

Jetzt muss ich aber aufpassen. Die Barkassen fahren noch eher langsam, aber wer hier wirklich über das Wasser »heizt«, das sind die Fährschiffe der »Hadag«, die verschiedene Anleger auf beiden Seiten der Elbe mit den Landungsbrücken verbinden. Und sie scheinen auf nichts und niemanden Rücksicht zu nehmen. Das ohnehin schon kabbelige Wasser der Elbe wird noch mehr aufgeworfen, wenn eine Hafenfähre passiert. Und selbst wenn sie auf der Südseite des Flusses in Richtung Stadt fährt, werden wir auf der »Seestern« am Nordufer von den Wellen kräftig durchgeschüttelt. Ich wünsche mir die Segel setzen zu können, was für mehr Stabilität sorgen würde. Doch daran ist nicht zu denken – logisch, der Mast liegt ja längs an Deck wegen der Kanalfahrt, die hinter uns liegt. Also geht es schwankend weiter die Elbe hinunter.

In Hamburg gibt es eine ganze Menge Segler. Wie viele es genau sind, darüber wird keine Statistik geführt. Das wäre ein Feld für Marktforscher, die sich mit der Zielgruppe Segler befassen. Der Deutsche Segler Verband (DSV) hat aber 70 Mitgliedsvereine in der Hansestadt. 103 sind es in Berlin und 31 in Bremen. Im Hamburger Stadtbild sind Segler ja sehr präsent, und zwar auf der Alster. Mitten im Zentrum wird gerne und viel gesegelt.

Nun können Sie mit ihrem Boot nicht einfach auf die Alster fahren und dort die Segel setzen, wie es zum Beispiel in Berlin auf dem Wannsee möglich wäre. Auf der Alster darf zunächst einmal jeder ohne behördliche Erlaubnis Segeln, Paddeln oder Rudern. Für das Fahren mit »maschinenangetriebenen Fahrzeugen« ist eine behördliche Genehmigung nötig. Auch eine größere Segelyacht würde dazugehören, wenn sie unter Motor durch die Fleete fährt, die in der Innenstadt von der Elbe zur Alster führen. Die Genehmigung würde spätestens verlangt werden, wenn eine Yacht durch die Rathausschleuse in die Alster einfährt.

»Eine behördliche Zustimmung kann unter Auflagen und

Bedingungen erfolgen«, heißt es von der zuständigen Umweltbehörde dazu. »Kann erfolgen« ist im Amtsdeutsch eine Vorwarnung dafür, dass es höchstwahrscheinlich keine Genehmigung gibt. Sie sollten also einen einwandfreien Grund haben, warum Sie mit ihrem Boot auf die Alster möchten. Die Alster ist eben ein Naherholungsrevier, auf dem Motorboote nicht erlaubt sind. Sollten Sie Hamburg besuchen und möchten Sie gerne auf der Alster segeln, gibt es eine ganze Reihe Vermieter, bei denen Sie ein Segelboot ausleihen können – von »Bobby Reich« im Norden an der Krugkoppelbrücke bis zur »Segelschule Pieper« im Süden. Und dann können Sie selbst einmal die Mischung aus plötzlichen Fallwinden und viel Segelbootsverkehr, gepaart mit schnellen Alsterdampfern erleben, die der See mitten in der Stadt dem Freizeitskipper bietet. Ein schönes Erlebnis ist es trotzdem, in einem kleinen Kielboot oder eine Jolle über die Alster zu gleiten.

Übrigens befindet sich bei »Bobby Reich« ein ganz besonderer Steg: Hier liegt eine beachtliche Flotte von Jollen des Typs Conger, wie wir selbst eine besitzen. Diese wurde einst auf der Großwerft »Blohm + Voss« in Hamburg gebaut und auf der Alster ist sie immer noch sehr beliebt. Ich hatte einmal überlegt, den Conger auf die Alster zu legen, und bei »Bobby Reich« wurde mir ein gutes Angebot gemacht. Die Jolle bleibt aber vorerst auf einem Binnensee nördlich von Hamburg. Miete gefällig? Ein bis zwei Personen zahlen 22 Euro die Stunde und können dann auf der Alster kreuzen.

Tradition hat in Hamburg natürlich auch das Segeln auf der Elbe. Nicht nur als Freizeitsport, so wie heute. Die ganze Geschichte des Hamburger Hafens dreht sich ja um die Segelschiffe, die hier Hunderte Jahre unterwegs waren. Segeln war pure Notwendigkeit, wollte man mit Waren handeln. Im 9. Jahrhundert wurde bereits ein Holzsteg auf einer Elbinsel eingerichtet, an dem die Schiffe festmachen konnten. Die Blütezeit kam nach 1375, als in den folgenden Jahren der Handel immer mehr zunahm und sich die Einwohnerzahl der Stadt in 75 Jahren auf 16.000 Menschen verdoppelte. Und stets waren es kleine Segelschiffe, die die Elbe hinauf und hinunterfuhren und die Nordsee bereisten. Bis 1957 währte die Ära der Frachtschiffe unter Segeln, die mit der »Pamir« endete.

Die Ära des Yachtsports reicht schon bis in das Jahr 1661 zurück, als in England die erste belegte Regatta von Segelbooten stattfand. Der älteste Segelverein in Deutschland, den es heute noch gibt, ist der »Segelclub Rhe«, der schon 1855 in Königsberg entstand und heute seinen Sitz in Hamburg hat. Mit der Gründung des Deutschen Segler Verbandes (DSV) im Jahr 1888 schwappte die Begeisterung für das Yachtsegeln endgültig von England und den USA nach Deutschland über, auch auf die Elbe. Hier verzeichnete der schon 1868 gegründete Norddeutsche Regatta Verein (NRV) stetigen Zulauf. »Hamburger Kaufleute mit Auslandskontakten und Briten in Hamburg hatten ab etwa 1840 das Gentleman-Rudern und das Lustsegeln in die Freie und Hansestadt gebracht«, schreibt der NRV in seiner Chronik. »Die neuen Wassersportarten waren im Ursprung very British und wurden auf Alster und Elbe schnell sehr hanseatisch.« Und auch heute ist dieser Verein noch einer größten und bekanntesten in Deutschland.

Gibt es nun ein typisches Boot für die Elbe? Ja, natürlich. Da ist zum Beispiel die »Elb-H-Jolle«, ein echter Klassiker, der vor über 70 Jahren konstruiert worden ist. »Die Elb-H-Jolle ist für die auf der Elbe herrschenden Verhältnisse entwickelt worden«, schreibt etwa die Klassenvereinigung dieses Bootstyps. Denn dort herrsche oftmals viel Wind und die Tide verursache steile Wellen. »Das Freibord und das Längen/Breiten Verhältnis sind perfekt für das Revier geeignet.« Die hübschen, gaffelgetakelten H-Jollen sieht man tatsächlich häufiger auf der Elbe. Und auch den »Conger«, der für viele auf die Alster gehört, kann man eine Elbjolle nennen. Er ist robust, kann mit einem kleinen Außenborder am Heck bestückt werden. Vor allem aber wurde der Conger auf der Elbe entwickelt, mit Testfahrten im Mühlenberger Loch. Das macht ihn doch auch zu einer Elbjolle, finde ich.

Auf unserer Elbfahrt ragt unterdessen die Bebauung am Altonaer Fischmarkt an Steuerbord auf. Vom Wasser sehen die modernen Gebäude noch viel höher aus als vom Land, denke ich. Es kommt das Terminal der früheren Englandfähre in Sicht. Was waren das noch für Zeiten, als hier mehrmals die Woche eine Fähre von Hamburg nach Harwich ablegte, bevor ihr die Billigflieger den Garaus machten. Zunächst ließ die Reederei sie noch von Cuxhaven eine Weile weiterfahren, um dann dem verlustbringenden Unternehmen Ende der 90er-Jahre den Saft abzudrehen. Schade, so gibt es keinen regelmäßigen Passagierdienst mehr von Hamburg nach England, auch wenn einige der älteren Postkarten, die an den Landungsbrücken verkauft werden, immer noch das Schiff auf der Elbe zeigen.

Weiter legen wir unsere Fahrt zurück. Der Museumshafen Övelgönne wird an Steuerbord passiert. Mir geht das Herz auf: Wie oft habe ich schon von diesem schönen Hafen, mit seiner kleinen, aber feinen Auswahl an alten Schiffen, auf das Wasser geschaut? Und nicht nur das, hier bin ich auch auf Tuchfühlung mit der Elbe gegangen. Denn hier ist mir einmal mein Auto in der Elbe »abgesoffen«: Als wir in Övelgönne Kaffee trinken waren, stieg die Flut, und als wir wieder zu dem Parkplatz im »tief liegenden Küstengebiet« kamen, wie es im Amtsdeutsch heißt, war dieses bereits überflutet. Das Erstaunliche: Es passierte nichts. Das Wasser wich nach einigen Stunden wieder zurück, wir konnten einsteigen und der Wagen startete. Nur der Innenraum roch noch einige Wochen nach etwas moderigem Elbwasser.

Backbord wird es am Bubendey Ufer etwas einförmig, hier befinden sich Lagertanks einer Ölraffinerie. Aber an Steuerbord türmen sich jetzt die Hänge der Elbvororte. Hier stehen wirklich prächtige Villen, auf der »nassen Seite« von der Elbe begrenzt, nach hinten von der Prachtstraße Elbchaussee. Dann kommt Teufelsbrück mit seinem kleinen Yachthafen und auf der anderen Seite Finkenwerder.

Ich lutsche Hustenbonbons, weil es nun im Hals kratzt. Ist das der stetige Wind? Aber sonst lässt es sich wunderbar aushalten, denn der Verkehr auf dem Fluss nimmt nun ab, weil die meisten Fähren nach Finkenwerder hineinfahren. Nur eine Linie kreuzt die Elbe noch nach Teufelsbrück, und dann gibt es noch eine Verbindung nach Blankenese, die weniger häufig verkehrt.

In Finkenwerder befinden sich im Rüschkanal gleich mehrere Yachthäfen. Hier liegen sehr viele Hamburger Segler. Zwar muss man über Elbbrücken oder durch den Elbtunnel auf die südliche Seite des Flusses kommen, dafür ist man nicht so weit vom Stadtzentrum entfernt, wie man es beispielsweise im »Hamburger Yachthafen Wedel« ist. Dennoch halten wir an unserem Ziel fest. Die aufregende Fahrt ist ja noch nicht vorbei, auf der Nordseite kommt die Nienstedtener Kirche in Sicht, das Traditionslokal Louis C. Jacobs am Elbhang und dann rücken wir auf Blankenese zu.

Der Fähranleger des Vorortes liegt genau sechs Seemeilen von den Hamburger Landungsbrücken entfernt. Eine direkte Verbindung gibt es aber nicht mehr. Doch immerhin verkehrt noch eine kleine Fähre, die man von Blankenese bis nach Teufelsbrück nehmen kann. Aber halt, dort muss man umsteigen, nach Finkenwerder. Und dort muss man noch einmal umsteigen, an die Landungsbrücken. Eine kleine Anekdote aus der Hamburger Stadtgeschichte gefällig? 1965 wollte man den Nahverkehr auf dem Wasser ausbauen, die stadteigene Reederei Hadag erprobte zwei Tragflächenboote, die von Schulau über Blankenese in die City fuhren. Das ging ziemlich schnell, aber auch ziemlich unrentabel, sodass »Traf 1« und »Traf 2«, wie die beiden Boote hießen, 1968 wieder verschwanden. Der viele Verkehr auf dem Fluss habe den Einsatz der schnellen Schiffe behindert, hieß es damals vonseiten der Reederei. Sogar mit einem Hovercraft aus Großbritannien war in Hamburg experimentiert worden. 17 Passagiere konnte das kleine »SRN 5« befördern, das aber nicht einmal eine ganze Saison seinen Dienst tat.

Blankenese ist auch heute noch ein spannender Ort, trotz der Bekanntheit, die es als wohlhabender Vorort in Hamburgs Westen erlangt hat. Denn hier spielt sich das Leben zwischen dem Elbufer und dem Geestrücken ab, der sich hoch über der Elbe erstreckt. Dort liegt das Blankeneser Treppenviertel: Unzählige kleine und größere Häuser schmiegen sich an den Elbhang, der von kleinen Straßen und Fußgängerwegen durchzogen ist. Unten liegt der Fähranleger, der »Bulln«, der so heißt, weil hier früher die Rinder an Land getrieben wurden. Und dann führen steile Treppen zu »Sagebiels Fährhaus«, das es schon seit dem 19. Jahrhundert gibt und das ungefähr auf der Hälfte der Anhöhe steht. Von dort geht es weiter die Treppen hinauf nach oben. Man kann dann über die Blankeneser Bahnhofstraße bummeln, die zahlreiche Geschäfte säumen, zum S-Bahnhof gelangen. Wer nicht so viele Treppen steigen mag, kann eine der »Bergziegen« nehmen, das sind die Kleinbusse, die seit Jahrzehnten vom Strandweg in den Ort fahren.

Nur schade, dass Blankenese keinen eigenen Yachthafen hat. Wo lassen die Blankeneser denn ihre Boote? In der alten Ortschronik wird beschrieben, dass die Elbstrände vor Blankenese vor hundert Jahren voll mit Bojen waren. Dort lagen die Segelboote dicht an dicht, und das ungeachtet der Strömung von Ebbe und Flut. Heute ist das nicht mehr so. Moment, werden viele eingefleischte Blankeneser jetzt einwerfen, wir haben doch den »BSC«. Ja, das stimmt, und auch Birgit und ich haben einst im Blankeneser Segelclub für den Sportbootführerschein See gebüffelt. Der liegt am östlichen Ende des Strandweges und hat den kleinen »Blankeneser Jollenhafen«. Darauf schwimmt ein Ponton mit dem Clubhaus und einem hervorragenden, handfesten Restaurant. Aber es ist nur ein kleiner Hafen mit einer Handvoll Liegeplätze, der bei Ebbe zudem in weiten Teilen auch noch trocken fällt. Wir verzichten darauf, mit der »Seestern« dort jetzt bei ablaufendem Wasser festzumachen, auch wenn es schade ist, dass wir Blankenese nicht so einfach mit dem Boot besuchen können. Dieses Viertel hat immer mit und von der Elbe gelebt, schon in den Zeiten vor einigen Hundert Jahren, als es noch ein Fischerdörfchen am Elbhang war. Woher ich das alles weiß? Nun, ich habe in »Heimatkunde« aufgepasst, das war in den 1970er-Jahren ein Schulfach, bei dem die Kinder alles über Hamburg lernten, was den Lehrplänen zufolge wichtig war. Es war eines meiner Lieblingsfächer.

Schräg gegenüber, auf der anderen Seite der Elbe, liegt »das« Blankeneser Segelrevier. Verzeihung, da lag eigentlich das Blankeneser Revier. Denn ein guter Teil davon ist inzwischen zugebaut: Das Mühlenberger Loch wurde von 2001 bis 2003 auf einer Fläche von 160 Hektar mit Sand zugeschüttet. Dort befindet sich das erweiterte Airbus-Werk in Hamburg, das man damals für die Produktion des riesigen A 380 hergerichtet hat – wobei dieser Flieger heute auch schon wieder Geschichte ist, da er nicht mehr hergestellt wird.

So schön ein großes Segelrevier hier an der Elbe auch sein mag, der Faszination dieser Flugzeugwerft kann man sich auch nicht so ganz entziehen, die immerhin rund 12.500 Menschen in Hamburg qualifizierte Arbeitsplätze bietet. Je nachdem, ob bei Airbus wieder Sparprogramme anstehen, wie es häufiger passiert, sind es auch mehr. Schon kurz nach der Ausfahrt aus dem Rüschkanal in Finkenwerder auf die Elbe stehen Hinweisschilder am Ufer, die vor landenden Flugzeugen warnen. Denn der Flugplatz Hamburg-Finkenwerder befindet sich hier auf dem Werksgelände. Als Journalist bin ich dort einmal gelandet, als wir von einer Delegationsreise aus Toulouse kamen. Ein täglicher Flug verband die beiden großen Produktionsstandorte des Flugzeugherstellers miteinander. Hamburg hat also tatsächlich einen zweiten Flughafen auf seinem Stadtgebiet. Übrigens hat ein spanischer Pilot im Jahr 1967 diese Landebahn mit der in Hamburg-Fuhlsbüttel verwechselt und seine Passagiermaschine in Finkenwerder gelandet. Das ging knapp gut, fast wäre der Jet in die Elbe gefallen. Die Bahn ist später, im April 2006, auf 3183 Meter verlängert worden.

Das Werk besichtigt hatte ich aber schon früher: Mein Nachbar arbeitete bei Airbus und ich besuchte die Anlage bereits als Student beim Tag der offenen Tür. So viel Hightech Flugzeugproduktion mitten in Hamburg, das hat mich damals schon schwer beeindruckt. Nur das Mühlenberger Loch, das hat gewaltig Federn lassen müssen. Obwohl es immer noch ein schönes, wenn auch kleineres Revier gegenüber dem Mühlenberg in Blankenese ist.

Wir fahren weiter in Richtung Wedel, noch immer schiebt uns der Elbstrom kräftig voran. Jetzt geht es am Falkensteiner Ufer entlang, ein Ort, den ich noch aus Kindheitstagen kenne, als wir dort spazieren gegangen sind. Die Bebauung an den Hängen wird lockerer, es gibt mehr frei stehende Villen statt eng aneinander stehender Häuschen. Hier liegt auch der »Römische Garten« im Elbhang versteckt, ein Kleinod, zu dem auch ein Amphitheater gehört.

Ein originelles Plätzchen kommt dann am Wittenberger Ufer: Dort steht einer der wenigen Campingplätze direkt an der Elbe, der nicht hinter einem Deich verborgen ist. Denn das Elbufer ist hier hoch genug, dass Deiche nicht nötig sind. In einer Gegend mit extrem hohen Quadratmeterpreisen vor den Toren Hamburgs ist ein Campingplatz fast schon ein Anachronismus. »Elbecamp« nennt sich die Anlage heute. Es gibt eine eigene Zone für Zelte, was ich gut finde. Wohnwagen werden mit einem Trecker vom Platzwart auf ihren Standort gezogen. Denn überall liegt der Elbsand, der Fahrzeugen das Rangieren schwer machen könnte. Wer das Glück hat, einen der 45 Dauerplätze gemietet zu haben, der wird sich hüten, diesen wieder aufzugeben: Schon seit Jahren sind keine neuen Plätze mehr zu bekommen. Aber Camper, die in den Vororten der Großstadt einmal ihr Zelt aufschlagen möchten, sei dieser Platz wärmstens empfohlen.

Der Diesel brummt, die »Seestern« hält Kurs, es geht weiter die Elbe hinunter. Jetzt passieren wir noch das etwas betagte, große Kohlekraftwerk Wedel, an dem gerade ein Frachter entladen wird. Erstaunlich, dass es immer noch in Betrieb ist, aber die Anlage wird für die Versorgung der Fernwärme gebraucht. Dann kommen noch die Elbhänge, auf denen die Häuser von Wedel stehen, bevor das Land flacher wird.

Wer jetzt genau hinhört, könnte die Fanfare aus dem »Fliegenden Holländer« von Richard Wagner hören: »Steuermann, lass die Wacht.« Diese Fanfare tönt von der Schiffsbegrüßungsanlage Schulau herüber, die ihre Lautsprecher auch auf den Fluss gerichtet hat. Es ist ein klassisches Hamburger Ausflugsziel. Und auch mich hatten schon als Kind in den Siebzigerjahren die Schiffsbegrüßungen fasziniert, zumal mein Vater im Hamburger Hafen arbeitete. Ich konnte stundenlang zuhören, wie der »Kapitän« in seiner Glaskabine die Schiffe auf der Elbe per Mikrofon begrüßte, erzählte, was das Schiff geladen hatte und wohin es fuhr. Dazu spielte er eine Kassette mit der Nationalhymne der Flagge, aus der das Schiff stammte. Heute wäre das ein herrlicher Anachronismus: Müsste er noch Kassetten einlegen, wären vermutlich die mit den Hymnen der Billigflaggen ziemlich abgenudelt, während die Kassetten mit der deutschen Hymne noch gut in Schuss wären. Viele Schiffe mit Schwarz-Rot-Gold am Heck passieren die Elbe hier gar nicht mehr. Ein hübscher Gag: Auf einem James Last-Album aus den Siebzigern hat der bekannte Bandleader den Klang der Schiffsbegrüßungsanlage mit eingespielt und lässt »Käptn James« darauf eine gute Reise wünschen.

Immerhin hat das Schulauer Fährhaus in den letzten Jahren eine gründliche Renovierung erhalten, die auch nötig war, um die Ausflugsgaststätte in die Neuzeit zu katapultieren. Es nennt sich jetzt »Das neue Schulauer Fährhaus« und hat die Küche und die Karte überarbeitet. Trotzdem ist es im Kern natürlich immer noch ein Ausflugslokal mit Schiffsbegrüßungsanlage geblieben, das den Gästen ein wenig den Duft der großen weiten Welt vermitteln soll. Und was wäre, wenn … Nein, wir passieren die Anlage unbeachtet. Kein »Steuermann, lass die Wacht« erklingt, als die »Seestern« an dem Turm mit den Lautsprechern vorbeifährt. Das muss aber auch nicht sein, schließlich fahren wir heute nicht in exotische Länder, sondern wollen zum Yachthafen Wedel und noch nicht weiter.

Also wird der Tonnenhof des Wasser- und Schifffahrtsamtes passiert, neben dem der einzige echte »Beach Club« Wedels liegt, der tatsächlich an einem Strand steht. Und nach dem Tonnenhof kommen auch schon die beiden Einfahrten zum riesigen »Hamburger Yachthafen«, den die »Gemeinschaft der Hamburger Segelvereine« hier betreibt. Warum er »Hamburger Yachthafen« heißt, obwohl er in Wedel liegt, mag sich mancher wundern. Schon in den 1920er Jahren war absehbar, dass das Gelände am Waltershof, wo sich der große Yachthafen befand, irgendwann der Hafenerweiterung weichen müsste. Mit Schleswig-Holstein wurde eine Ausweichfläche gesucht. Doch erst in den 1950er-Jahren begannen die Arbeiten, um den Yachthafen mit seinen fast 2000 Plätzen zu errichten. Schön gelegen, aber eben etwas weit vor der Stadt.

Wir halten uns Steuerbord und finden einen schönen Platz an einem der Schwimmausleger. Geschafft. Wir haben den Weg von der Ostsee über die Elbe bis nach Wedel zurückgelegt. Die heutige Strecke ist ungefähr 30 Seemeilen lang, die wir dank des ablaufenden Wassers aber schnell absolviert haben. Es waren kaum mehr als fünf Stunden, die wir unterwegs gewesen sind. Allerdings kam es mir doch viel, viel länger vor, angesichts der zahlreichen interessanten Orte am Ufer. Dass man so bequem in einem halben Tag von Geesthacht bis Wedel kommen kann, war mir gar nicht klar – der Tide sei Dank.

Nach dem Anlegen mache ich erst einmal eine kleine Ruhepause in der Vorschiffkoje, schließlich möchte ich nicht extra das Klappbett aufbauen. Man muss nur ein wenig Gepäck beiseite räumen. Aber was ist dann das? Ich habe Schwierigkeiten, nach der halbstündigen Pause in der Vorschiffkoje aufzustehen. Das viele Sitzen quer zur Fahrtrichtung in den letzten beiden Tagen hat mich unbeweglich gemacht. Der Rücken schmerzt. Das ist eine Anstrengung, mit der ich nicht gerechnet habe. Dann komme ich aber doch heraus. Und schaffe es, mit Birgit von Bord zu steigen, die Stege hinaufzugehen und in das Restaurant des Yachthafens einzukehren. Dort bestellen wir Bier und Matjes. Das ist ziemlich typisch. Die Nordsee scheint auf dem Teller schon ganz nah zu sein. Der Blick geht vom Restaurant aus über den Hafen, dann über die Elbe, über die Inseln Schweinesand und Nesssand, die da im Elbstrom liegen. Die kleine »Seestern« liegt schön zwischen zwei weitaus größeren Schiffen vertäut, etwa einer riesigen Hallberg-Rassy, die daneben liegt, und auf der ziemliche viele Besatzungsmitglieder verschwinden, während wir nur zu zweit an Bord sind. Doch die kleine Jaguar 25 hat es immerhin geschafft, bis nach Hamburg, bis nach Wedel an der Unterelbe. Und so weit sind wir, vom Haff kommend, auch gar nicht mehr vom Watt entfernt.

In Hamburg gibt es prinzipiell drei empfehlenswerte Anlegemöglichkeiten an der Norderelbe, bzw. der Elbe: Da wäre der City Sportboothafen am Baumwall, der zentralste unter allen Häfen (Internet: www.citysporthafen.hamburg / Tel. 040 36 42 97). Sehr viele Liege-

möglichkeiten gibt es auch im Rüschkanal in Finkenwerder: Dort haben mehrere Vereine oder auch zwei Werften Gastliegeplätze. Mit der Fähre geht es zu den Landungsbrücken in der Stadt. Der größte Hamburger Yachthafen ist der in Wedel, sehr schön gelegen, aber weit außerhalb der Stadt, die mit Bus und S-Bahn erreicht werden kann. Internet: https://www.hamburger-yachthafen.de/ Es gibt gleich drei Hafenmeister: Tel. West: 0171 - 276 63 00; Hafen Mitte: 0173 - 458 83 53; Ost: 0172 – 642 32 27.

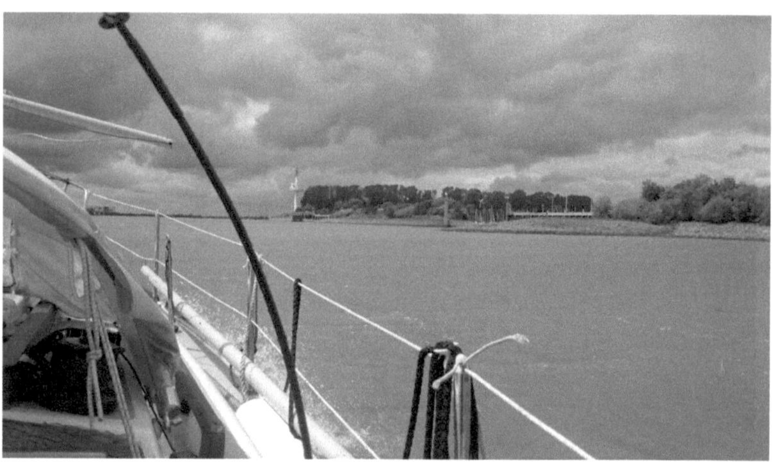

Die Einfahrt zum Yachthafen in Wedel

KAPITEL 7: DIE UNTERELBE

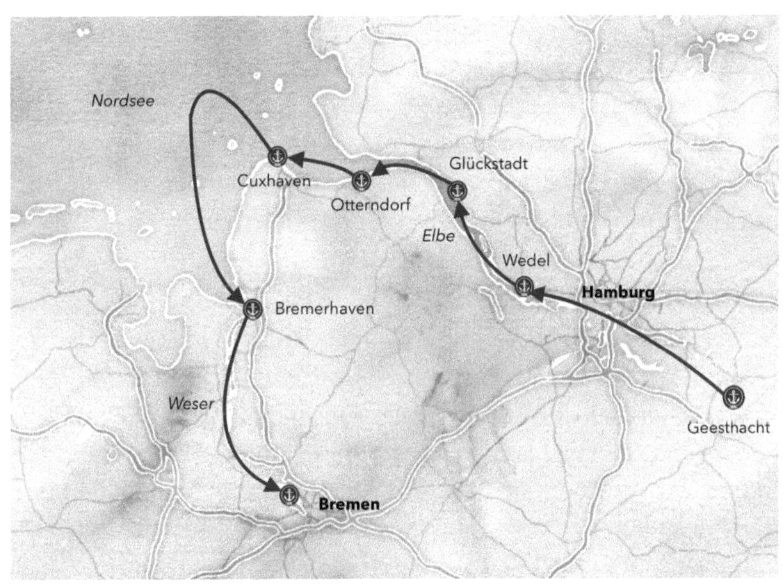

Karte 3: Die Elbe hinunter fahren wir bei Cuxhaven in die Nordsee, dann die Weser hinauf

Langsam schiebt sich die »Seestern« an die Bootstankstelle in Wedel heran. »Von Fendern scheinst Du wohl nicht so viel zu halten«, sagt die Tankwartin, die mit anpackt, um das Boot festzumachen. In der Tat, ich schaue betroffen den Rumpf an, die Fender habe ich tatsächlich nicht ausgebracht. »Das sieht man«, fährt sie fort und deutet auf einige Kratzer, die sich im Lack befinden. Nun, die rühren nicht daher, dass ich nicht etwas von Fendern halten würde. Es liegt vielmehr an den vielen Schleusen auf unserer Fahrt, wo man trotz großer Sorgfalt manchmal doch mit der Bordwand gegen Anleger und Spundwände kommt. Und an der speziellen Farbe, den unser Voreigner ausgesucht hatte. Das Lichtgrau mag schön aussehen, aber er, Lackierer von Beruf, hatte den Farbton eigens gemischt. Eine Standardfarbe war das nicht mehr, und dementsprechend waren Kratzer kaum auszubessern, auch wenn ich mit Farbtabellen bewaffnet den Vergleich zur Rumpffarbe gemacht hatte. »Da können Sie aber einen Lackierer mit einem Farbmessgerät rufen«, hatte er mir als Tipp mit auf den Weg gegeben. Das war mir doch etwas zu aufwendig. Und so musste ein sogenannter RAL-Farbton später herhalten, der das Grau einigermaßen traf, um die Kratzer abzudecken.

Im Nu ist der Dieseltank der »Seestern« neu gefüllt in Wedel. Die Tankstelle ist schnell, freundlich und in puncto Fender hat die Frau ja recht. Wir können ablegen. Birgit und ich hatten das Schiff einige Zeit in Wedel liegen gelassen, ich bin ins Büro nach Bremen gefahren, sie nach Hamburg. Aber wir konnten einige Wochen später zurückkommen, um zumindest den Abschnitt nach Cuxhaven zu bewältigen. Mittlerweile ist es Sommer geworden. Und im Juni die Elbe hinunterzufahren, sollte doch zu schaffen sein.

Weil Birgit erst später kommen kann, will ich die »Seestern« schon einmal mit einem Freund nach Glückstadt bringen. Ich atme auf, als wir durch die Einfahrt auf die Unterelbe »abbiegen«. Wir haben Hochwasser, das jetzt in Richtung Nordsee abläuft, und die Tidenströmung soll uns wieder voranschieben. Den Mast wollen wir in Glückstadt stellen, nun erst einmal loskommen. Doch das Ausatmen wird schnell zu einem tiefen Einatmen: Denn der Wind kommt genau von West. Und jeder Elbsegler, nein, jeder Nordseesegler weiß, was es heißt, wenn »Tide gegen Strom« steht, wenn also das ablaufende Wasser elbabwärts fließt und der Wind genau entgegengesetzt kommt: Es bilden sich steile Wellen, die kurz aufeinanderfolgen.

So groß ist die »Seestern« gar nicht, das merke ich, als wir in die kurzen Wellen hineinfahren. Was bei diesem leichteren Schiff immer funktioniert: Es muss sich eine Person auf die Vorschiffkoje setzen. Der zusätzliche Ballast vorne kann das Gewicht am Heck ausgleichen, und das Boot neigt sich bei Weitem nicht mehr so stark wie vorher. Bei unseren späteren Yachten war das nicht mehr nötig, aber die »Jaguar 25« hat etwas viel Gewicht am Heck. Also muss mein Freund nach unten, während ich in die immer steiler werdende Welle ankämpfe. Dicht neben uns grasen Schafe an Steuerbord auf dem Deich. Wir überlegen, dass eigentlich so etwas wie ein »Ballastschaf« ganz nützlich wäre, das man vorne in die Vorschiffkoje steckt. Und die Schafe sehen am Ufer auch zum Greifen nahe aus. Aber natürlich können wir nicht so dicht heranfahren, dass es möglich wäre, ein »Ballastschaf« einzufangen, und illegal wäre es ja obendrein noch. Also bleibt nur die Aufteilung zwischen Steuermann im Cockpit, und »Ballastmann« in der Vorschiffkoje.

Gerade als ich denke, das kann jetzt nicht mehr schlimmer werden, macht die Elbe vor Bützfleth ihren Knick nach Norden und der Wind kommt nicht mehr von vorne, sondern von der Seite. Das ist gleich etwas angenehmer. Und es bleibt genug Zeit, erst die Mündung der Schwinge, des Flusses, der nach Stade führt, zu bewundern, und dann die Kais von Stade-Bützfleth, dem Elbhafen vor Hamburg. Da haben doch einige Frachtschiffe festgemacht. Wir wummern mit unserem Diesel weiter elbabwärts und können uns an Steuerbord noch ein wenig in der Pagensander Nebenelbe »verstecken«, einem Elbarm, der für einige Seemeilen neben dem Hauptwasser verläuft. Hier liegt auch die Mündung der Pinnau, einem Flüsschen, das durch ein Sperrwerk in die Elbe fließt.

Trotz der etwas ruppigen Bedingungen fühle ich mich wie in meinem Element: Das ist sie nun, die Weite der Unterelbe. Von der Ostsee sind wir quasi in einen Trichter hineingefahren, der uns über den Kanal und die Elbe nach Hamburg führte. Und jetzt weitet sich der schmale Lauf des Trichters wieder, und wir fahren der Nordsee entgegen. Schließlich soll diese Region ja unser neues »Heimatrevier« werden, da wir nach Bremen ziehen. Und das ist schon etwas anderes als der Wannsee. Dass dieser aber sehr wohl seine Vorzüge hat, und das neue Revier nicht ganz unproblematisch ist, sollten wir noch erfahren. Noch aber bin ich begeistert von dem grauen Wasser, dem kräftigen Tidenstrom, den grünen Deichen um uns herum und dem frischen Wind.

Kurz vor der Insel Krautsand müssen wir auf Nordwestkurs gehen und die Wellen nehmen zu. Aber dann kommt die Einfahrt nach Glückstadt hinter der Rhinplate. Und da ist es ruhig, kaum noch Wellen brechen sich am Rumpf unseres Bootes. Ganz gemächlich tuckern wir um den Hafenkopf herum und suchen uns vor dem Sperrwerk einen Platz im Außenhafen, wo wir das Boot festmachen können. Schön ist es hier draußen. Einziger Nachteil: Die sanitären Anlagen sind doch einen kleinen Fußweg entfernt, da man erst über das Sperrwerk laufen muss. Wir erkunden erst einmal den Ort und suchen uns ein Restaurant, bevor wir uns am Nachmittag am Mast zu schaffen machen wollen.

Der Yachthafen von Glückstadt ist durch seine Lage zwischen Hamburg und Cuxhaven und den hübschen Ort, der bequem erreicht werden kann, der perfekte Stopp auf der Elbe. Internet: sv-glueckstadt.de / Tel. Hafenmeister 0173 8061287.

Hier befindet sich übrigens die Heimat eines weiteren, interessanten Bootstyps: Qualitativ hochwertige Yachten kamen von der Werft »Asmus KG Yachtbau«, die der Tischlermeister Willy Asmus 1965 gegründet hatte. Bis 1990 wurden hier die Asmus-Yachten gebaut: 378 Stück in 16 verschiedenen Ausführungen. Besonders beliebt war die »Hanseat 70«, von der gleich 200 auf Kiel gelegt wurden. Noch segeln wir eine »Jaguar«, aber wir sind später auf eine »Vindö« umgestiegen. Ansonsten würde ich gerne eine solche »Hanseat« segeln, nicht nur wegen ihrer klassischen Form, auch wegen des soliden Ausbaus und weil sie von der Elbe kommt. Man sieht diese Yachten auch heute noch häufiger in Häfen und auf See.

Glückstadt wiederum kenne ich noch aus Schulzeiten. Meine Geografielehrerin war angetan von dem Ort: Der dänische König Christian der IV. hatte »Lykstadt« im Jahr 1617 gegründet, um Hamburg Konkurrenz zu machen. Das hatten wir uns auf einer Exkursion genau angesehen. Das hübsche Städtchen ist aber etwas in der Zeit stehen geblieben: Als Hafen hat sich Glückstadt nie groß entwickeln können. Und als Vorort für Pendler ist es schon zu weit von Hamburg entfernt, auch wenn die Marschenbahn von der Westküste kommend hier entlang verläuft. Der Binnenhafen hinter der Schleuse ist wirklich schön und die zahlreichen alten Häuser, die ihn säumen, sind es auch. Es gehört jetzt einfach dazu: Schon wieder bestelle ich Matjes in einem kleinen Restaurant mit Garten am

Hafen, denn Glückstadt ist wohl für seinen Matjes bekannt (der hier, wie andernorts auch, natürlich längst aus Holland kommt).

So gestärkt machen wir uns an das Manöver, den Mast wieder aufzurichten. Eine Überraschung wartet im Mast: Dort hatte ein Vogel tatsächlich in der Öffnung mit dem Bau eines Nests begonnen. Einige Zweige liegen im Kreis angeordnet im Rohr. Nun hatte der Vogel seinen Irrtum offenbar schnell bemerkt, als das Schiff sich bewegte, oder er hatte einen besseren Platz gefunden. In jedem Fall ist er nicht sehr weit gekommen. Das Manöver ist in den gleichen simplen Schritten wie sonst auch schnell erledigt: Mast losgebunden und in Richtung Heck gezogen, sodass das Ende genau über dem Mastfuß an Deck liegt. Dann werden die Stützwanten angeschlagen und der Mast mithilfe des Flaschenzuges und des Jütbaums gestellt. Anschließend noch die restlichen Wanten angebracht und den Baum am Mast festgemacht – fertig ist das Segelboot, könnte man sagen. Die »Seestern« ist bereit für die Nordsee. Und wir können das mit einem Bierchen in Glückstadt feiern.

Am nächsten Tag kommt Birgit wieder an Bord und wir können zur nächsten Etappe aufbrechen. Als wir hinter der Rhinplate auf die Unterelbe kommen, begegnet uns ein riesiges Containerschiff, es muss damals eines der größten gewesen sein, die Hamburg anliefen. Die Brücke ist in der Mitte und vorne wie hinten türmen sich die Metallboxen auf und unter Deck. Doch die Begegnung ist merkwürdig ruhig und entspannt: Der Riese hält einfach Kurs, als ob ihn nichts interessieren würde. Mich selbst beruhigt das ungemein: Der Containerfrachter ist berechenbar, macht keine unerwarteten Manöver, sondern hält sich stoisch in der Fahrrinne, die die Elbe entlang führt. Mit dieser Form von Schiffsverkehr kann man doch einwandfrei umgehen, finde ich. Überhaupt ist die Elbe zwischen Glückstadt und Brunsbüttel schon recht breit und macht eine schöne Biegung, in deren Folge der Fluss wieder nach Westen fließt. Der Wind von gestern hat sich gelegt, und wir haben wieder Tidenstrom. Jeden Tag kommt das Hochwasser etwas später, aber so hatten wir in Glückstadt ausreichend Zeit, um aufzustehen und zu frühstücken. Jetzt folgen wir wieder dem ablaufenden Wasser in Richtung Nordsee.

Vor Brunsbüttel liegen einige größere Schiffe auf Reede, die auf die Einfahrt in den Nord-Ostsee-Kanal warten. Auch ein Pulk von Freizeitbooten schwimmt vor der Kanaleinfahrt und hat sich gegen den Strom gestellt. Das schaut bei diesem ruhigen Wetter einigermaßen friedlich aus. Man mag sich aber nicht ausmalen, wie es wohl bei stürmischer See ist – die Einfahrt in die Kanalschleusen wirkt doch recht ungeschützt, die »Warteplätze für Sportboote« sind mitten auf dem Fluss davor. Andererseits ist das gesamte Revier ja immer noch vor den Unwägbarkeiten der Nordsee einigermaßen abgeschottet, die vielen Sandbänke in der Elbmündung werden wohl auch bei schlechtem Wetter die größeren Wellen fernhalten.

In diesem Moment passiert uns ein Containerfrachter von Hapag-Lloyd. Anders als bei dem Giganten vorhin fährt dieser um einiges dichter an uns vorbei und er hat auch schon etwas mehr »aufgedreht«. Seine Heckwelle schüttelt uns ganz schön durcheinander. Aber es bleibt alles Wichtige an seinem Platz in der Kajüte. Dennoch habe ich einen Schreck bekommen: So friedlich sind die Containerriesen also doch nicht, es gilt, einen größtmöglichen Abstand zu ihnen zu halten. Weil das Wetter schön ist und wir noch etwas Zeit haben, beschließen wir vor Cuxhaven noch Otterndorf anzulaufen. Dort gibt es einen hübschen kleinen Hafen auf der südlichen Elbseite. Hier mündet des Flüsschen Medem in die Elbe, abgetrennt durch ein Sperrwerk. In Otterndorf kommt der Hadelner Kanal an, auch bekannt als »Schifffahrtsweg Elbe Weser«. Dieser verbindet das Örtchen mit Bremerhaven und kann eine schöne Alternative zur Fahrt auf der Nordsee darstellen, wenn man in die Weser möchte. Allerdings »bewacht« ein grimmiger Schleusenwärter den Ausgang des Kanals an der Schleuse Otterndorf, vor dessen Sprüchen man sich in Acht nehmen sollte. Als wir ihn Jahre später einmal passieren mussten, meinte er, uns »auf dem Kieker« zu haben, weil wir die Geschwindigkeitsbegrenzung auf dem Kanal nicht eingehalten hätten. Das wollte er an unserer Bugwelle erkannt haben – was nicht stimmte. Er schien nicht sehr auf Besucher erpicht zu sein. Verzeihung, aber mir kommt er wie ein Troll vor, der eine Brücke bewacht, damit niemand hinübergehen kann, der nicht das Geheimwort kennt. Doch den Kanal lassen wir an einem schönen Sommertag links liegen.

Birgit wollte sichergehen und hatte den Hafenmeister angerufen, um die Lage zu klären: In Otterndorf kann man, wenn die Ebbe kommt, im weichen Schlick der Elbe einsinken. Und der freundliche Hafenmeister hatte ihr versichert, dass dies kein Problem für unser Boot mit seinem Tiefgang von 1,40 Meter darstellen dürfte. So nimmt die »Seestern« einen freien Platz an dem Schwimmsteg ein, der hier mit dem Wasserstand der Elbe auf und ab schwimmt und macht fest.

Wir unternehmen einen Spaziergang zur Medemmündung an die Elbe. Es ist ja herrlich frisch hier draußen: Der Blick geht weit bis zur anderen Elbseite, die schon fast am Horizont verschwindet. Und man kann zu einer Feriensiedlung weitergehen, wo ein kleiner Badesee angelegt wurde – wohl ganz nützlich für den Fall, dass Ebbe und Flut nicht mitspielen sollten, wenn es ums Schwimmen geht. Flussaufwärts, die Medem hinauf, kommt man nach etwa 2,5 Kilometern in das Städtchen Otterndorf mit seinen hübschen Häuschen und der großen Kirche, der St. Severin-Kirche, die auch als »Bauerndom« bekannt ist. Wir besuchen an diesem Abend aber das nahe am Hafen gelegene Restaurant mit dem schönen Blick auf die großen Containerschiffe, die unablässig die Elbe hinauf- und hinabfahren.

Nach dem Matjes, was sonst hätte ich wohl hier stilecht bestellen sollen, geht es wieder zu unserem Boot zurück. Das Wasser ist fast vollständig abgelaufen, es scheinen nur noch Pfützen zwischen den Anlegern vorhanden zu sein. Die »Seestern« aber liegt aufrecht da. Beim Betreten des Schiffes merke ich, dass es kein bisschen schwankt. In der Tat: Der Kiel hat sich in den Schlick gebohrt, das Schiff steht jetzt auf dem Grund und schwimmt nicht mehr im Wasser. Schön, dass das funktioniert hat. Auch mitten in der Nacht, als die Flut wieder kommt und das Schiff aus dem Schlick gehoben wird, bekommen wir nichts davon mit. Wir liegen komfortabel auf unserem ausgeklappten Doppelbett im Salon der »Seestern«, während das Boot aufschwimmt.

Der Seglerhafen im Nordseebad Otterndorf bietet Plätze, auf denen die Boote im Schlick sanft einsinken und ist empfehlenswert. Internet: www.otterndorf.de/uebernachten/seglerhafen / Tel. Hafenmeister 0160 91380232.

Hier bekommt man links und rechts des Elbstroms einen schönen Einblick in die Landschaft und die Orte der Unterelbe. Mich würde es nur zu sehr reizen, die Oste hinaufzufahren, den Fluss, der etwas vor der Medem in die Elbe mündet. Die ist theoretisch sogar bis Bremervörde schiffbar. Aber wir kamen ja nicht hierher, um durchs Binnenland zu fahren. Sondern wir sind ja immer noch auf einer Überführungsfahrt nach Bremen. Und wir wollen auf die Nordsee hinaus. Damit ist das nächste Ziel klar, das Cuxhaven heißt.

Es ist ziemlich schwül im Hafen von Otterndorf am

nächsten Tag. Die Luft liegt bleischwer über den Booten, die am Anleger festgemacht haben. Dazu stehen dunkle Wolken am Himmel. Glücklicherweise haben wir auflaufendes Wasser, sodass unsere »Seestern« schon wieder schwimmt und bald den Hafen verlassen kann.

Ich denke an ein kleines Bad vor der Abfahrt. Also trete ich auf die Badeplattform aus Teak und Edelstahl, die einer unserer Vorbesitzer dem Schiff spendiert hatte, und klappe die Leiter aus. Es ist immer noch flach im Wasser, merke ich, aber tief genug, um zu schwimmen. Und es scheint Salzwasser zu sein, das da von der Flut in die Elbmündung gedruckt wird und dann die Medem hinauf in den Hafen geflossen ist. Also muss das Wasser auch in Ordnung sein. Als Hamburger hat man stets Bedenken, in der Elbe zu baden. Dieser Fluss wird als Schifffahrtsweg und für die Industrie genutzt, das ist doch kein Badegewässer, geht es mir durch den Kopf. Baden? Hamburger würden das höchstens am Strand von St. Peter-Ording in der Nordsee tun. Das Risiko liegt in der Stadt aber vor allem an der Strömung, weniger an der Wasserqualität.

Hier draußen in der Medem, kurz vor der Elbmündung, muss man tatsächlich keine Bedenken haben. Das Bad ist erfrischend, angesichts der schwülen Hitze, die über dem Hafen lastet. Ich klettere über die Badeleiter wieder aus dem Wasser. Als die Flut weiter einläuft, machen wir uns fertig zur Abfahrt. Nur ein kleiner Sprung steht an nach Cuxhaven.

Wir fahren leise tuckernd bei fast völliger Windstille aus dem Fluss Medem hinaus und lassen Otterndorf hinter uns. Der Himmel zieht sich immer weiter zu, die Wolken wirken jetzt bedrohlich. Auf der Steuerbordseite liegt der Hadelner Außendeich, an Backbord der Otterndorfer Badestrand. Während des Studiums an der Uni Hamburg war unser Geografieprofessor ganz fasziniert von diesem Gebiet: Die »Landschaft von Hadeln und Wursten« war ein Thema, das er stets gerne durchnahm, und wie sich das landwirtschaftlich geprägte Gebiet verändert hat, nachdem immer mehr Hamburger alte Bauernhäuser als Wochenendsitze erworben haben und der Tourismus stärker Einzug hielt.

Ich habe gegen den Tourismus und den Badestrand, der hier eingerichtet wurde, nichts einzuwenden: Schön, dass man dort, entsprechenden Wasserstand vorausgesetzt, die Möglichkeit hat zu schwimmen. Es gibt noch einige weitere Badestellen am Elbufer hier draußen. Die größte von ihnen ist der »Badestrand Cuxhaven-Altenbruch«, der schon kurz vor der Stadt an der Elbmündung liegt. Die Hauptstrände Cuxhavens befinden sich aber im Ortsteil Duhnen, der touristisch besonders entwickelt wurde. Nur diese liegen am Rand des Wattenmeeres. Und jeder weiß ja, was passiert, wenn man dort bei Niedrigwasser ankommt, oder? Man kann im Watt spazieren, aber nicht baden.

Noch während ich über die Veränderungen der Region sinniere, hat sich der Himmel hat mit den dunklen Wolken zugezogen, und am Horizont sehen wir eine Regenfront heranziehen. Es dauert gar nicht lange. Wir fahren sorgsam außerhalb des Fahrwassers der Elbe, da bricht der Regen los. Ein kräftiges Prasseln kommt auf uns nieder, das Wasser schießt förmlich aus dem Himmel. Und dann zuckt ein Blitz über der Elbmündung und ein gewaltiges Donnergrollen erreicht uns in unserem kleinen Cockpit. Ein Hitzegewitter geht über der Elbe nieder.

Leider nimmt auch die Sicht rapide ab, durch den dicken Regen kann man kaum noch sehen, was sich jetzt auf der Elbe bewegt. Auf das AIS in dem kleinen Kartenplotter mag ich mich nicht mehr verlassen. Also ganz raus aus dem Fahrwasser und so dicht das Ufer angesteuert, wie wir uns wagen. Schließlich haben wir das Echolot laufen und wissen immerhin, wie viel Wasser sich noch unter unserem Kiel befindet. Soweit man durch den Regen den Deich erkennen kann, steuere ich die »Seestern« auf das Südufer der Elbe zu, während Birgit in der

Kajüte Schutz findet. Da wechseln wir uns bei Regengüssen ab, mal geht sie unter Deck, mal mache ich es.

Wir harren aber nur eine gute halbe Stunde aus. Und obwohl Blitz und Donner die Angelegenheit Furcht einflößend machten, haben wir Glück. Denn der Regen lässt relativ rasch wieder nach und die Sicht kehrt zurück. Alles ist noch triefend nass an Deck, aber wir können wieder auf Cuxhaven zusteuern. Die Segel zu setzen machte bei der Windstille keinen Sinn, und so haben wir auch nichts oben, was nass werden konnte und was wir jetzt wieder herunternehmen müssten. Ich bin froh, dass wir das überstanden haben. Nichts dagegen, ein wenig an Deck nass zu werden, erst recht nicht bei diesem heißen Sommerwetter. Aber die schlechte Sicht auf der Elbe, die hat mir zu schaffen gemacht.

Auf der Backbordseite kommt der kleine »Altenbrucher Kanal«, in dem auch ein winziger Hafen liegt. Eigentlich ein schöner Ort, aber abgeschieden vor der Stadt. Dahinter steht der kurze Leuchtturm mit dem Namen »Dicke Berta«. Jetzt kommt der »Cuxport« in Sicht. Das ist der moderne Hafen von Cuxhaven, der direkt am tiefen Fahrwasser der Elbe liegt. Es gab immer wieder Versuche, die Anlage zu einem bedeutenden Umschlagplatz auszubauen. Doch so richtig geklappt hat das nicht. Der Grund liegt in der wechselvollen Geschichte Cuxhavens – und in seinem Verhältnis zu Hamburg. Denn das Städtchen gehörte seit 1394 zu Hamburg, das einen Stützpunkt an der Elbmündung benötigte, als Schutzhafen, aber auch wegen der Piraterie, die hier im Mittelalter herrschte. Man denke nur an die Geschichten von Klaus Störtebeker.

So schlimm muss die Hamburger »Kolonialzeit« gar nicht gewesen sein: Wenn in Cuxhaven Not herrschte, ließ man von Hamburg Vorräte an die Elbmündung schaffen, wie Chroniken belegen. Und dann kam noch wirtschaftlicher Aufschwung dazu: Die »Hamburg Amerika Linie«, die Hapag, errichtete 1889 ihren Kai für die Schiffe, die Deutschland mit Amerika verbanden. Dazu wurden die »Hapag Hallen« in Cuxhaven errichtet, die aus einer Abfertigungsanlage, einem Kuppelsaal für die Passagiere und einem 37 Meter hohen Turm bestehen. Diesen Hafen steuern wir gerade an. Per Sonderzug wurden die Passagiere über die Niederelbebahn direkt bis zum »Amerika-Bahnhof« gebracht und sparten sich so die »Revierfahrt« der großen Dampfer die Elbe hinunter. Die wurden später zwar immer noch in Hamburg beladen und ausgerüstet, aber die Fahrgäste konnten einen Teil des Weges von und nach Cuxhaven mit der schnelleren Eisenbahn zurücklegen. Die »Hapag-Hallen« stehen heute noch, auch wenn der Bahnhof nicht mehr von Zügen angelaufen wird.

Erst 1937 wurde Cuxhaven durch das »Groß-Hamburg-Gesetz« preußisch (im gleichen Zug verlor zum Beispiel auch Lübeck seine Eigenständigkeit). Die Hapag-Hallen und das zugehörige Steubenhöft blieben aber Teil Hamburgs. Das endete erst im Februar 1992, als der niedersächsische Ministerpräsident Gerhard Schröder und Hamburgs Erster Bürgermeister Henning Voscherau einen Staatsvertrag unterzeichneten und das Areal an Niedersachsen ging. Im Gegenzug gab es eine »Containerklausel«: Cuxhaven verzichtete auf den Bau einer Mehrzweck-Umschlagsanlage und eines Containerhafens an der Elbmündung. In Hamburg wollte man sich den Umschlag nicht nehmen lassen. Lieber sollten die Frachtschiffe die Elbe hinauffahren – was Vor- und Nachteile hat. Zwar kommt die Fracht so viel weiter ins Binnenland, gleichzeitig muss die Elbe aber immer tiefer ausgebaggert werden, um den Containerriesen den Zugang zu ermöglichen. Und so scheiterten bislang alle Versuche, aus den Anlagen an der Elbe weit vor den Toren Hamburgs einen größeren Hafen zu machen – anders als es etwa Bremen in Bremerhaven unternahm und auch anders als der Jade-Weser-Port in Wilhelmshaven, der neu gebaut wurde. Beim Standort des deutschen Tiefwasserhafens war auch Cuxhaven im

Gespräch, die Entscheidung fiel aber zugunsten Wilhelmshavens.

Während ich über die Hafengeschichte nachdenke, passieren wir die Umschlaganlagen, auf denen in den vergangenen Jahren immerhin ein beachtliches Zentrum für die Offshore-Windenergie entstanden ist. Von hier aus werden die Anlagen zu den Windparks in der Deutschen Bucht gebracht, und das scheint ja ein einträgliches Geschäft zu sein. Verwaist sind die Kais jedenfalls nicht, auf denen sich die Metallrümpfe der Windkraftanlagen und Teile der Rotoren stapeln.

In Cuxhaven gibt es gleich drei Anlaufstellen für Freizeitskipper: Da ist die »City-Marina« mitten im Stadtzentrum. Um sie anzusteuern, muss nur eine Klappbrücke passiert werden. Und da ist der große Yachthafen der »Segler-Vereinigung Cuxhaven«, schon ganz im Westen direkt an der Elbe gelegen. Wir aber haben uns den Amerikahafen ausgesucht, und der Grund ist ganz simpel: Hier kann man bequem und für einen günstigen Tarif liegen. Denn es ist wieder Zeit, einen Stopp einzulegen, bevor wir die Fahrt Richtung Bremen fortsetzen können. Der Verein heißt »LCF Cuxhaven« und betreibt die Anlage mit Schwimmstegen, direkt hinter dem Steubenhöft. Da senken sich die Anleger wieder mit der Ebbe und der Flut, aber immer bleibt genug Tiefgang, um festzumachen. Wir suchen uns wieder einen schönen Platz heraus und bringen die Leinen zu unserem immer noch durchnässten Schiff an. Zu dem Hafen gehört auch ein besonders schönes Clubhaus, das am Nordrand des Amerikahafens steht. Dort kann man sich über alle Einrichtungen vor Ort informieren und einen Kaffee trinken. Geschafft: Die »Seestern« hat ihr nächstes Etappenziel erreicht und liegt in einem freundlichen Gasthafen.

Das Steubenhöft ist ein geschichtsträchtiger Ort und ich finde es spannend, hier mit dem eigenen Segelboot zu liegen. Schließlich haben auf der anderen Seite der Spundwand, die wir vom Cockpit aus sehen, einmal die weltweit größten Passagierschiffe festgemacht. Sie gehörten der wenig bescheiden betitelten »Imperator-Klasse« der Hapag an. Die »Vaterland« war das größere der beiden Schiffe (das dritte wurde wegen des Ersten Weltkrieges nicht mehr in Hamburg fertiggestellt). Dieser Ozeanriese mit seinen rund 56.000 Bruttoregistertonnen, der von über 1200 Besatzungsmitgliedern buchstäblich »unter Dampf« gehalten wurde, konnte über 3600 Passagiere nach New York bringen. Es war eine andere Zeit, die der großen Transatlantik-Schiffe. Doch selbst nach dem Zweiten Weltkrieg herrschte am Steubenhöft noch Leben: Die bekannte »Hanseatic« setzte den Passagierverkehr zwischen Cuxhaven und New York fort, bis Anfang der Siebzigerjahre der Transatlantik-Flugverkehr die Schiffspassagen endgültig unrentabel machte. Leider hat sich der Plan, die Anlagen als Kreuzfahrtterminal weiterzunutzen, nicht wirklich umsetzen lassen. Nur selten macht hier ein Kreuzfahrtschiff fest. Und auch die England-Fähre nach Harwich, die ja von Hamburg hierher verlegt wurde, hatte nur ein kurzes Gastspiel.

Ein anderes großes Thema für Cuxhaven ist die Fähre nach Brunsbüttel, die an der Fahrzeugrampe neben dem Steubenhöft festmacht. Mal verkehrt sie, mal wird sie wieder eingestellt, mal heißt sie »Elbe-Link«, dann »Elblink«, dann »Elbe-Ferry«. Zurzeit verkehrt sie übrigens wieder einmal nicht (falls sie nicht schon wieder in Betrieb genommen worden ist). Von 1969 bis 1981 betrieb die Hamburger Hadag hier einen Fährdienst, der die Elbe nach Brunsbüttel kreuzte. 1999 nahm der Bremer Spediteur und Reeder Egon Harms den Betrieb wieder auf. Ich erinnere mich noch, wie er am ersten Abfahrtstag höchstpersönlich auf der Rampe stand und mit dem Funkgerät die Fahrzeuge einwies. Das schien ihm Spaß zu machen. Eigentlich ist die Verbindung auch logisch: Die Autobahn führt von Süden nach Cuxhaven und die Fähre umgeht den staugeplagten Hamburger Elbtunnel. Nach zwei Jahren war aber schon wieder Schluss. Von 2015 bis 2017 fuhr ein eigentlich sehr modernes Fährschiff aus Estland wieder die Strecke, das wir selbst einige Male von Bremen aus mit dem Auto nahmen, um nach Schleswig-Holstein zu kommen. Doch auch das rentierte sich nicht. Nun, gerade erst war sie wieder einen Sommer in Betrieb, mit einem schicken Fährschiff aus Norwegen, dann wurde sie im Winter wieder eingestellt. Es ist eine Krux mit dieser Fähre, an der sich immer wieder wagemutige Unternehmer versuchen.

Cuxhaven hat (wie erwähnt) drei gute Adressen für Segler. Am bekanntesten ist der Hafen der Segler Vereinigung Cuxhaven, dicht an der Alten Liebe. Internet: www.svc-cux.de / Tel. 04721 22280. Es folgt die City Marina Cuxhaven, mitten im Zentrum, hinter der Klappenbrücke die stündlich öffnet. Internet: www.citymarina.de / Tel. Hafenmeister 0175 9020015. Und am Amerikahafen gibt es die Liegegemeinschaft Cuxhaven Fährhafen. Internet: www.lcf-cuxhaven.de/ Tel. Hafenwart 0170 1100175.

Jetzt müssen sich hier in Cuxhaven die Wege von Birgit und mir trennen: Sie wird mit dem Zug nach Hamburg fahren, während ich die Strecke nach Bremen nehme, um mich wieder der Arbeit zu widmen. Dort soll die neue Webseite der Anzeigenzeitung entstehen, die ein eigenes regionales Nachrichtenportal im Internet bekommen soll. Da der Online-Auftritt der Zeitung bisher rein statisch war, können wir alles von Grund auf neu konzeptionieren und umsetzen.

Das Segeln muss also ein wenig warten, soll aber bald weitergehen. Eigentlich würde das Städtchen ja relativ gut im Schnittpunkt für uns beide liegen, wenn die Anfahrt nicht so lange dauern würde, da die Strecken nicht besonders gut ausgebaut sind. Ich spiele aber mit dem Gedanken, die Stadt an der Elbmündung zu unserem neuen Heimathafen zu machen. Doch das soll vorerst Bremen sein. Während wir in Cuxhaven am Bahnhof warten, stattet uns die »Bahnhofskatze« einen Besuch ab: Das schön im Tigermuster gestreifte Tier setzt sich furchtlos auf den Bahnsteig, wenigstens nicht auf die Gleise. Kommt ein Zug und kommen Menschen, so lässt es sich von den Fahrgästen bewundern. Und so verabschieden wir uns voneinander und von der Katze – bis zu unserer nächsten Etappe.

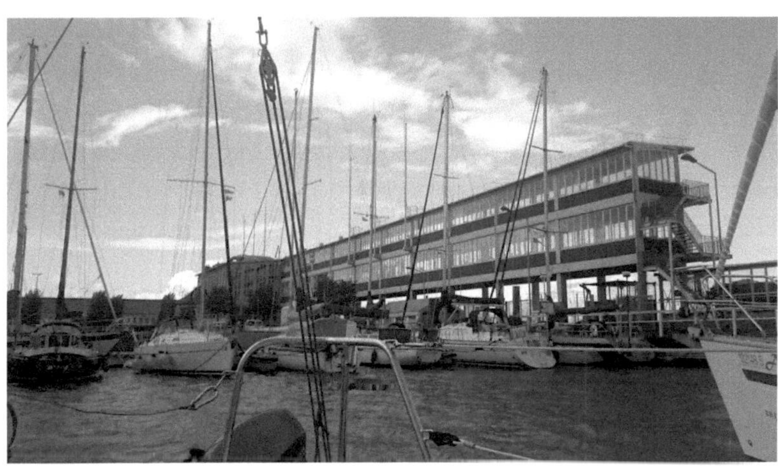

Das Steubenhöft in Cuxhaven: Hier ist unser Liegeplatz

KAPITEL 8: VON CUXHAVEN NACH BREMERHAVEN

Wir haben lange auf die richtige Gelegenheit warten müssen. Denn wir wollen von der Elbmündung an die Weser fahren. Dafür haben wir einen Liegeplatz in Bremerhaven ausgemacht und sind mit dem Zug von Hamburg, im Falle von Birgit, und von Bremen, in meinem Fall, nach Cuxhaven gefahren. Und dann das: Trotz einer nicht sonderlich dramatischen Wettervorhersage pfeift der Wind über das Steubenhöft, das wir an einem Samstagnachmittag erreichen. Viel länger als einen Tag soll die Fahrt nicht dauern, aber sie wird uns weit hinaus auf die Nordsee führen. Dafür möchten wir beherrschbare Wetterbedingungen haben.

Noch liegen wir in unserer Koje, sicher und geschützt. Der kleine Heizlüfter wärmt sie auch noch auf. Aber draußen pfeift der Wind durch die Wanten. Und nachts wird das Segelboot, mitten im Hafen, heftig hin- und hergeworfen. Die Böen erfassen die »Seestern« auch noch, wie sie festgemacht ist. Nein, das wird an diesem Wochenende nichts werden, stellen wir nachts fest. Am nächsten Tag müssen wir wohl oder übel nach Hamburg respektive nach Bremen zurückfahren.

Drei Wege könnten Freizeitskipper nehmen, um von der

Elbe in die Weser zu wechseln: Da wäre zunächst einmal der Kanal, der wie schon erwähnt bei Otterndorf beginnt, bei Bremerhaven endet, und einen grimmigen Schleusenwärter hat. Kein schlechter Weg, aber wir wollen nicht schon wieder den Mast legen. Und außerdem bin ich mir mit dem Tiefgang des »Elbe-Weser-Schifffahrtsweges« nicht ganz sicher, der nicht mehr als Bundesschifffahrtsstraße unterhalten wird. Inzwischen weiß ich aus unserer späteren Fahrt: Es reicht auch für ein Segelboot mit 1,40 Meter Tiefgang. Allerdings haben wir dabei ein paar mal am Boden gekratzt und sind mit dem Untergrund auf Tuchfühlung gegangen. Wer mehr als 1,40 Meter Tiefgang hat, könnte hier Probleme bekommen.

Der zweite Weg führt durch das Watt. Das ist eine abenteuerliche Verbindung, die über sage und schreibe drei »Wattenhochs« führt, immer dicht an der Küste zwischen Cuxhaven und Bremerhaven entlang. Diese Strecke würde mich schon eher reizen, zumal das Watt, wenn denn genug Wasser unter dem Kiel ist, ein wunderschönes Revier sein kann, in dem man auch gut geschützt vor den Wellen der Nordsee fahren kann. Aber die Planung ist kompliziert, weil man nicht in einem Hochwasser alle drei flachen Stellen, die »Wattenhochs«, passieren kann. Man muss ein Hoch nehmen, dann ein Niedrigwasser dahinter an einer tiefen Stelle »aussitzen«, und dann zügig die beiden nächsten passieren. Im Küstenhandbuch ist das verständlich erklärt, eine Tabelle liefert die nötigen Zeiten gleich mit. Da liegen übrigens einige tolle Häfen im Watt versteckt, etwa der von Spika-Neufeld, ungefähr auf halber Strecke zwischen Bremerhaven und Cuxhaven. Ein Leuchtturm wurde als Attraktion dort hin versetzt, der jetzt von weither die Segler begrüßt. Doch diesen Törn heben wir uns für später auf.

Denn es gibt ja noch den dritten Weg, der etwas für »richtige Segler« zu sein scheint: Über die Außenelbe und die Außenweser fahren. Leider ist die Strecke sehr weit. Knapp 21 Seemeilen wären es auf der Luftlinie. Doch über den Seeweg benötigt man vom Amerikahafen in Cuxhaven bis zum Bremerhavener Fischereihafen 53 Seemeilen, weil man weit hinaus auf die Nordsee muss.

Für unsere Planung ist natürlich die Tide wieder entscheidend. Wir wollen mit ablaufendem Wasser aus der Elbe hinaus und mit auflaufendem Wasser in die Weser hinein, so der schlichte Plan. Dann müssten wir auch etwas schneller sein, denn würden wir mit unseren gemächlichen fünf Knoten unterwegs sein, müssten wir über zehn Stunden für die Fahrt einplanen. An einem Wochenende im Sommer scheinen die Wettervorhersage und die Zeiten für Hoch- und Niedrigwasser gut zu passen, also soll es losgehen. Wir treffen am Abend vor der Abfahrt in Cuxhaven ein und machen alles bereit.

Nur gut, dass meine Verlobte vorher noch ein Seminar über das Segeln bei Tide belegt hatte. So können wir den Törn für den nächsten Tag ganz in Ruhe gemeinsam planen und uns dem Studium der Gezeiten widmen.

Ich habe mittlerweile einen neuen Bildschirm für den Kartenplotter in Cuxhaven an der »Seestern« montiert, er passt in den Ausschnitt, in dem vorher der alte »Garmin« saß. Jetzt ist er mit der Open-Source Navigationslösung »Open CPN« verbunden, die uns einige Jahre gute Dienste leisten sollte. Auf unserem nächsten Schiff habe ich mich zwischen Finnland und Schweden aber von dieser Lösung verabschiedet und sind auf einen zuverlässigeren Plotter umgestiegen. Doch jetzt ist sie noch aktuell und hat einen schönen »Nachtmodus«, auf dem die Farben invertiert werden, damit der Bildschirm in der Dunkelheit nicht so strahlt.

Und dunkel ist es in Cuxhaven, als wir uns frühmorgens auf den Weg machen wollen. Das Liegegeld für die letzten Wochen werfe ich in einem Briefumschlag in den Postkasten des Yachthafens ein. Der neue Plotter-Bildschirm leuchtet schön in der Dunkelheit mit seinen roten und blauen Linien, die das Fahrwasser und die Küste zeigen. Und die Beleuchtung der Seestern, die roten und grünen Lampen am Bug und die weiße am Heck, leuchten ebenfalls hell. Wir starten und passieren die Mole des Steubenhöfts. Sogleich erfasst uns der Ebbstrom, der inzwischen voll eingesetzt hat. Mit sage und schreibe achteinhalb Knoten werden wir an Cuxhaven »vorbeigeschleudert«, am anderen, großen Yachthafen und der Alten Liebe vorbei und an der Kugelbake, jenem Seezeichen, das im Dunkeln kaum auszumachen ist. Allerdings wartet auf uns eine schöne Überraschung: Es herrscht Nebel in der Elbmündung. Die weiß-wattige Nebelschwaden versperren die Sicht auf das Fahrwasser. Noch scheint er nicht so dicht zu sein, dass man passierende Schiffe nicht mehr erkennen könnte. Also denke ich, dass wir den Törn wagen sollen. Wenn es aber weiter draußen noch nebeliger werden sollte, müssten wir ans Umkehren denken. Dann wäre zwar ein weiterer Versuch, nach Bremerhaven zu kommen, gescheitert, aber die Sicherheit geht vor, und die Deutsche Bucht und der hier herrschende dichte Schiffsverkehr flößen einem Respekt ein. Doch der Nebel wird nicht dichter und wir können weiter einigermaßen erkennen, was sich um uns herum befindet.

Nun weht aber auch nur wenig Wind, sodass wir wieder mit Motorkraft fahren. Aber uns hilft ja der Strom und wir können flotte Fahrt auf die Nordsee machen. Immerhin 21,6 Seemeilen müssen wir die Außenelbe hinausfahren. Wir können also erst 40 Kilometer vom Land entfernt nach Süden »abbiegen«. Das ist schon die Hälfte der Strecke nach Helgoland. Von Neuwerk sehen wir im Dunkel des Morgens nicht viel. Aber Scharhörn ist schon zu erkennen, langsam wird es hell. Hier war einmal das Projekt eines Hamburger Tiefwasserhafens geplant. Nautisch und auch wirtschaftlich hätte die Planung von Ende der Sechziger und Anfang der Siebzigerjahre sicherlich Sinn ergeben, aber wer die Pläne gesehen hat, der weiß, welche Umwälzungen sie für die ganze Nordseeküste bedeutet hätten, vom Tourismus einmal ganz zu schweigen: Über einen langen Damm sollte die Insel Neuwerk mit dem Festland verbunden werden, auf der nicht nur große Hafenbecken ausgebaggert worden wären, sondern auch ein ganzes Industriegebiet entstehen sollte. Gewiss, in den Niederlanden sind solche Planungen weitverbreitet, wo die Scheldemündung vor Rotterdam ein einziger Hafen geworden ist. Aber im Wattenmeer wirken diese Pläne doch deplatziert, auch wenn stattdessen – wie erwähnt – die großen Schiffe weiter die Elbe nach Hamburg hinauffahren. Jede Zeit hat eben ihre Pläne: Damals, vor 40 Jahren, waren ja die riesigen Windkraftanlagen, die in der Deutschen Bucht errichtet werden, auch nicht vorherzusagen. Sie sind dicht an der Küste nicht zu erkennen, erstrecken sich aber draußen viele Seemeilen weit.

Apropos große Schiffe: Sie kommen jetzt dicht an uns vorbei, ein Containerriese, ein Tanker, ein Frachter, ein Fischerboot passieren uns auf der Steuerbordseite, während ich die »Seestern« außerhalb des Fahrwassers halte. Das klappt einigermaßen gut, ich weiß ja, dass trotz des Ebbstroms immer noch mehr als genug Wasser unter dem Kiel ist, solange man dem Ufer von Scharhörn und dem Wattengebiet vor der Insel nicht zu nahekommt. Der Nebel verzieht sich langsam, jetzt scheint sogar die aufgehende Sonne auf das Meer. Das verspricht doch ein schöner Sommertag zu werden. Wir passieren das Scharhörnriff. Das klingt schon nach Nordsee, nach dem »Rätsel der Sandbank«, dem ersten Spionageroman von Robert Erskine Childers aus dem Jahr 1903, in dem ein Engländer durch das Watt segelt und der deutschen Marine nachspioniert. Scharhörnriff heißt für uns Abenteuer. Andere nennen das Riff einen gefährlichen Schiffsfriedhof. Unsere »Seestern« vor dem Riff, wenn das nichts ist. Auf dem Plotterbildschirm kann ich die Position gut verfolgen und die AIS-Ziele im Blick behalten. Es gibt Frühstück auf der Außenelbe, der Kaffeepott steht auf der Bank, die Brötchen daneben.

Einige Stunden später sind wir auf den Kurs nach Süden

eingebogen. Hier herrscht kein Schiffsverkehr mehr, der sich aus der Elbe seinen Weg in die Deutsche Bucht gesucht hat und weiter nach Westen fährt. Bis zu einem gewissen Grad ist das wie ein Pass in den Alpen: Das flache Stück zwischen der Außenelbe und der Außenweser will passiert werden. Die Sonne scheint, das Meer ist friedlich. Wir können sogar in aller Ruhe unsere Segel aufziehen, um ein wenig den Wind zu nutzen, der allerdings nicht viel stärker als mit zwei bis drei Beaufort bläst. Birgit hat es sich in der Kajüte bequem gemacht: »Das ist ein ganz schön langer Törn«, stellt sie fest. Ich merke plötzlich auf und schaue aufs Wasser. Da starren mich zwei Augen an, die soeben an Steuerbord aufgetaucht sind. Ein Seehund beobachtet uns neugierig. Er behält das einzige Boot, das hier weit und breit zu sehen ist, genau im Blick. Für mich ist das ein schönes Zeichen, dass wir nicht so ganz allein sind hier draußen. Denn es ist weiter kein Schiff zu sehen, nicht einmal ein Fischer oder eine andere Freizeityacht.

Ich atme auf, als endlich der Leuchtturm Alte Weser am Horizont auftaucht. Das ist die Markierung, die uns sagt, dass wir richtig sind. Denn natürlich haben wir auf der Seekarte den Kurs genau im Blick, aber es ist dennoch schön, eine »physische Bestätigung« für die Position zu bekommen, die man mit eigenen Augen sehen kann. Hier heißt es, nicht zu dicht an das Wattengebiet heranzufahren, das sich südöstlich von uns befindet. Denn wir haben mittlerweile fast Niedrigwasser. Da möchte man ja nicht auflaufen. Würde man es allerdings tun, würde einen die steigende Flut bald wieder freibekommen. Doch ausprobieren möchte ich das noch nicht. Und so biegen wir sorgfältig in einen Nebenarm der Außenweser ein, der hier durch das Watt verläuft.

Das Fahrwasser hat sich hier über die Jahrzehnte verschoben, die großen Schiffe nutzen diesen Arm nicht mehr, der aber immer noch tief genug für Segelboote ist. Zwar ist die Betonnung nicht so gut wie im Hauptarm, aber sie ist vorhanden.

Und es herrscht eben wenig Schiffsverkehr. In der Mittagssonne segeln wir über das Meer, während die Flut steigt und uns der Gezeitenstrom wieder antreibt – diesmal in Richtung Bremerhaven, so wie vorausgesagt. Wir kommen dem Leuchtturm Untereversand näher, der hier am »Wurster« Arm steht. Von 1887 bis 1923 markierte er das Fahrwasser auf dem alten Weserarm. Ein wenig gespenstisch sieht das Bauwerk aus. Seit den 1920er-Jahren ist der Turm sich selbst überlassen. Da viele Kormorane ihn heute als Nistplatz nutzen, heißt der Leuchtturm auch »Kormoranturm«. Die Fisch fressenden Vögel haben die Stahlkonstruktion gleich in Massen in Besitz genommen. Als Nächstes trifft ein Bekannter auf den Weserarm: Das Elbe-Weser-Wattfahrwasser mündet hier auf das Fahrwasser nach Bremerhaven.

Im Süden kann man schon den Leuchtturm Robbenplate erkennen, der 1924 am neuen Fahrwasser errichtet worden war. Einsam steht der rote, viereckige Bau im Wattenmeer. Kein Wunder, denn er ist ja, wie alle Leuchtfeuer an der deutschen Küste, schon lange automatisiert. Und doch gibt es noch eine Unterkunft in dem Turm, die einmal für die Leuchtturmwärter gedacht war: Die Wohn- und Schlafräume und die Küche sollen noch erhalten sein, damit es eine Unterkunft für Wartungsarbeiten gibt. Das ist ähnlich wie beim berühmten Leuchtturm Roter Sand. Doch auf dem Turm nordöstlich der Insel Wangerooge kann seit einigen Jahren leider nicht mehr übernachtet werden, die Sicherheitsbedenken waren zu groß. Wir haben den Roten Sand heute gar nicht zu Gesicht bekommen, obwohl er eigentlich nicht weit entfernt von unserer Route steht. Schade, aber er wird sich bei einer späteren Fahrt noch als Etappenziel anbieten, denke ich.

Jetzt folgt unser alter Weserarm der langen Robbenplate, bevor er auf das Hauptfahrwasser trifft, das von Nordwesten kommend nach Bremerhaven führt. Und nun sind im Nachmittagssonnenschein auch wieder größere Schiffe zu sehen, die auf

Bremerhaven zuhalten. Das Containerterminal ist schon von Weitem auszumachen, trotzdem dauert es noch eine ganze Weile, bis wir das Nordende der Anlage erreichen. Man muss jetzt einfach wie auf der Außenelbe navigieren: Schön weit vom eigentlichen Fahrwasser entfernt. Trotzdem freue ich mich. Denn das Containerterminal, das wir passieren, habe ich schon einige Male besucht. Für eine Reportage bin ich einst in Begleitung auf eine der Brücken hinaufgestiegen und wir haben uns die Arbeit der Kranführer angesehen. Sie sind versiert darin, bei so gut wie jedem Wetter die Containerfrachter zu be- und entladen. Im Minutentakt greifen die »Katzen«, wie die Träger, an denen die Metallboxen hochgezogen werden, heißen, zu und befördern die Fracht durch die Luft auf bereitstehende Fahrzeuge. Eine prächtige Aussicht hat man von den Brücken dort oben, das kann ich bestätigen. Heute sind sie auch wieder schwer bei der Arbeit – obwohl Sonntag ist. Einige große Frachter haben am Containerterminal festgemacht.

Und dann kommt auch schon die »Columbuskaje«, die ja gewissermaßen das »Steubenhöft« von Bremerhaven ist, nur etwas größer. Auch hier machten einst die Transatlantikriesen fest, die Bremerhaven mit New York und anderen Überseehäfen verbanden, wie zum Beispiel die »Bremen« des Norddeutschen Lloyds oder die »United States«. Und auch heute liegen zwei Kreuzfahrtschiffe an der Anlage, die erst vor wenigen Jahren gründlich renoviert worden war, um Bremerhavens Stellung als Kreuzfahrthafen zu sichern. Stolze 3,4 Seemeilen ist die Fahrt vom Nordende der Containeranlage bis zum Südende der Columbuskaje lang, bevor die Schleuseneinfahrt abzweigt. Ich bin hier schon unterwegs gewesen auf dem Wasser, mit dem Verein zum Erhalt eines alten Lotsenbootes beispielsweise, als ich eine Reportage über das Containerterminal schrieb. Warum man in Hamburg übrigens »Kai«, sagt und in Bremerhaven, »Kaje« habe ich immer noch nicht herausgefunden. Ich finde aber, dass »Kaje« nett-verspielt klingt, während »Kai« schlicht vertrauter ist.

Und wie segelt es sich nun in der Wesermündung, vor Bremerhaven? Ganz hervorragend, zumindest wenn der Wind günstig steht. Er ist, wie erwähnt, ja etwas schwach, kommt aber günstig von Osten, was für eine Fahrt nach Süden natürlich gut ist. Solange man noch etwas weit draußen ist, im alten Seitenarm der Außenweser, ist der Schiffsverkehr kein Problem. Jetzt, vor der langen Stromkaje, sieht das anders aus: Hier muss man auf die großen Frachtschiffe, aber auch auf viele kleinere Arbeitsboote und Schlepper Acht geben. Doch mit der Windrichtung können wir einfach neben den Tonnen des Fahrwassers segeln und uns unseren Weg nach Süden suchen. Bei ungünstigerem Wind dürfte das Kreuzen schwieriger werden, ich würde es direkt vor dem Terminal nicht machen. Dazu ist hier einfach zu viel los, man kann keine langen Schläge angehen. Durch das viele Watt ringsherum ist man aber geschützt vor größeren Wellen, wenn es einmal etwas mehr wehen sollte.

Als Containerhafen kann Bremerhaven seine Position in Nordeuropa tapfer behaupten, zwischen den Häfen von Antwerpen im Westen und Hamburg im Osten, der sogenannten »Nordrange«. Hier wurden 2020 noch 4,77 Millionen Standardcontainer (TEU) umgeschlagen, in Hamburg 8,53 Millionen. Aber relativ noch stärker ist Bremerhavens Position im Autoumschlag: Fast zwei Millionen Fahrzeuge wandern hier im Jahr über die Kaje. Hinter den Schleusen liegen die Terminals. Die Autotransporter sind schon von Weitem zu erkennen: Sie haben hohe Aufbauten, auf denen keine Container stehen, sondern die Wände sind einfach geschlossen. Im Inneren parken die Fahrzeuge, wie auf einer riesigen Fähre.

Jetzt fahren wir direkt vor dem Bremerhavener Zentrum, das an Land vorbeizieht. Die riesigen Hochhäuser des »Columbus-Centers« erheben sich hier direkt hinter dem Deich. In den unteren Etagen ist ein Einkaufszentrum, in dem, wie an so vielen Orten, der Karstadt längst geschlossen hat. Davor liegt ein weiteres, neueres Einkaufszentrum, das bei den Touristen, die Bremerhaven besuchen, hervorragend anzukommen scheint. Hinter der Landzunge, auf der sich auch der »Zoo am Meer« und das Deutsche Schifffahrtsmuseum befinden, liegen die älteren Hafengebiete Bremerhavens, die von der Nordsee durch Schleusen abgetrennt sind.

Dazu gehört auch der neue Yachthafen. Das ist eine schöne Anlage, und die kleine Schleuse, die dort hineinführt, wird von Freiwilligen betrieben, die ein waches Auge auf den Schiffsverkehr haben. Als wir später einmal bei stürmischen Bedingungen vor der Schleuse festmachen mussten, um einige lose Leinen an Deck zu ordnen, machte der freundliche Schleusenwärter gleich das Tor auf. Doch wir wollten gar nicht hinein, sondern weiter auf die Weser hinaus. Dabei liegt man vor dem modernen Gebäude des Deutschen Auswanderermuseums und seiner Nachbarn sehr komfortabel.

Doch ich will mich nicht zu sehr den typischen Sehenswürdigkeiten der Stadt widmen, und auch die Hafenzahlen lassen wir beiseite. Wir machen ja keine Hafenrundfahrt. An Steuerbord passieren wir die Tegeler Plate, das ist eine große Wattfläche vor Bremerhaven auf der anderen Weserseite, die bis zur Halbinsel Butjadingen reicht. Darauf stehen die beiden Inseln »Langlütjen I« und »II«. Man erkennt sie sofort vom Wasser aus. Sie waren in den Jahren 1871 respektive 1876 als Forts errichtet worden, die die Zufahrt zu den bremischen Häfen schützen sollten. Das war offenbar gar nicht so einfach, schließlich mussten die Inseln im Gezeitengebiet angelegt werden. »Langlütjen I« ist mit einem Damm mit dem Festland verbunden, während die zweite Insel ganz für sich im Watt steht. Bei Flut wird sie vom Wasser der Nordsee umspült, bei Ebbe liegt sie trocken im braun-grauen Schlick. Während des Deutsch-Dänischen Krieges 1864 war die Erkenntnis gereift, dass man solche Küstenforts zur Absicherung der Häfen benötigte. In Kampfhandlungen waren die Forts aber glücklicherweise nie verwickelt.

Nun könnten diese Inseln eine Attraktion für Besucher sein, aber wie oft macht dem die deutsche Geschichte einen Strich durch die Rechnung. Denn »Langlütjen II« war nach 1933 als »Schutzhaftlager« für das NS-Regime genutzt worden. Bis zu 100 Häftlinge wurden dort eingekerkert, was dem Eiland den Namen »Teufelsinsel« einbrachte. Diese grauenhafte Vergangenheit der Insel lässt heute eigentlich keine andere Nutzung denn als ein Mahnmal zu.

Gewiss, es gab Pläne, dort ein Hotel zu errichten und sogar der übliche Architekturwettbewerb für eine Investition von rund 10 Millionen Euro wurde ausgeschrieben. Fleißige Architekturstudenten machten Entwürfe, die Insel zu einem attraktiven touristischen Außenposten gegenüber der Stadt zu machen. Aber wie so oft verloren sich die Pläne im Wind. Vermutlich glaubte der Investor selbst nicht so recht an den Erfolg eines Hotels auf einer geschichtsträchtigen Insel im Watt vor Bremerhaven. Und so tat man das, was in Deutschland häufig mit solchen Orten getan wird: Sie werden sich selbst überlassen und bleiben offen. Die Steine der Forts verwittern im rauen Nordseeklima. Das Betreten ist außer bei Führungen verboten, aber man kann die beiden Inseln ausgezeichnet von der Weser aus erkennen, wenn man hier segelt. Näher ran fahren verbietet sich allerdings, wenn man einen Kiel über das flache Watt mit sich führt.

Heute haben wir uns als Ziel die Marina im Fischereihafen ausgesucht. Deshalb führt uns unser Kurs noch etwas Weser-aufwärts, bevor wir wieder die Segel herunternehmen. Wegen des auflaufenden Wassers ist genug Platz dafür vor der Einfahrt zum Fischereihafen, wo die Geeste, der Fluss, der durch Bremerhaven fließt, in die Weser mündet.

Bremerhaven ist der Hafen Bremens. Doch die Stadt ist

mehr als das: Rund 113.000 Einwohner hat die Stadt heute und ist damit mehr als doppelt so groß wie Cuxhaven. Damit sich hier oben niemand benachteiligt fühlt, was in Bremerhaven schnell passieren kann, wenn man von Bremen spricht, nennt sich das Bundesland auch das »zwei Städte Land«. Die Bürgerschaft, der bremische Landtag, hat ein eigenes Kommunalparlament, so wie auch Bremerhaven eine Stadtverordnetenversammlung hat. Um die Sache etwas komplizierter zu machen, gibt es aber ein »Stadtbremisches Hafengebiet«, das zur Stadt Bremen gehört – mitten in Bremerhaven. Die Stadt ist vom Strukturwandel gezeichnet, besonders vom Niedergang der Werftindustrie. Und wer durch die städtischen Viertel streift, etwa im Norden oder in Bremerhaven-Mitte, der sieht auch die Spuren, die das hinterlassen hat und die sich in leer stehenden Geschäften und Gaststätten mit Billigangeboten zeigen – man kann das nicht ganz leugnen, da es nicht zu übersehen ist.

Das führt meiner Meinung nach aber keineswegs dazu, dass Bremerhaven unattraktiv wäre. Besonders die neue Bebauung zwischen Schifffahrtsmuseum und Zoo am Meer zeigt das gewaltige touristische Potenzial, das Bremerhaven hat und auch nutzt. Weithin sichtbar ist natürlich das neue Hotel in einem Hochhaus, das dem »Burj Al Arab«, dem bekanntesten Hotel Dubais, nachempfunden wurde, auch wenn es hier nicht im heißen Wüstenklima steht, sondern in der rauen Nordseeluft. Es macht etwas her und der Blick von der windumtosten Aussichtsplattform im 21. Stock geht weit über die Wesermündung hinaus. Bremerhaven strebt ja gern in die Höhe, wie die Betontürme mit Wohnungen im benachbarten Columbus-Center zeigen. Doch diese Bauten verleihen der Stadt am Meer auch etwas Großstädtisches.

Nicht nur dort, auch im »Schaufenster Fischereihafen« befindet sich ein touristischer Hotspot der Stadt mit viel Gastronomie zwischen alten Gemäuern, gar nicht weit von dem Hafen, den wir jetzt anpeilen. Rasch ist das Großsegel wieder auf dem Baum festgebunden und die Fock wird ja einfach eingerollt. Wir können nach Backbord abbiegen und vor der großen, neuen Fischereihafenschleuse die Warteposition einnehmen. Die wird übrigens, das muss ich an dieser Stelle einmal betonen, von dem freundlichsten Schleusenpersonal bedient, das man sich wünschen kann. Und sie öffnet zu festen Zeiten, sodass man immer genau weiß, woran man ist. Also hinein in die Schleusenkammer, Tor zu, etwas warten, und auf der Südseite wieder heraus. Im Fischereihafen bleiben Ebbe und Flut draußen und sobald man die Kajen mit den Industriebetrieben passiert hat, wird das Ufer grün.

Da steht nun ein Leuchtturm, am Hafen von »Nordsee Yachting«. Dieser Turm war von 1910 bis 1911 erbaut worden und stand einmal nördlich der Stadt, mitten im Wurster Watt. Bis 1980 war er in Betrieb, mit wechselnden Aufgaben: Der Leuchtturm Brinkamahof diente als Leitfeuer, dann als Quermarkenfeuer, dann als Unterfeuer. Weil aber in Bremerhaven nichts so wächst wie das Containerterminal, musste er abgebaut werden, denn er stand dem Ausbau der Anlage im Weg. Wie schön, dass man ihn dabei nicht einfach abgerissen hat. Der Leuchtturm wurde von einem Schwimmkran gepackt und an seinen neuen Standort gebracht, als Wahrzeichen der Marina im Fischereihafen. Nur die Kneipe, die sich im Untergeschoss befindet, hat leider sehr unregelmäßig geöffnet. »Hinter der Schleuse ist es endlich schön ruhig«, stellt Birgit fest.

In dem lang gezogenen Fischereihafen, der sich von der Schleuse bis zum Südende 2,23 Seemeilen hinzieht, gibt es noch andere Häfen: Da ist der »Weser Yacht Club« in einem seitlich in Richtung Stadt führenden Hafenbecken, mit einem netten Restaurant. Man kann aber auch im »Schaufenster Fischereihafen« festmachen, auf der touristisch geprägten Meile. Hier gibt es ganz neue Stege am Ufer, auch mit allem Komfort wie Wasser und Strom. Und ganz im Süden finden sich noch die

Anleger des »Wassersportverein Wulsdorf«. Als es einmal richtig stürmte, wir aber gern mit dem Boot fahren wollten, sind wir das gesamte Areal hinter der Schleuse hinauf- und hinuntergefahren, was bei der Größe des Hafens mehr Spaß als gedacht gemacht hat.

Der Yachthafen, den die Familie Kuhlmann hier betreibt, ist eine Empfehlung. Zwar liegt er nicht ganz so günstig zur Stadt wie die neueren Yachthäfen. Die Marina ist vielleicht auch nicht ganz so schick, zumindest hatten die Renovierungen erst begonnen, als wir festmachten. Aber die Anlage ist gepflegt und mit viel Grün umgeben. Hier vertäuen wir die »Seestern«, nachdem wir im Fischereihafen einen Schwenk um eine Untiefe gemacht haben, die aber in der Seekarte einwandfrei verzeichnet ist.

In Bremerhaven würde ich den Hafen von Nordsee Yachting empfehlen, idyllisch im Fischereihafen gelegen. Internet www.nordsee-yachting.de / Tel. 0471 77555. Oder direkt am Zentrum die »Im Jauch Lloyd Marina Bremerhaven«. *Internet: www.im-jaich.de / Tel. 0471 1428690.*

Geschafft. Wir sind von Cuxhaven nach Bremerhaven gekommen, und das in nur einem Tag. Anders wäre es auf dieser Strecke auch nicht gegangen, weil es keine Häfen unterwegs gegeben hätte. Aber mag der Weg auch weiter sein als der durch das Wattfahrwasser, wir mussten nicht vor den drei Wattenhochs warten und bangen, dass wir es noch darüber schaffen. So hatten wir auch immer genug Wasser unter dem Kiel. Was den Kanal ausmacht, sollten wir später noch herausfinden. Aber ich kann verraten, dass wir ihn auch nicht in einem Tag durchfahren konnten, sondern in Bad Bederkesa übernachten mussten. Wenn das Wetter also mitspielt, ist der Weg außen herum einfach der beste. Nachdem wir uns im Hafenbüro registriert haben, müssen wir nur noch ein Taxi rufen, das uns zum Bahnhof bringt, damit wir nach Bremen fahren können, mit dem Zug.

Wir kommen uns vor wie Seeleute, die gerade mit ihrem Schiff angekommen sind, die Seesäcke geschultert, als wir in das Taxi steigen, das auf dem Parkplatz vor dem Yachthafen hält. Sind wir auch: Seeleute unterwegs auf eigenem Kiel, die soeben Bremerhaven erreicht haben. Wir »stehen« schon kurz vor Bremen, befinden uns zumindest bereits im Bundesland. Nun müssen wir noch die Weser hinauffahren. Das werden wir am nächsten Wochenende versuchen. Die »Sprünge« von Wedel nach Cuxhaven und von dort hierher konnten wir ja so auch schaffen. Das Ziel der Reise ist in Sicht.

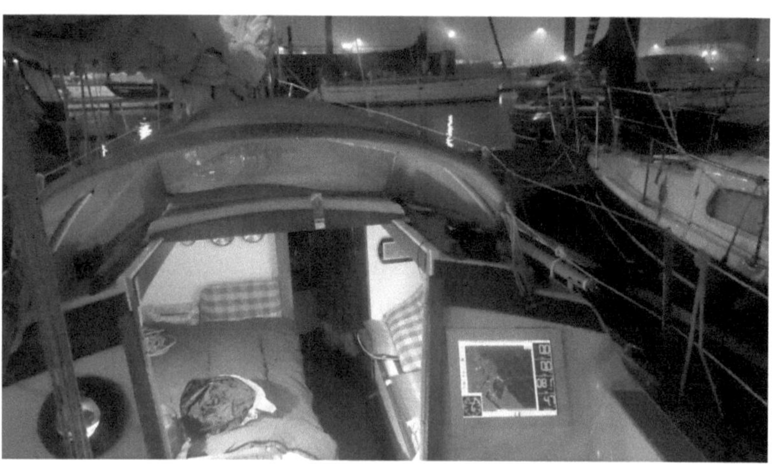

Die »Seestern« liegt früh am Morgen abfahrbereit

KAPITEL 9: WESERAUFWÄRTS BIS BREMEN

Jetzt soll der letzte Teil unserer Reise folgen: der Weg von Bremerhaven die Weser hinauf nach Bremen. Besonders weit ist das eigentlich gar nicht. Mit dem Ausflugsdampfer, der die Strecke befährt, der »MS Oceana«, kann man die Entfernung in wenigen Stunden bewältigen. 36 Seemeilen liegen vor uns, wie ich auf der Seekarte ausgerechnet habe, von unserem Liegeplatz im Fischereihafen bis in den Europahafen in Bremen, wo sich die Marina befindet. Wir haben etwas Zeit mitgebracht – was sich auch als goldrichtig erweisen sollte.

Also reisen wir wieder mit dem Zug von Bremen an und lassen uns mit dem Taxi zum Hafen bringen – anders kann man das Boot mit Gepäck nicht erreichen. Die »Seestern« liegt bereit an einem der äußeren Fingerstege. Weil wir es dann doch eilig haben, die nächste Öffnung der Schleuse zu erreichen, begehe ich einen Fehler, der fatal hätte enden können: Wir fahren einfach los. Einfach los, ohne vorher zu prüfen, ob das Seeventil für das Kühlwasser des Dieselmotors geöffnet ist. Moderne Motoren haben für so etwas Warnsignale, aber unser treuer alter Volvo Penta läuft dann einfach weiter, so heiß es ihm auch sein mag. Allerdings hätte ein Blick auf die Temperaturanzeige im Cockpit genügt, um zu sehen, dass die Nadel weit nach rechts ausgeschlagen ist. Aber die übersieht man leicht. Später erzählt uns der Hafenmeister, dass er von seinem Büro den weißen Rauch aus unserem Auspuff gesehen hat und sich schon Sorgen machte.

Wir bekommen das Problem mit, als Birgit sich kurz vor der Schleuse umdreht und fragt, warum denn der Motor so qualme. Schlagartig wird mir das Problem klar: Der Diesel ist ja überhitzt. Nichts wie angehalten und das Ventil geöffnet. Der Motorblock ist schon ziemlich heiß, obwohl er erst wenige Minuten lief. Am liebsten würde ich ihn jetzt mit Kaltwasser übergießen, aber ich halte inne und überlege, dass eine solche Schockbehandlung nicht gut für ihn wäre. Also lassen wir das Kühlwasser laufen und nach kurzer Zeit scheint wieder alles im grünen Bereich zu sein. Auch der weiße Rauch ist verschwunden.

Die Schleusenöffnung bekommen wir nicht mehr mit, aber sei es drum. Eine Stunde später sind wir dann doch dran und können in den Vorhafen bei der Geestemündung gelangen, mit einem Motor, der wieder freundlich vor sich hin blubbert. Das Blubbern ist wörtlich zu nehmen: Er saugt das Kühlwasser unten am Schiff ein und lässt es aus dem Auspuff wieder »heraus blubbern«, wo es klatschend ins Wasser gelangt. Fehlt dieses Geräusch – nun, dann stimmt etwas mit dem Kühlwasser nicht. Oder man hat eben vergessen, das Seeventil zu öffnen.

Der Tidenstrom passt und fließt Weseraufwärts, sodass wir auf den Fluss einschwenken können. Von der anderen Seite kommt die Weserfähre entgegen. Ihr lassen wir natürlich den Vortritt, bevor wir auf den Fluss einbiegen. An Steuerbord liegt Nordenham mit seinem Hafen und dem weithin sichtbaren Schornstein der »Kronos Titan GmbH« im Industriegebiet. Am anderen Anleger der Fähre Blexen-Bremerhaven steht ein altes

Ausflugslokal, das verlassen daliegt: das »Weserschlösschen« mit seinem markanten Turm. Heute ist das »Schlösschen« übrigens renoviert und bietet ein schönes Restaurant mit einem netten Hotel, aber damals, vor einigen Jahren, war es ein geradezu verwunschener Ort am Fähranleger. Die Lage ist auf jeden Fall schön, man kann weit über die Außenweser schauen. Einen Anleger für Boote gibt es gleichwohl nicht, weshalb jeder Segler das Hotel an Steuerbord liegen lassen wird. Vor der Stadt folgen noch einige Industriebetriebe und dann der privat betriebene Hafen von Nordenham, an dem einige Frachtschiffe liegen.

Im Süden schließt daran der kleine Strand von Nordenham an, an dem sich ein Campingplatz befindet. Nach den etwas grauen Industrieanlagen kann hier Urlaubsstimmung aufkommen, es befinden sich viele Besucher am Strand. Das setzt sich fort, denn südlich schließen sich wieder zwei Strände auf beiden Seiten des Flusses an, in Kleinensiel und Dedesdorf. Bis zum Jahr 2004 verkehrte hier eine Fähre über den Fluss. Dann, Eingeweihte ahnen warum, wurde sie eingestellt. Denn südlich der Ortschaften wurde der Wesertunnel eröffnet: Der vierspurige Tunnel ist 1,6 Kilometer lang und die nördlichste feste Querung der Weser. Danach kommt nur noch die Fähre nach Bremerhaven, die an Verkehr seit Eröffnung des Tunnels kräftig eingebüßt hat. Viel Verkehr fließt übrigens nicht durch die beiden Röhren, aber der Tunnel soll ja einmal Teil der »Küstenautobahn« werden, die im Norden quer durchs Land führen wird, und das soll ihm dann eine größere Zukunft bescheren. Teil des Planes ist ein weiterer Elbtunnel. Ob der in diesem oder dem nächsten Jahrzehnt noch gebaut werden wird?

Nun, auf dem Wasser bekommt man davon nicht viel mit, eigentlich gar nichts, da die beiden Zufahrtsrampen hinter dem Deich liegen. Aber auf der Seekarte können wir verfolgen, wie wir über die Tunnelröhren fahren, die sich fast 40 Meter unter uns befinden. Wie an der Elbe gibt es auch an der Weser ein

Kernkraftwerk, das an Steuerbord direkt hinter dem Tunnel liegt. Bereits 2011 wurde der Reaktor in Folge der Energiewende vom Netz genommen. Etwa 32 Jahre war das Kraftwerk in Betrieb, jetzt wird es seit 2018 zurückgebaut. Radioaktive Elemente lagern dort nicht mehr.

Unsere »Seestern« scheint in ihrem Element zu sein, als sie den Fluss hochdieselt. Es ist wieder schwach windig, sodass wir die Segel noch nicht setzen können. Der Fluss ist schön, wirkt aber recht kanalisiert in seinem Becken. Er ist auch wesentlich schmaler als die Elbe; Kreuzen wäre hier wegen der kurzen Schläge doch ziemlich anstrengend. Ein Nebenarm lockt an Steuerbord, die »Schweiburg«, und später an Backbord, der »Rechte Nebenarm der Weser«. Obwohl wir auflaufendes Wasser haben, widerstehen wir der Versuchung, in einen der Nebenarme hineinzufahren, schließlich wissen wir nicht genau, ob wir jetzt schon genug Wasser hätten, um da durchzukommen. Beide Arme fallen nämlich teilweise trocken.

In Brake an der Unterweser ist mehr los. Auf der Steuerbordseite kommen die Hafenanlagen direkt am Fluss, wo mehrere größere Frachtschiffe festgemacht haben. Und dann das Tor der Schleuse, das gigantisch hoch wirkt. Hier wäre die Zufahrt zum Hafen von Brake, der hinter der Schleuse liegt. Da gibt es auch Anleger für Sportboote. Auf der Weser selbst sind jetzt einige kleine Motorboote unterwegs. Obwohl ich früher schon einmal einige Jahre in Bremen gearbeitet habe, hatte ich es nicht geschafft, jemals Brake zu besuchen. Ich nehme mir vor, das zu ändern und plane schon einen Abstecher in das Städtchen mit dem Boot. Auf der anderen Flussseite liegt die Insel Harriersand, die wieder über einen schönen kleinen Badestrand verfügt. Die Weser macht einen Bogen, dann geht es wieder geradeaus weiter. Noch weit reichen die Vororte von Brake am Fluss entlang, unterbrochen von einem Anleger des Wasser- und Schifffahrtstraßenamtes.

Doch die Weser stimmt mich als Segelrevier ein wenig

bedenklich: Ich hatte mir den Fluss – ehrlich gesagt – nicht ganz so schmal vorgestellt. Schließlich hat er eine tiefe Fahrrinne und ist für Seeschiffe bis Bremen befahrbar. Apropos Schiffsverkehr: Den scheint es hier überhaupt nicht mehr zu geben. Die Bedenken, auf diesem eher schmalen Gewässer auch noch Frachtschiffen ausweichen zu müssen, stellt sich als haltlos heraus. Es herrscht schlicht kein Verkehr. Nun, das mag auch daran liegen, dass Wochenende ist.

An der Fährplate mündet der »Rechte Seitenarm der Weser« wieder in den Hauptstrom. Gegenüber befindet sich eine einladende, kleine Schleuse, in die gerade ein Segelboot verschwindet. Die Schleuse führt zum Yachthafen von Elsfleth, der abgetrennt vom Strom in einem kleinen Nebenarm liegt, der mit der Schleuse von der Tide abgeschlossen wird. Das scheint eine schöne Anlage zu sein, die sich für einen Zwischenstopp anbieten würde.

Wir fahren in die kleine Schleuse hinein. Der hübsche Segelclub »Weserstrand« lockt uns doch, eine Pause einzulegen. Clubmitglieder betreiben die kleine, etwa 18 Meter lange Schleuse, in der genügend Platz für mehrere Boote ist. Am Wochenende ist durchgehend Betrieb, unter der Woche würden sich die Tore aber immerhin noch alle zwei Stunden öffnen. Errichtet wurde der See mit dem Yachthafen, als das Sperrwerk für die in der Nähe in die Weser mündende Hunte erbaut wurde.

Drinnen tuckern wir langsam auf die lang gestreckte Steganlage zu und suchen uns wieder einen schönen Platz aus. Wie nett man hier doch liegt, unabhängig von den Gezeiten auf der Weser, an einem schönen grünen Ufer. Nach der Begleichung der Hafengebühren besuchen wir das Restaurant des Yachtclubs, das eine Terrasse hat, von dessen Stühlen man weit über den Fluss schauen kann. Es ist schön, dass sich vor den Toren Bremens eine solche Anlaufstelle für Segler befindet.

Weitere Informationen über die Häfen in Brake und Elsfleth gibt es hier: Braker Ruder- und Seglerverein, Internet: www.brsv.de. Segelclub Weserstrand Elsfleth, Internet www.swe-elsfleth.de, Tel. Bootshaus 04404-2205.

Doch so zufrieden, wie wir nun waren, sollten wir nicht bleiben. Bevor wir Bremen erreichen, mussten wir ein Hindernis überwinden, von dem wir am Abend noch nichts ahnten. Das Drama begann am nächsten Morgen. Die Sonne schien über dem Yachthafen, es war warm – und fast windstill. Wir sind zum Aufbruch bereit. Birgit hantiert bereits, um die Leinen zu lösen, ich möchte den Dieselmotor zum Leben erwecken.

Beim Druck auf den Startknopf tut sich nichts. Nicht das geringste. Nicht einmal ein kleines Rumpeln, wie bei einem Auto, bei dem die Anlasserbatterie leer ist. Der Anlasser auf der »Seestern« bleibt einfach still. Das kann ich kaum glauben, wir sind doch gestern in voller Fahrt zuverlässig die Weser hinaufgekommen. Obwohl, da war doch etwas? Die kurze Fahrt mit geschlossenem Seeventil. Sollte das den Motor stärker in Mitleidenschaft gezogen haben? Alle Spekulationen helfen jetzt nicht weiter, der Dynastarter ist (wieder einmal) defekt, mag sein, dass sich hier etwas überhitzt hat. Doch ohne den Starter bekomme ich den Diesel jetzt nicht zum Laufen. Man kann den Volvo Penta älterer Bauart zwar von Hand starten. Das hat mich immer sehr fasziniert, seit es mir ein Bootsbesitzer in Brandenburg einmal gezeigt hat. Nur war er im Besitz einer entsprechenden massiven Kurbel, die genau in die Zähne auf der Welle passte, auf der das Schwungrad sitzt. Ich hatte in Berlin einmal versucht, eine solche Kurbel nachzubauen aus

Eisenteilen, war aber ständig an den Zähnen der Welle abgerutscht. Und jetzt habe ich keine, dafür aber einen defekten Dynastarter.

Dass so etwas einmal passieren könnte, damit hatte ich schon gerechnet. Wir haben ja vorgesorgt: Am Heck hängt unser Außenborder, der mit zehn PS kräftig genug ist, um das Boot anzuschieben. Jetzt schlägt seine Stunde. Ich drücke den Elektrostarter – und was passiert? Ebenfalls nichts. Strom hat er, wie ich mit dem Messgerät feststellen kann. Also gut, dann von Hand. Nach ungefähr 30 »Anreiß«-Versuchen gebe ich erschöpft auf. Der Außenborder springt ebenfalls nicht an. Ich kann gar nicht glauben, was uns da passiert und schaue über den See und weiter über die Weser. Es ist definitiv windstill. Kaum zu fassen, wir können Elsfleth nicht verlassen.

Einige Zeit verbringe ich noch mit Reparaturversuchen. Mit dem speziellen »Kerzenschlüssel« prüfe ich die Zündkerzen im Außenborder, kann aber keine auffälligen Defekte finden. Ebenso unter Deck, am Dynastarter neben dem großen Schwungrad, ist nichts zu erkennen.

Eine Lösung wäre nun, einen Fachbetrieb zu finden, der zumindest einen der beiden Motoren starten kann. Aber wir haben ja noch ein letztes Ass im Ärmel. In Bremen, im Keller unserer neuen Wohnung, steht noch ein kleiner 4 PS-Außenborder, der von unserem ersten Kielboot, der Kelt 620 stammt. Das müsste eigentlich reichen, um weiterzukommen, wenn die Strömung nicht zu stark ist. Immerhin ist es ja ein Viertakter, der damals zuverlässig lief. Jetzt muss ich den Ersatzmotor nur noch nach Elsfleth bekommen.

Während Birgit auf dem bewegungslosen Boot zurückbleibt, mache ich mich auf den Weg. Elsfleth ist doch tatsächlich über eine S-Bahn an Bremen angebunden, wie ich herausfinde. Der Bahnhof ist eine gute halbe Stunde Fußmarsch entfernt. Doch zum einen scheint die Sonne, zum anderen bin ich ja in wichtiger Mission unterwegs, denke ich, während ich durch die Stadt marschiere, denn es geht darum, Birgit auf dem Boot und die Fahrt nach Bremen zu retten.

Selbst die zwei Tage am Fluss haben ausgereicht, die Stadt vollkommen zu vergessen. Das Gedränge am Bremer Hauptbahnhof mit seinen Hunderten Passanten wirkt auf mich völlig fremd. Das ist das Schöne an solchen Touren: Man ist schnell aus der alltäglichen Umgebung heraus. Rasch bin ich mit der Straßenbahn bei unserer Wohnung in Schwachhausen angelangt. Der Motor steht brav im Keller an die Wand gelehnt. Der Benzintank ist ja noch auf dem Schiff. Ich schnappe ihn mir, lade ihn in den Kofferraum, möchte fröhlich den Wagen starten – und was ist das? Das Auto springt nicht an. Kein Witz, ich drehe am Schlüssel, diesmal »murmelt« der Anlasser etwas, aber der Motor startet nicht. Da ist ja heute wirklich der Wurm drin: Es ist der dritte Motor an diesem Sommertag, der nicht läuft.

Einige Minuten überlege ich, wie ich den Außenborder verpacken könnte, um ihn in die S-Bahn zu schleppen und unauffällig nach Elsfleth zu bringen. Aber so leicht ist auch dieses eher kleine Exemplar nicht. Also beschließe ich, die Batterie aufzuladen. Das dauert natürlich eine gewisse Zeit. In der Wohnung oben angekommen stelle ich fest, dass ich das Batterieladegerät nicht finde, es muss noch in einem Umzugskarton aus Berlin stecken. Ja, an Bord, da wäre eines, aber das Schiff liegt ja in Elsfleth.

Jetzt kommt die endgültige Banalität, könnte man sagen: Ich fahre mit dem Bus in den nächsten Baumarkt. Wieder kommt es mir komisch vor, durch die Stadt zu fahren. Aber die Menschen, die im Bus stoisch vor sich hin schauen, ahnen ja nichts von den äußerst schwierigen nautischen Problemen, die mich plagen. Im »Bauhaus« angekommen, kaufe ich das billigste Starthilfegerät, das ich im Regal finden kann. Kleines Hindernis am Rande: Das billige Starthilfegerät ist seinerseits nicht aufgeladen. Es muss also erst einmal an die Steckdose.

Zwei Stunden und einige Telefonate mit der besorgten Birgit später stecke ich das Starthilfegerät an die Autobatterie und der Wagen springt an. Rasch brause ich durch die Stadt Bremen auf die andere Weserseite und die insgesamt 45 Kilometer nach Elsfleth. Mittlerweile ist es Abend geworden und die Abfahrt verschieben wir auf den nächsten Morgen.

»Bei einem so alten Motor muss man eben immer damit rechnen, dass etwas passiert. Gut, wenn man sich dann zu helfen weiß«, sagt Birgit, die im Laufe des Tages einige Holzteile eingeölt hat, die jetzt frisch auf dem weiß lackierten Kunststoff am Schiffsrumpf strahlen. Das sieht wunderbar aus. Ich montiere noch den Außenborder am Heck, während ich den nicht mehr funktionierenden in die große Backskiste absenke. Ja, dieser hier springt sofort an. Im Abendlicht bekommt er noch einen Ölwechsel von mir spendiert, dann ist der »Tag der nicht-startenden Motoren« offiziell beendet.

Und nein, ich denke, man kann keine Vorsorge für solche Fälle treffen. Schließlich kann man auf einem kleineren Segelboot nicht mit drei Hilfsmotoren herumsegeln. Und wenn Windstille ist, geht eben nichts mehr. Man hätte natürlich vor der Abfahrt in Bremerhaven den eigentlichen Außenborder auf Funktion testen können, gewiss. Aber darum soll sich nun eine Bootsmotorenwerkstatt kümmern.

Trotzdem hat auch der »Tag der nicht-startenden Motoren« dazu geführt, dass mein Misstrauen gegenüber Schiffsantrieben gestiegen ist. Bei unserem späteren Boot, der größeren Vindö, habe ich zum Beispiel den Außenborder so am Heck montiert, dass er nicht nur für das Beiboot genutzt wird, sondern notfalls als Reserveantrieb ins Wasser abgesenkt werden kann. Das funktioniert sogar. Nur, dass dort der neue Dieselmotor bislang nicht einmal ausgefallen ist.

Am nächsten Vormittag legt der kleine Außenborder eine große Vorstellung hin, obwohl er nur 4 PS haben soll. Ich habe meine Zweifel, es scheint mir doch ein 5 PS-Motor zu sein, den wir gebraucht erworben hatten, und der Vorbesitzer wollte wohl unter die alte Begrenzung für führerscheinfreie Motoren kommen. Zumindest hat er die Modellbezeichnung eines 5 PS-Motors. Und ein PS mehr nimmt man ja gern, wenn man doch so wenige hat. Als wir die schöne kleine Schleuse verlassen, und auf die Weser einbiegen, herrscht noch etwas Strömung, der Scheitel des Niedrigwassers ist noch nicht erreicht. Ich ziehe den Gashebel auf, und der kleine Tohatsu bringt das Boot gegen die Strömung auf flotte 4 Knoten. Das sollte für alle Fälle ausreichen, denke ich, solange wir hier auf der Weser und nicht auf der Nordsee unterwegs sind. Wir können die Fahrt fortsetzen. Das hoffentlich letzte Hindernis dieser Reise ist überwunden.

Und so lassen wir das Huntesperrwerk an Steuerbord liegen und folgen dem Verlauf des Flusses, der sich langsam, aber stetig nach Osten windet. Schon bald passieren wir wieder einen schönen Strand, der auf einer Insel zwischen Weser und Hunte liegt. Genauer gesagt, es war eine Insel, bevor die vielen Eindeichungen und Absperrungen sie fest mit dem Land verbunden haben.

Sehen können wir es nicht, aber auf der Karte ist die Landesgrenze zwischen Bremen und Niedersachsen schon auszumachen, die hier verläuft, an der Mündung des »Mühlenfleetes«. Aha, wir sind in der Stadt Bremen angekommen auf dem Wasser, und haben es damit schon fast geschafft. Wo wir schon beim Thema Landesgrenzen wären: Dem Bürgermeister Bremens wurde kurz nach dem Zweiten Weltkrieg von der amerikanischen Verwaltung angeboten, das kleine Bundesland zu erweitern und das Stück an der Weser zwischen Bremen und Bremerhaven mit einzugemeinden. In Bremen lehnte man etwas hochmütig ab, man interessierte sich nur für die beiden Städte. Heute, da die Eigenständigkeit des Landes alle paar Jahre einmal in die Diskussion kommt, würde man das von Bremer Seite sicherlich nicht so abtun, sondern zugreifen.

Wir passieren einen düsteren Ort, ähnlich wie das Fort »Langlütjensand II«, allerdings noch düsterer: Es ist ein U-Boot Bunker mit dem harmlosen Namen »Valentin« aus dem Zweiten Weltkrieg. Die grauen Betonteile des 97 Meter breiten und 419 Meter langen Baus stehen hinter dem neueren Deich an Backbord. Immerhin ist dieser Bunker zu einem Mahnmal geworden, nachdem die Bundeswehr die Nutzung als Materialdepot aufgegeben hatte. Hier sollten U-Boote gebaut werden, wozu es durch das Kriegsende nicht mehr kam. Vom Wasser zieht der gruselige Bau schnell vorbei, man kann auch nicht festmachen. Aber der Besuch von Land lohnt sich.

Wenig später, hinter dem Turm des Kraftwerkes Farge, kommt ein freundlicher Ort: An Backbord steht das schöne Hotel Fährhaus Farge, an Steuerbord das Hotel Weserblick. Eine Autofähre pendelt zwischen den beiden. Wir erreichen die lang gezogenen Vororte des Bremer Nordens. Kurz darauf kommt auch ein kleiner Hafen in Blumenthal. Die Weser ist auch schon lange für ihren Schiffbau bekannt. Auf der niedersächsischen Seite stehen die Werften Lürssen und Fassmer, die beide voll in Betrieb sind. Und auf der Bremer Seite? Da liegen die Anlagen des ehemaligen Bremer Vulkans, des Werftenkonzerns, dessen Pleite 1996 monatelang für Schlagzeilen sorgte. Schließlich ging es auch um den Vorwurf der Veruntreuung von 850 Millionen Mark an EU-Fördermitteln, die später Gegenstand eines Prozesses wurden. Dieser wurde erst 2010 in einem Vergleich beendet.

Heute haben sich verschiedene Firmen auf dem Gelände angesiedelt. Auch Autoumschlag findet dort statt, in langen Reihen warten Neuwagen auf die Verschiffung. Aber die Größe des Areals lässt auch heute noch erahnen, was der Bremer Vulkan für eine gigantische Werft war und wie groß die Lücke gewesen sein muss, die der Konkurs in die Wirtschaft des Bundeslandes gerissen hat.

Dass der Fluss gelegentlich etwas eintönig durch die grüne

Landschaft führt, hat seine Ursache übrigens in der »Weserkorrektion«: Der Fluss versandete immer stärker, als man 1885 damit begann, die Pläne des Bremer Oberbaudirektors Ludwig Franzius umzusetzen und den Strom zu begradigen. Damit wollte man es seegehenden Schiffen mit einem Tiefgang von fünf Metern erlauben, die Stadt Bremen zu erreichen. Dem Wasserbaumeister wurde in der Stadt an der Wilhelm-Kaisen-Brücke ein Denkmal gesetzt, auf dem Franzius verewigt wurde, weil er »der Weltschiffahrt den Weg zur Stadt Bremen« eröffnete.

Direkt hinter dem Werftareal des Vulkans beginnt die Weserpromenade von Vegesack. Das ist eine wunderschöne Allee mit einem Spazierweg, der sich am Ufer entlang bis ins Vegesacker Zentrum zieht. Dahinter stehen Villen am Hügel. Die Promenade endet am ehemaligen Hotel Strandlust. In dem schönen, beliebten Haus fanden viele Veranstaltungen statt, jetzt liegt es verwaist da, denn es ist leider in die Insolvenz gegangen. Nun, dafür sollte sich doch ein Investor finden lassen, oder?

Es gibt so viel auf beiden Seiten des Flusses zu sehen, während wir ohne Wind weiter mit Motorkraft die Weser hinauffahren. Der Strom schiebt uns dabei an. Wir machen gute Fahrt an diesem Nachmittag in Bremen Nord. Bei der »Schönbecker Aue« zweigt der Vegesacker Hafen ab, doch der eigentliche Yachthafen liegt etwas weiter südlich im Fluss Lesum. Der »Sporthafen Grohn« ist eine großzügige Anlage. Aber wir lassen die Lesum an Backbord liegen, schließlich sind wir auf dem Weg in die Stadt Bremen.

Segeln hat auf der Weser natürlich genauso viel Tradition wie auf der Elbe. 1962 wurden bei Baggerarbeiten zum Ausbau des Europahafens, den wir jetzt ansteuern, Überreste einer alten Kogge gefunden, die von 1380 stammen soll. Das Wrack konnte in weiten Teilen wieder zusammengesetzt werden und steht im Deutschen Schifffahrtsmuseum in

Bremerhaven. Es gibt zudem drei Nachbauten dieser »Hanse-kogge«, eine davon in Bremen, die »Ubena von Bremen«. Mit solchen Schiffen, 23,23 Meter lang und 7,62 Meter breit, wurde damals der Handel unter Segeln in ganz Europa betrieben. 160 Kubikmeter Laderaum hatte die Kogge – das weiß man so genau, weil das Wrack untersucht werden konnte. Und bis zu 200 Quadratmeter Segel soll sie getragen haben.

Das Segeln als Freizeitsport kam auch in den 1880er-Jahren an die Weser. Hier war es der »Segelverein Weser«, der 1884 ins Leben gerufen wurde und sein Clubhaus auf dem Peters-werder errichtete – direkt neben dem heutigen Weserstadion. Vor dem Vereinshaus, aber auch auf der Ober- und Unterweser, wurden rasch zahlreiche Regatten ausgetragen. Hier restau-rieren die Mitglieder auch liebevoll eine »Weserjolle«, von denen der Verein mittlerweile zwei hat. Denn für Segelbegeis-terte auf der Weser gibt es (genau wie auf der Elbe) einen eigenen Bootstyp. Schon 1921 hatte der Konstrukteur Ferdi-nand Grünhagen, selbst Mitglied dieses Segelvereins, die 5,50 Meter lange Jolle entwickelt. Große Flotten dieser Jollen sollen in den 1920-er und 1930-er-Jahren auf der Weser gesegelt sein. Diese schönen Boote haben etwas mehr Ballast im Schwert und ein rundum geschütztes Cockpit, das mit zahlreichen Ablage-flächen auch reichlich Stauraum bietet. Sie sind eigentlich perfekt für diesen Fluss geeignet.

Die Weser verläuft jetzt durch wenig bebautes, grünes Land, auf die Stahlwerke Bremen zu, die hinter der nächsten Biegung weithin sichtbar liegen. An den Ufern ragen Wacker-steine auf beiden Seiten aus dem Wasser. Gut, dass wir Hoch-wasser haben, sonst würde der Fluss an dieser Stelle noch mehr wie eine »Rinne« wirken. Etwa 3,3 Seemeilen hinter der Mündung der Lesum kommt wieder ein großer Hafen für Frei-zeitskipper: der Yachthafen »Hasenbüren«. Seehausen-Strom heißt der dazugehörige Stadtteil Bremens, der sich nett hinter dem Deich entlang schlängelt, aber gleichwohl etwas abgelegen ist.

Ich koche einen Kaffee, während Birgit die Pinne sicher hält. Wir haben eine kleine »Pantry« in der »Seestern«, nichts Großartiges, aber doch genug, um Essen zuzubereiten und einen Kaffee zu kochen. Dort hat man wenigstens Stehhöhe, muss sich also nicht in der Kajüte verrenken. Ich liebe es, im Cockpit zu sitzen und einen Kaffeebecher in der Hand zu halten, ganz so, wie englische Segler ihren Tee lieben sollen. Ich hatte schon verschiedene Möglichkeiten der Zubereitung durchprobiert. Wenig später kam ich zum Handfilter auf der Kaffeekanne zurück, aber im Moment war es Instant-Kaffee, der in unsere Becher wanderte. Zur »Seestern« gehörte auch ein Petroleumkocher – für mich schon Ausweis einer guten »Seemannschaft«, was schlicht vernünftig bedeutet. Denn Petroleum ist ein weniger entzündlicher Brennstoff als etwa Gas. Nun war dieses Modell ziemlich in die Jahre gekommen und auch undicht. Wir nahmen es nicht in Betrieb, sondern behalfen uns erst einmal mit einem kleinen Kartuschenkocher in unserer Pantry. Die Reparatur des Petroleumkochers habe ich mir für später aufgehoben.

Das Stahlwerk ist natürlich nicht zu übersehen. »Stahl aus der Hütte am Meer« warb einmal eine Wandbemalung im Bremer Hauptbahnhof, die der ehemalige Eigentümer Klöckner dort angebracht hatte. Nun, wirklich am Meer liegt die Hütte ja nicht, aber sie kann von großen Erzfrachtern von See aus über die Weser angesteuert werden, das stimmt. Schon seit 1908 gibt es hier eine Hütte. 3100 Menschen sind hier immer noch beschäftigt. Mit dem Segelboot ist es interessant, dort vorbeizutuckern, wenn auch nicht sehr idyllisch.

Direkt hinter dem Stahlwerk kommt eine Schleuse, die Frachtschiffe in die Bremer Industriehäfen bringt. Dort haben wir als Segelyacht nichts zu suchen, also fahren wir weiter flussaufwärts. Wir haben es schon fast geschafft, noch 2,6

Seemeilen bis zum Europahafen, verrät uns der Kartenplotter, dessen großer Bildschirm in der Sonne glitzert. Ich schaue nach Steuerbord, ich schaue nach Backbord und muss etwas traurig grinsen. Denn auf beiden Seiten der Weser sieht man nun zwei gigantische Projekte unterschiedlicher Epochen, mit denen Bremen versuchte, den Strukturwandel in den Griff zu bekommen.

Doch der Reihe nach: Der Neustädter Hafen wurde Anfang der 1960er-Jahre geplant und gebaut, als es eng wurde in den bisherigen Häfen der Stadt Bremen. Es kamen so viele Stückgutfrachter, dass sie kaum in die Becken passten. Dass der Stückgutumschlag gegen Ende der 1970er-Jahre rapide abnehmen sollte, konnte man wohl nicht ahnen, ebenso wenig wie die Verlagerung des Umschlages nach Bremerhaven. Heute herrscht in den stadtbremischen Häfen eine gewisse Leere. Sie sind so leer, dass ein älteres Becken bereits zugeschüttet wurde, um darauf den neuen Stadtteil Überseestadt zu errichten. Nur gut, dass im Neustädter Hafen an Steuerbord das zweite geplante Hafenbecken gar nicht mehr gebaut wurde, es würde heute nicht benötigt werden.

Schaut man nun nach Backbord, sieht man ein großes Einkaufszentrum, das das Herz des »Space Parks« werden sollte. Bis 1983 befand sich dort das gewaltige Werftgelände der AG Weser, die ebenso wie der Vulkan Geschichte ist. Und so besann man sich im Senat darauf, im Strukturwandel auf die Felder Unterhaltung und Shopping zu setzen. Und weil es in Bremen ja tatsächlich einige Betriebe gibt, die für die Raumfahrtindustrie produzieren, sollte das Motto des neuen Komplexes ein Weltraumpark werden.

Anfang 2004 wurde der »Space Park« eröffnet. Doch er lief nicht, in dem Einkaufsteil fehlten schlicht Geschäfte. Ende 2004 wurde er schon wieder geschlossen. Nach vielen Irrungen und Verkäufen ging es 2008 wieder los, das Einkaufszentrum eröffnete als »Waterfront«. Heute kommen dort bis zu sieben

Millionen Besucher im Jahr hin, die in den 120 Geschäften einkaufen können.

Wir passieren nun den historischen Molenkopf am Überseehafen, der auch »Mäuseturm« genannt wird und aussieht wie ein kleines Leuchtfeuer. An Backbord geht es in den Holzhafen, vor uns liegt das Ziel: der Europahafen in Bremen. An der Einfahrt zu dem langen Hafenbecken steht ein Hochhaus: Der »Landmark Tower«, ein Apartmenthaus, das 67 Meter in die Höhe ragt. Wir hatten uns dort eine Wohnung angesehen, bevor wir nach Bremen zogen. Und ich muss sagen: Der Blick aus einem der oberen Stockwerke war wirklich fantastisch, die Architektur auch im Inneren bemerkenswert und sehr modern. Letztlich gab es dichter an der Stadt aber viel größere und günstigere Wohnungen zu mieten.

Nun fahren wir den langen Europahafen ab. Am »Landmark Tower« beginnt die Promenade am nördlichen Ufer des Hafens. Auf der Südseite gibt es anfangs noch etwas Grün, dann eine lange Reihe an wenig genutzten Schuppen, bei denen das Gras wuchert. Während sich in der Hamburger Hafencity ein nagelneues Haus an das nächste quetscht, überraschen die alten Hafenreviere in Bremen damit, dass es immer wieder Flächen gibt, die noch nicht hergerichtet und mit Wohn- und Geschäftshäusern bebaut wurden. Der Europahafen ist der am nächsten zur Stadt gelegene große Hafen Bremens und dementsprechend wurde er aber schon in weiten Teilen neu gestaltet. Bei der Ansteuerung muss man als Freizeitskipper in dem lang gestreckten Hafenbecken nicht viel mehr tun, als das Boot einigermaßen geradeaus zu steuern und nicht zu dicht ans Ufer zu kommen. Ich nehme etwas Tempo aus dem Außenborder, damit er nicht mehr so röhrt und wir Zeit haben, das Ufer anzusehen.

Dort stehen Bürogebäude. Aber auch alte Speicher sind dazwischen, die teils zu Wohnungen umgebaut wurden. Hier herrscht Leben am Ufer, zumindest am nördlichen Ufer, auf der

Promenade. Obwohl das Wasser durch die Flut jetzt ganz schön gestiegen ist, ragen die Spundwände immer noch zu beiden Seiten hoch auf. Aber ganz am Ende, wo der Hafen an einer Terrasse am Ufer mündet, befindet sich unser Ziel. Es ist die Marina im Europahafen. Hier kann man dicht an der Stadt liegen, ohne als Segelboot den Mast legen zu müssen. Natürlich wird die Weserpromenade »Schlachte« gern auch als maritimes Herz Bremens genannt, aber sie liegt nun einmal hinter der Stephanibrücke und der Eisenbahnbrücke, und Yachten kommen nicht unter diesen Bauwerken durch. Also müssen wir vor dem Zentrum anlegen.

Von unserem Boot aus wirkt die Szenerie beeindruckend: vor uns die Spundwände des Hafens, dahinter die Schwimmstege der Marina. Hinter dem Hafenbecken ragen die Neubauten auf. Die ganze Szenerie ist beeindruckend großstädtisch. Doch ein wenig Grün hätte der Anlage vielleicht ganz gutgetan, man befindet sich in einer modernen Industriewelt mit ganz eigenem, steinernem Charme.

Wir drehen in einem eleganten Schwung vor den Stegen, suchen uns wieder einen Platz aus und machen fest. Die Marina ist ziemlich gut belegt. Da wäre Platz für weitere Schwimmstege, die sich wohl gut füllen ließen mit Booten, denke ich. Und dann stoppe ich den kleinen Außenborder am Heck. Es wird plötzlich ganz still. Wir haben es geschafft: Von Berlin nach Bremen, sicher sind wir angekommen. Die Bootsüberführung ist beendet – und wir können mit der Straßenbahn nach Hause fahren, während die »Seestern« im Europahafen liegt.

Die Marina im Europahafen ist die stadtnächste Möglichkeit für Yachten, Bremen zu besuchen. Internet: www.marina-europahafen.de / Tel. Hafenmeister 0174 2022277. Natürlich gibt es auch interessante Liegemöglichkeiten im Hohentorshafen, Internet: Bootswerft-maleika.de / Tel. 0421 84 86 87. Oder am Sporthafen Grohn in Bremen Nord, Internet http://v-wv.de.

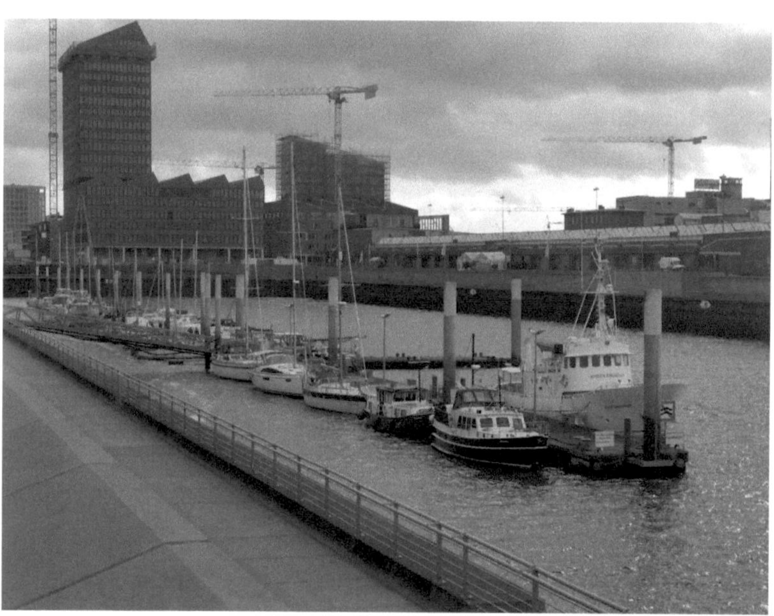

Die Marina im Europahafen in Bremen liegt in den alten Hafenrevieren

TEIL III

SEGELN AUF DER WESER UND IM WATT

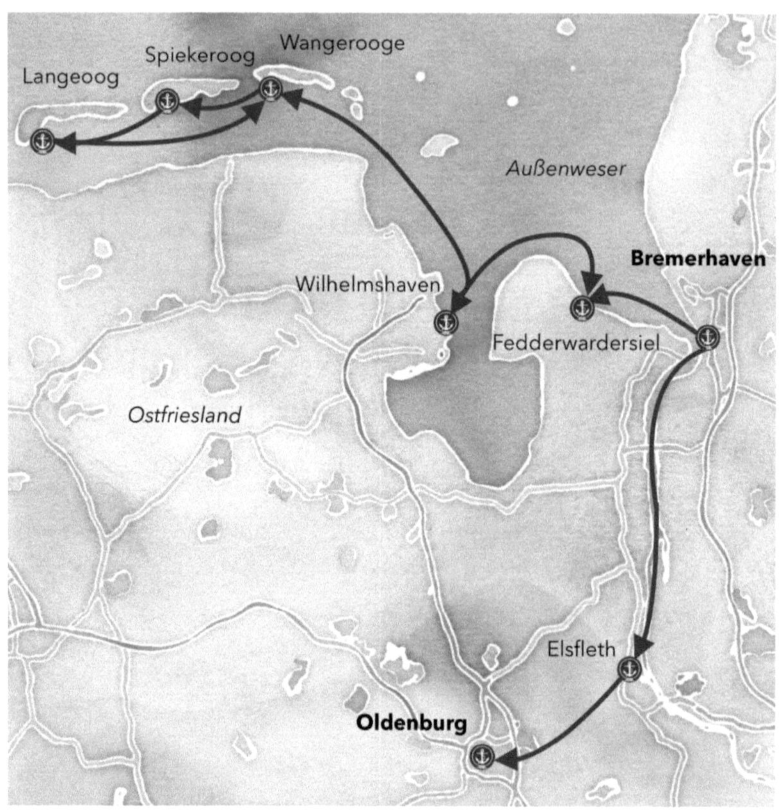

Karte 4: Die Route nach Süden geht bis Oldenburg, die andere ins Watt

KAPITEL 10: BINNENWÄRTS NACH OLDENBURG

Wir sind in Bremen mit unserem Segelboot angekommen. Und doch haben wir unsere »Seestern« nach kurzer Zeit wieder nach Bremerhaven zurückgebracht. Die Steinwelten des Europahafens sind toll für einen Besuch, aber auf Dauer kein so schöner Liegeplatz. Der Hafen mit dem Leuchtturm, der von »Nordsee Yachting«, war attraktiv und die Konditionen für das Winterlager ziemlich gut. Außerdem ist es von der Stadt Bremen doch eine nicht zu unterschätzende Mühe, die Weser bis nach Bremerhaven hinunterzufahren, um aufs Meer zu gelangen. Mit dem Wagen konnten wir in 35 Minuten von Bremen bei unserem Boot sein.

Es war also eine naheliegende Entscheidung, von Bremerhaven aus zu segeln. Als das Boot am Ende der Saison aus dem Wasser kam, mit einem modernen »Travellift«, der die »Seestern« packen und gleich ins Winterlager transportieren konnte, gab es auch noch eine fachgerechte Reinigung des Unterwasserschiffes durch einen Mitarbeiter von »Bremen Ports«. Mich hat es beeindruckt, wie sorgfältig er mit einem Hochdruckreiniger die Muscheln an der Unterseite des Schiffes und des Kiels entfernte. Das war fachgerecht. Später einmal begegnete uns in Hamburg-Harburg ein Hafenbetreiber, der gar nichts am Unterwasserschiff entfernen wollte. Man musste selber kratzen. Das war alles andere als fachgerecht.

Wir hatten Glück: Die Törns auf Ost- und Nordsee haben kaum Bewuchs ansetzen lassen, das Unterwasserschiff war weitgehend frei. Das war nicht immer so, auf der Ostsee mussten wir an unserem alten Boot ein Mal im Herbst ganz schön die Muscheln abschaben, nachdem es aus dem Wasser gekrant worden war.

Im Winterlager hinter dem Seedeich beim Fischereihafen haben wir wieder allerlei Ausbesserungsarbeiten am Boot vorgenommen. Dann brach die neue Saison mit Frühlingswetter an. Ich hatte an der Mastspitze endlich eine neue Windmessanlage angebaut, deren kleine Messschaufeln sich fleißig drehen. Und die zeigt uns die Windrichtung und -geschwindigkeit sehr praktisch im Cockpit an, ohne dass man den Kopf ständig nach oben heben müsste, um zu sehen, in welche Richtung der kleine Kunststoffpfeil des »Windex« an der Mastspitze sich gerade gedreht hat. Als das Boot wieder mit dem Travellift zum Wasser gebracht wurde, schien die Sonne und wärmte auch etwas. Die frisch gestrichene »Seestern« wurde in den Fischereihafen gesetzt und ich fuhr das Boot zu den Steganlagen. Doch als die erste Urlaubswoche im Frühling ansteht, ist das Wetter wieder schlechter geworden. Es ist nur noch um die zehn Grad warm, Regenfäden ziehen über einen grauen Himmel an der Wesermündung. Wenn wir hieraus auf die Nordsee gehen, könnte das im Mai doch ziemlich ungemütlich werden, stellen wir fest, während Birgit und ich auf die Seekarten blicken, die auf dem Kajüttisch liegen.

Schauen wir uns doch einmal die Karten an, um zu sehen, wohin man von der Wesermündung aus segeln kann. Da geht es im Norden nach Cuxhaven, klar, da sind wir ja von der Elbe aus hergekommen. Natürlich gäbe es noch den Weg durch das Wattfahrwasser, für den ich mir gewissermaßen einen »Knoten ins Segeltuch« mache: Diese Strecke will ich noch einmal erkunden. Dann liegt im Nordosten natürlich die »Königin« aller Segelziele in der Deutschen Bucht: Helgoland. Genau 46,2 Seemeilen sind es von der Fischereihafenschleuse in Bremerhaven bis zum Helgoländer Hafen. Das wäre zu schaffen, wenn es nicht früh im Jahr und das Wetter unbeständig wäre. Also auch ein »Knoten ins Segeltuch« gemacht.

Und im Westen? Da bieten sich die Ostfriesischen Inseln als Ziel an. Außen herum, also über die Wesermündung, ist Wangerooge 38 Seemeilen entfernt – das ist an einem Tag zu schaffen, vor allem, wenn man den Tidenstrom mit einbeziehen kann. Aber das Wetter dürfte doch noch etwas ruhiger sein, um mit dem kleinen Boot auf die Außenweser zu gehen, sage ich, während eine Windböe über das Schiff hinwegpfeift. Trotzdem, es gibt etliche Möglichkeiten »da draußen«. Für einen sicheren Törn bei jedem Wetter bietet sich die Weser an.

Eigentlich wollte ich ja vorerst keine Abstecher ins Binnenland machen, nach der langen Überführung und den Kanalfahrten in Berlin. Doch die Weser zumindest ist ja kein Kanal. Und so finden wir uns wenig später, am Nachmittag, vor Brake wieder. Mit einem gleichmäßigen Westwind konnten wir gut dorthin segeln. Der Binnenhafen der Stadt reizt uns. Aber er verbirgt sich ja hinter einem gewaltigen Schleusentor, das die Verbindung zur Weser herstellt. Also bergen wir die Segel und machen am Schwimmponton davor fest. Ich funke die Schleuse an und der etwas gestresst wirkende Schleusenwärter murmelt von »viel Betrieb« und »längerer Wartezeit«, macht aber andererseits auch Mut, dass er »garantiert noch öffnen« würde. So unpräzise seine Angaben auch sein mögen, sie reichen immerhin aus, um uns an der Schleuse zu halten. Man hätte auch weiterfahren können. Es vergehen geschlagene zwei Stunden vor dem Schleusentor, bis endlich die Nachricht kommt, dass die Schleuse jetzt öffnet und wir einfahren können. In der Zwischenzeit war es ziemlich kalt geworden, da die Sonne längst hinter der Uferbebauung verschwunden war.

Wenn sie erst einmal öffnet, ist die Schleuse eine feine Sache: Sie sorgt für gleichbleibenden Wasserstand im Binnenhafen. Und so gleicht es einer Fahrstuhlfahrt im Segelboot, mit der wir nach oben gehoben werden, bevor wir auf der anderen Seite ausfahren können. Geradezu lieblich sieht das hier oben im Binnenhafen aus, im Vergleich zum etwas rauen Weserufer im Hafen von Brake. Schon seit 1861 gibt es hier eine Schleuse, die 1980 großzügig ausgebaut worden war. Drinnen erwartet uns dann auch der Yachthafen, der nette Liegeplätze bereithält, mit Anlagen, die Komfort bieten.

Brake ist ein Städtchen mit großer maritimer Vergangenheit. Wer mag zum Beispiel dieser »Admiral Brommy« sein, nach dem eine etwas verwunschen aussehende Bar an der Uferpromenade benannt ist? Es war die zunehmende Versandung der Weser, die Brake seinen Hafen bescherte. Im 17. Jahrhundert konnten hier größere Segelschiffe Waren entladen, die dann auf kleineren Booten bis nach Bremen an die Schlachte gebracht wurden. In den 1780er-Jahren wurden im Strom die ersten Anlagen für eine dauerhafte Kaje gebaut, an denen die Schiffe festmachen konnten. Damit begann auch die Blütezeit von Brake. Die gipfelte darin, dass der Ort zum Heimathafen der ersten deutschen Reichsflotte von 1848 bis 1852 war. Die Nationalversammlung in Frankfurt am Main hatte sie ins Leben gerufen, um deutsche Handelsschiffe zu schützen, aber auch im Schleswig-Holsteinischen Krieg gegen Dänemark anzutreten. Preußen hatte bis dahin nicht wirklich eine eigene Flotte besessen.

Der Fregattenkapitän Karl Rudolf Bromme, genannt »Brommy«, übernahm die Aufgabe, die Flotte auszurüsten. Er erhielt später auch das Oberkommando über den Nordseeteil der Flotte. Den einzigen Kampfeinsatz hatten die Kriegsschiffe vor Helgoland, als sie ein dänisches Schiff verfolgten, dann aber in britische Gewässer vor der Hochseeinsel gerieten und sich zurückziehen mussten. Nach Ende des Krieges mit Dänemark wurde die Flotte aufgelöst, weil die Bundesstaaten diese nicht mehr bezahlen wollten. Die ganze Geschichte ist hervorragend im Schifffahrtsmuseum in Brake dokumentiert. Auch die Einrichtung des Arbeitszimmers von Admiral »Brommy« kann dort besichtigt werden.

Und was ist mit der Bar mit dem schönen Namen »Admiral Brommy«? Das muss einmal eine ganz angesagte Adresse an der Unterweser gewesen sein, wie zu erfahren ist. Weit über Brake hinaus soll die Diskothek das Partyvolk angezogen haben. Das ist aber schon zwanzig Jahre her, das »Brommy« ist leider schon lange geschlossen.

Ansonsten bietet Brake eine schöne Promenade an der Weser, an der das Telegrafenhaus steht, das Nachrichten zwischen Bremen und Bremerhaven übermittelte. Nachdem 1838 der erste Telegraf in Norddeutschland eröffnet worden war, der mit optischen Signaltürmen Nachrichten von Cuxhaven nach Hamburg übermittelte, kam 1845 die zweite Linie an der Weser hinzu. Es handelte sich bei beiden Linien um das erste öffentlich zugängliche Kommunikationssystem in Deutschland, das nicht das Militär, sondern Kaufleute nutzten.

Die Fußgängerzone von Brake bietet zwar schöne Möglichkeiten zum Bummeln, aber es fällt auch auf, dass die Zahl der Geschäfte nachgelassen hat: So manches Schaufenster steht leer. Ein ausgedehnter »Einkaufsbummel« wäre hier doch etwas einseitig, so wie mittlerweile in vielen kleineren Städten. Es gibt aber eine Menge Gastronomie. Und auch deshalb ist die Stadt ein reizvoller Zwischenstopp auf der Weser.

Mehr zu bieten hat natürlich Oldenburg, das wir mit unserem Boot anlaufen wollen. Dazu sind wir am Huntesperrwerk etwas weiter südlich nicht auf der Weser geblieben, sondern haben uns Steuerbord gehalten. In einem großen

Bogen führt der Fluss an Elsfleth vorbei. Den Ort habe ich ja noch in lebhafter Erinnerung, als ich den Ersatzmotor aus Bremen holen musste. Mittlerweile steht der als Reserve im Keller, weil unser Innenborder wieder läuft. Und auch der vorherige Außenborder ist einsatzbereit, nachdem eine Bootsmotorenwerkstatt in Bremerhaven ihn sorgsam zerlegt, gereinigt und die Zündkerzen erneuert hat.

Von der Mündung der Hunte in die Weser bis zum Stadthafen in Oldenburg sind es genau 13,5 Seemeilen, also rund 25 Kilometer. Oldenburg verspricht ein interessantes Ziel abzugeben. Die Entfernung von der Weser ist nicht weit, auch wenn ans Segeln nicht mehr zu denken ist. Denn der Fluss ist wieder erstaunlich schmal, noch enger als die Weser, und es gilt, einige Brücken zu passieren, vor denen Wartezeit gefragt ist.

In einem engen Bett windet sich die Hunte zwischen zwei hohen Deichen, die die Ufer begrenzen. Da könnte man nicht mehr kreuzen, die Windrichtung müsste schon genau stimmen, um hier »das Tuch« zu setzen. Deshalb absolvieren wir den Abstecher gleich mit dem Motor. Direkt hinter der bekannten Elsflether Schiffswerft muss man aber erst einmal warten: Hier versperrt die Eisenbahn-Drehbrücke die Weiterfahrt.

Ein wenig Zeit, um über den »Weserzoll« nachzudenken, der hier der Grafschaft Oldenburg eine zusätzliche Einnahmequelle erschlossen hatte. Solche Zölle waren ja nicht ungewöhnlich, einerseits ein Handelshemmnis, andererseits ein Segen für die Fürstenhäuser und Kleinstaaten, die ihn erheben konnten. 1623 war es dem Grafen Anton Günther gelungen, ein »Zolldiplom« von Ferdinand dem II., Kaiser des Heiligen Römischen Reiches, zu bekommen. Und seither musste, sehr zum Leidwesen der Bremer Kaufleute, jedes Schiff, das auf der Weser vorbeifuhr, in Elsfleth einen Zoll entrichten. Eine feine Einnahmequelle für die Grafen: Offiziell wurde der Zoll mit den Kosten für den Erhalt der Fahrrinne und der Deichsicherheit begründet. In Wahrheit mussten die anliegenden Bauern hauptsächlich für die Sicherheit der Deiche aufkommen. Bremen erkannte nach einigen Scharmützeln den Zoll erst 1653 an. Die Beziehungen zwischen der Hansestadt und Oldenburg waren dadurch aber eher feindselig geworden. Erst 1803 setzte der Reichstag in Regensburg den Weserzoll aus, es dauerte wiederum noch bis 1820, bis Oldenburg endgültig darauf verzichtete.

Im Funkgerät knistert es jetzt auf UKW-Kanal 73. Die »Hunte Bridge« gibt die Öffnung der Brücke durch. Tatsächlich, das Bauwerk geht auf, wir können mit unserem Segelboot passieren. Nur eine gute Seemeile weiter erwartet uns die moderne Huntebrücke, die den Fluss im Zuge der Bundesstraße 212 passiert. Auch hier muss man sich über Funk anmelden. Der freundliche Brückenwärter muss wohl einen guten Tag haben: Nach Minuten wird der Verkehr gestoppt, die Brücke geht auf. Das Bauwerk könnte man sonst nur passieren, wenn man weniger als vier Meter Höhe mit seinem Boot hat.

Jetzt aber haben wir freie Fahrt. Die nächste Brücke über die Hunte ist die gigantische Autobahnbrücke, die hier mit einer Höhe von 29 Metern den Fluss überspannt. Das soll uns natürlich recht sein, denn wir können mit unserem Mast locker unter der Brücke durchfahren. Dass für die Autobahn hier eine solche Brücke gebaut wurde, zeigt, dass die Hunte eine ernst zu nehmende Bundeswasserstraße ist. Eine schöne jetzt noch dazu: Auf beiden Seiten des Flusses grasen Schafe auf den Deichen. Ein schönes, friedliches Bild ist das. Auch etliche Lämmer tummeln sich darunter. Kaum zu glauben, dass die kleinen Tiere wenig später in Restaurants verspeist werden, denke ich, aber Lammfleisch steht nun einmal seit jeher auf den Speisekarten.

Kurz vor der Stadt passieren wir den Oldenburger Hafen. Immerhin liegen hier einige Schiffe an den Kajen auf beiden Seiten des Flusses: Ich zähle zwei Binnenschiffe und ein etwas größeres Küstenmotorschiff, das gerade beladen wird. Da gibt es einen Mischfutter-Betrieb und den »Rhein-Umschlag«, an dessen Kaje sich die Kräne drehen. Nach der offiziellen Statistik machen hier rund 1000 Binnen- und 60 Seeschiffe im Jahr fest. Dieser neuere Hafen ist auch der Oldenburger »Osthafen«.

Jetzt sind wir schon fast am Ziel, aber aus Sicht des Freizeitskippers versperrt noch ein weiteres Hindernis den Weg in den Oldenburger Stadthafen: die »Rollklappbrücke« der Eisenbahnstrecke von Bremen nach Oldenburg. Über Kanal 73 im Sprechfunk meldet man sich als Skipper ordnungsgemäß bei der »Oldenburg Bridge«, wie sie offiziell heißt, an und bittet um die Durchfahrt. Die wird uns nach einiger Wartezeit gewährt. Nun ja, schließlich muss dafür der Verkehr auf der Eisenbahn-Hauptstrecke unterbrochen werden. Aber jedes Boot oder Schiff, das ins Zentrum von Oldenburg will, muss unter dieser Brücke durch. Für die einen ist sie ein Hindernis, für die anderen ein technisches Denkmal: Die zweigleisige Brücke aus dem Jahr 1953 soll »die größte derartige Konstruktion« in Europa sein, heißt es in einem Stadtführer – was auch immer das bedeuten mag, es klingt überzeugend. »Die Überbrückungsweite beträgt 42 Meter«, heißt es weiter, und auch das klingt beeindruckend. Schön, dass wir zügig unter ihr durchfahren können, auch wir wollen ja nicht, dass Bahnreisende wegen der Ankunft der »Seestern« warten müssten.

Dahinter zweigt nach Backbord der »Küstenkanal« ab, eine Wasserstraße, die quer durch Ostfriesland bis zur Ems führt – und für die ein gelegter Mast natürlich Pflicht wäre. Der Kanal sieht einladend aus, seine Mündung in die Hunte lockt ja förmlich den Skipper an. Wir müssten nur den Mast legen und könnten auf diesem Kanal bis zur Ems gelangen … Aber direkt vor uns haben wir ja das Ziel: den Oldenburger Stadthafen. Der hat die passenden Dimensionen: Er ist nicht so groß wie der Europahafen in Bremen, aber doch groß genug, damit zwischen den alten Kaimauern und neuen Häusern ausreichend Liegeplätze angelegt werden konnten. Und wir finden sogar einen hervorragenden Platz, auf der Südseite des Schwimmsteges im hinteren Teil des Hafens. So ziehen wir die Leinen stramm, die »Seestern« liegt gut vertäut. Am Ende des Hafens rauscht ein Wehr und entlässt Wasser in das Becken. Am Nachmittag wird es immer voller, stoßweise kommen Yachten herein, wenn die Eisenbahnbrücke öffnet.

Wir sind also im alten Flusshafen von Oldenburg, der auch »Stau« genannt wird. Seit 1383 soll sich hier ein Anlegeplatz befinden. Die Hunte spielte eben seit jeher eine Rolle für den Schiffsverkehr, der von der Weser kam. Im 16. Jahrhundert nahm der Handel stark zu. Schiffe machten sich von Oldenburg auf den Weg nach Holland, England und sogar nach Übersee. Erst im 18. Jahrhundert verlor der Hafen seine überregionale Bedeutung als Handelsplatz. Dafür wurde hier auch viel Fisch umgeschlagen, der aber nicht von den Kuttern kam, sondern von Fischfängern, die ihn aus Dänemark und Norwegen angeliefert haben. Die Industrialisierung soll dem Anlegeplatz wieder etwas Aufwind verschafft haben, sodass die Hunte ausgebaggert wurde, die Deiche begradigt, damit auch die inzwischen größeren Seeschiffe Oldenburg anlaufen konnten.

Informationen zum schönen Oldenburger Yachthafen am Stau gibt es beim Oldenburger Yachtclub, Internet: oyc.de/standorte/stadthafen / Tel. 0441-12973.

Nicht weniger als 19 Schiffe trugen oder tragen übrigens den Namen »Oldenburg«. Das Erste war ein Segelkriegsschiff, das 1623 in Flensburg gebaut und in den Dienst der dänischen Marine gestellt wurde. Die Dänen schienen diesen Schiffsnamen zu mögen, denn auch bei späteren Segelkriegsschiffen tauchte der Name noch dreimal auf. Bekannt ist aber auch die Bark »Oldenburg«. Sie wurde 1851 in Geestemünde, dem heutigen Bremerhaven, auf Kiel gelegt. Über 200 Auswanderer konnte das Segelschiff von der Weser nach New York, Baltimore und New Orleans bringen. Erst fuhr sie für einen Reeder aus Brake, wurde dann aber nach fünf Jahren von der »Oldenburgischen Rhederei-Gesellschaft« übernommen. Viele Fahrten mit Auswanderern in die Neue Welt folgten. Einmal geriet die Bark in einen schweren Sturm vor New York, wie überliefert ist, bei dem eine See das Deck überspülte, Ladung und Ausrüstung von Bord riss und das Schiff mit über zwei Metern Wasser anfüllte. Es musste zurück an den Hudson River geschleppt werden, um repariert zu werden. Erst 1864, nach Beginn des Deutsch-Dänischen Krieges, verkaufte man das Schiff an eine Reederei aus St. Petersburg. Und das jüngste Schiff mit diesem Namen ist die bekannte Korvette »Oldenburg«, die 2013 für die Bundesmarine in Dienst gestellt wurde.

Der alte Lastenkran, der am anderen Ufer des »Staus« steht, zeigt, wie es hier um 1907 zugegangen sein muss, als das Stückgut entladen wurde. Der Kran der »Benrather Maschinenfabrik« ist sorgfältig restauriert worden. Gleich dahinter kommt ein schönes Café und Restaurant am Hafen, woraus heute ein Brauhaus geworden ist. Hier kehren wir häufiger in den nächsten Tagen ein, auch zum Frühstück, so schön dicht an unserem Boot.

Aber noch ein Faktor spricht für den »Stau«: Man ist schnell zu Fuß in der Innenstadt. Und die ist ja weit über Oldenburg hinaus bekannt. Auch so mancher Bremer schaut etwas neidisch auf die Fußgängerzone, die gern als Musterbeispiel genannt wird, wie eine lebendige Innenstadt aussehen kann. Unser erstes Ziel ist ein Restaurant am Rathausmarkt. Ich bestelle mir ein Steak, aber Birgit kann nicht widerstehen, ein Lamm zu ordern. Die vielen Schafe und Lämmer auf den Deichen haben sie eben doch inspiriert.

In den kleinen Gassen und größeren Straßen der Innenstadt kann man den ganzen Tag bummeln, sodass wir beschließen, einige Tage in der Stadt zu bleiben. Mich erinnert Oldenburg übrigens sehr stark an Odense auf der Insel Fynen in Dänemark, und das nicht nur, weil beide Städte ähnlich groß sind: Oldenburg kommt auf rund 169.000 Einwohner, in Odense zählt man 180.000. Beide Städte haben einen Hafen, der schon im Binnenland liegt und über eine Zufahrt von Schiffen angelaufen wird. Der »Odense Kanal« erinnert mich an die Hunte. Beide Städte haben aber weitläufige Innenstädte mit viel schönen älteren Bauten, wo nur wenige hohe Gebäude stehen. Und auch rings um die Innenstadt ist die Bebauung eher niedrig. So gibt es kaum Viertel, in denen sich mehrstöckige Mietskasernen aneinander reihen.

Zu den Sehenswürdigkeiten zählen die St. Lamberti-Kirche, deren höchster Turm 86 Meter hoch ist und die anderen Gebäude der Stadt überragt. Wann genau diese Kirche gegründet wurde, ist nicht bekannt. Aber sie muss schon sehr, sehr alt sein, denn im Jahr 1237 wird erstmals ein Pfarrer erwähnt. Der Reiseführer verspricht uns einen auffälligen

Kontrast zwischen der neogotischen Fassade und der klassizistischen Rotunde – das können wir beim Besuch von St. Lamberti gut nachvollziehen. Nach der schlichten Kirche nehmen wir uns noch das Oldenburger Schloss vor, das sehr prachtvoll daherkommt. Hier residierten die Grafen, Herzöge und Großherzöge von Oldenburg. 1867 war das Großherzogtum dem Deutschen Bund beigetreten. Doch auch danach, und selbst nach dem Ersten Weltkrieg, behielt es eine gewisse Eigenständigkeit durch den »Freistaat Oldenburg« in der Weimarer Republik.

Wir kehren aber zu unserem Liegeplatz im Stadthafen zurück, denn dort sind wir ja zu Hause. Der Platz ist komfortabel, gerade weil wir an einem Schwimmsteg liegen, der sich im Rhythmus von Ebbe und Flut auf- und absenkt. Die Leinen zum Schiff bleiben so immer gleich stramm. Mit unseren Bootsnachbarn halten wir schöne Schnacks. Es ist eine familiäre Atmosphäre hier im Hafen von Oldenburg. Wir treffen ein Ehepaar, das schon in Bremerhaven neben uns lag, und mit dem wir uns gut verstanden. Die beiden sind schon einmal den Küstenkanal entlanggefahren: »Zum einen ist das eine ganz tolle Strecke«, berichtet uns der Skipper, »weil man problemlos von der Hunte in die Ems kommt und auch Emden ansteuern kann. Zum anderen muss man aber aufpassen«. Warum das, möchte ich wissen. »Weil der Kanal manchmal kilometerlang geradeaus verläuft, ohne einen Baum und nur mit der Bundesstraße am Ufer. Da muss man aufpassen, dass man nicht einschläft.« Ich muss laut lachen, denn dieses Problem kenne ich ja noch von unserer Fahrt über die Havel.

Am Abend gibt es in der Universitätsstadt viele Kneipen, Bars und Restaurants. Nicht so viele wie in Kreuzberg sind das, aber doch eine ganze Menge. Die sind oft so originell eingerichtet, dass sich der Besuch lohnt. Wir ziehen gemeinsam mit unseren Segelbekannten los und bestellen ein schönes »Jever« nach dem anderen, das hier in Glaskrügen serviert wird.

»Jever« zählt neben »Flensburger« zu meinen Lieblingsbieren, wohl, weil der herbe Geschmack hier gut zur Küstenlandschaft passt, mit dem die Marke ja kräftig Werbung macht. Ich bin überrascht, wie viel Leben in den Gassen der Innenstadt auch spätabends noch herrscht – aus Hamburg ist man das nicht gewohnt, wo die Straßen der geschäftigen Innenstadt abends wie ausgestorben sind. Ein wenig, doch, ein wenig erinnert mich das wieder an Odense in Dänemark. Hier in Oldenburg, und besonders an der Wallstraße im Norden der Altstadt, stolpert der Besucher ja förmlich von der einen Kneipe in die nächste. Aber auch südlich davon, bis zum Rathaus, lockt der Besuch der Gaststätten. Als wir nach drei Tagen wieder ablegen und die Hunte wieder herabfahren bin ich mir sicher, dass Oldenburg einen Besuch lohnt, und das nicht nur für Freizeitskipper.

Nachdem wir die Eisenbahnbrücke wieder passieren konnten, fällt mir doch die starke Strömung auf, die uns mit dem ablaufenden Wasser die Hunte hinabtreibt. Vor der Brücke der Bundesstraße 212 müssen wir wieder auf die Brückenöffnung warten. Ich halte das Schiff in der Mitte des Stroms, wende aber und stelle den Bug stromaufwärts. Nun muss ich den Gashebel ungefähr zur Hälfte aufziehen, damit das Boot auf dem Fluss stehen bleibt. Das müssen fast drei Knoten Strömung sein, die hier unter uns durchfließen. Etwas gruselig: Wenn jetzt der Motor ausfallen würde, und die Ersatzmaschine gleichwohl auch, dann würden wir gegen die Brücke treiben. Aber der Motor fällt nicht aus, sondern hält uns auf Position.

Die Hubbrücke fährt hoch, die »Seestern« passiert als einziges Schiff. Hinter uns schließt sich die Brücke wieder – und bleibt dann stehen. Im Funk ist nichts mehr zu hören. Auf beiden Seiten der Brücke bilden sich lange Schlangen von Autos. Die Brücke schließt nicht. Das ist mir jetzt fast unangenehm: Da hat der Brückenwärter extra geöffnet, damit die »Seestern« passieren konnte, und jetzt bekommt er die Brücke nicht mehr zu. Später hören wir im Verkehrsfunk noch, wie die Sperrung der Bundesstraße bekannt gegeben wird, weil es einen technischen Defekt an der Huntebrücke gegeben hat. Na, da haben wir ja echtes Glück gehabt, dass wir noch durchfahren konnten.

Nach diesem Abstecher die Hunte hinauf ist Bremerhaven über die Unterweser ja wieder schnell erreicht. Dort haben wir ja nunmehr unser Boot dauerhaft liegen, im Fischereihafen, am Rande der Wattenmeeres und der Außenweser. Es wird Zeit, sich eingehender dem Wattenmeer zu widmen.

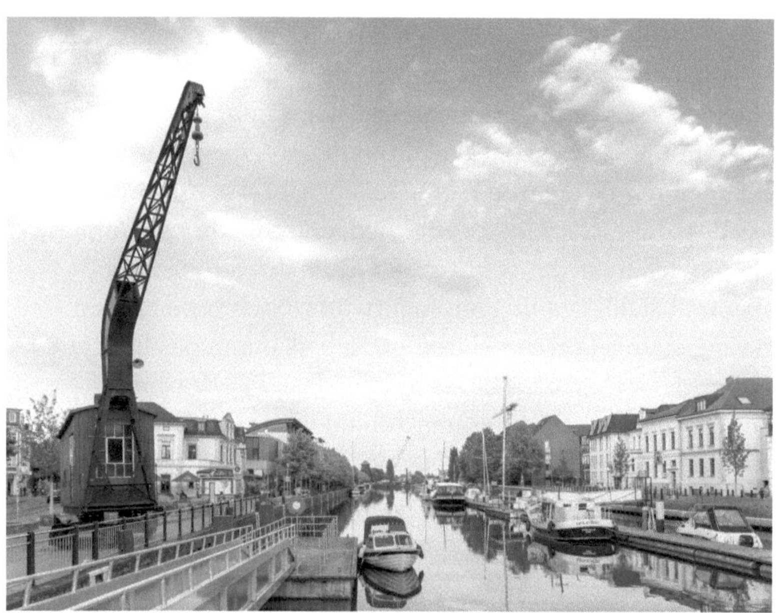

Der Hafen in Oldenburg am »Stau«

KAPITEL 11: WANGEROOGE UND DAS WATT

Der nächste Törn führte uns tief ins Wattenmeer und die erste Überraschung erwartete uns gleich auf der anderen Weserseite. Wir hatten in Fedderwardersiel festgemacht, einem Ort, der von Bremerhaven bequem erreicht werden kann, wenn man sich genau ans Wattfahrwasser hält. Man folgt also der Spur der Reisigbesen, die hier senkrecht im Schlick stehen, um die Fahrrinne zu erwischen. Fedderwardersiel hat einen kleinen Segelhafen, der ein Problem hat: Er ist ziemlich verschlickt und fällt trocken. Nun kann ich mich an den Hafen von Otterndorf erinnern, in dem die »Seestern« sanft eintauchte und stehen blieb. »Wird schon schiefgehen«, sagen wir uns. Nach dem Festmachen ist mir leider eine Kurbel für die Winschen ins Wasser gefallen, was mich schon geärgert hat. Sie versank einfach im braunen Nordseewasser und ward nicht mehr gesehen.

Wir besuchten ein gutbürgerliches Restaurant im Ort, das für meinen Geschmack schon etwas sehr gutbürgerlich war. Die vollen Räume mit dem penetranten Fischgeruch, zu dem sich etwas Modriges mischte, machten nicht unbedingt Appetit. Als wir wieder nach draußen traten, staunte ich über den schönen Blick, hinüber bis nach Bremerhaven, dessen Silhouette sich breit am Horizont erstreckte. Aber dann, nach einigen Schritten, kamen wir dem Hafen näher.

Das Bild, das sich bot, jagt mir sofort einen Schrecken in die Glieder. Fast hätte ich noch gesagt: »Birgit, sieh nicht hin.« Aber nicht hinsehen ist auch keine Lösung. Also: Die »Seestern« war umgekippt. Sie lag auf der Seite auf dem harten Untergrund. Der Kiel zeigt in Richtung der Hafenausfahrt, der Rumpf in Richtung des Schwimmsteges, der trocken auf dem Schlick stand. Ich bin entsetzt, aber auch ein wenig fasziniert: So sieht das also aus, wenn der Untergrund zu hart ist und das Boot nicht einsinken kann. Und so sieht es aus, wenn ein Hafen nicht »verschlickt«, das ist einfach das falsche Wort, sondern »versandet«. Da hat sich das Küstenhandbuch, das wir dabei hatten, getäuscht.

Wir klettern an Bord unseres schiefen Bootes und stellen fest, dass eigentlich alles in Ordnung ist. Alte »Nordseehasen« mögen über die Aufregung lachen, wenn ihnen das alle naslang passieren sollte. Sie würden draußen im Watt lange Streben an der Seite des Schiffes anbringen, die auch »Wattstützen« genannt werden. Die können das Schiff aufrecht stehen lassen. So etwas möchte ich auch einmal anschaffen, aber wir haben solche Stützen noch nicht. Fasziniert schaue ich, wie sich alles in einem steilen Winkel nach unten neigt. Meine Stimmung hebt sich aber entscheidend, als ich über das Heck auf der Backbordseite schaue: Da liegt doch tatsächlich unsere Winschkurbel im Sand. Einfach so. Man hätte sie niemals gefunden, solange noch Wasser im Hafenbecken war. Aber nachdem es trocken gefallen ist, war es kein Problem mehr, sie auszumachen, zu greifen und herauszuholen. Ein wenig mit Wasser den Sand abgespült und sie war wie neu.

Ich bin etwas versöhnt mit dem Hafen. »Das war erst erschreckend, dann aber doch auch amüsant«, findet Birgit. »Wir haben uns dann einfach in dem schrägen Schiff schlafen gelegt.« In der Nacht füllt sich das Becken wieder mit Nordseewasser, und als wir am Morgen aufstehen, sieht alles wieder ganz normal aus, gerade so, wie wir am Abend eingetroffen waren. Nun ja, nicht ganz, das Wasser ist wieder am Ablaufen. Wir müssen warten, da wir planen, ein Wattenhoch zu überqueren. Und das tut man tunlichst nur bei auflaufendem Wasser, wenn genug von der Nordsee über dem »Schlickhügel« steht.

Also warten wir noch eine Tide ab, dann machen wir uns auf den Weg in die »Kaiserbalje«. Ein toller Name für die Strecke. Das ist eine Abkürzung durch den Sand, die von der Weser in die Jade führt, also die Verbindung von Bremerhaven nach Wilhelmshaven. Sechs Seemeilen ist die Strecke vom Fedderwarder Siel bis zur Ausfahrt des Wattfahrwassers lang, 34 Seemeilen wären es außen herum, wenn man die Sandbänke in der Außenweser umschiffen würde. Als der Jade-Weser-Port bei Wilhelmshaven geplant wurde, war auch darüber diskutiert worden, die »Kaiserbalje« auszubaggern, damit Seeschiffe zwischen den Terminals nach Bremerhaven pendeln könnten – geschehen ist nichts. Und so haben wir Freizeitskipper den kleinen Weg durchs Watt ganz für uns.

Das klappt ja zunächst auch bestens: Wir lassen die kleinen Pricken immer schön seitlich liegen. Als wir das Watthoch passieren, kommen uns einige andere Segler entgegen. Unser Außenborder wummert vor sich hin und treibt uns durchs Watt, zum Segeln ist es wieder zu schwach windig. Es ist wieder ein wenig so, als ob man einen Alpenpass überschreitet, denke ich, als wir das Wattenhoch passieren. Doch kurz darauf passiert Unheil: Eine Strömung treibt das Boot zu Seite, ich reagiere nicht schnell genug. Wir werden auf den nächsten Reisigbesen hinauf gedrückt, und in einem Wellental erwischt das Boot den Besen. Was jetzt passiert, dauert nur Sekunden, aber ich habe es viel länger in Erinnerung: Der Propeller des Außenborders verfängt sich im Reisig. Die nächste Welle hebt unser Boot an, und mit einem lauten Knacken bricht die Halterung des Außenborders. Ich schaue sofort zum Heck und staune: Zwei Kabel gehen vom Boot über die Badeplattform in die Nordsee. Sie verschwinden einfach im Wasser. Das sind die Stromkabel, mit denen der Außenborder Energie aus seiner kleinen Ladespule in die Batterien abgeben kann. »Da wird doch nicht?«, denke ich, um in der nächsten Sekunde auch schon instinktiv an den Kabeln zu ziehen. Der Deckel des Außenborders kommt zum Vorschein. Ich packe ihn und wuchte das schwere Gerät in einem Schwung ins Cockpit. Wie gesagt – das hat nur wenige Sekunden gedauert, und Birgit hat ebenso instinktiv die Pinne ergriffen, um das Schiff zu steuern.

Der nächste Griff geht zum Starter des Innenborders. Was bin ich glücklich, dass wir ihn haben und er anspringt! Schnell den Gashebel etwas nach vorne gedrückt, Birgit kann das Boot wieder auf das Wattfahrwasser zurücksteuern, von dem wir abgekommen sind – glücklicherweise ohne eine Grundberührung zu haben. Mit dem geretteten Außenborder auf der Sitzbank im Cockpit setzen wir die Fahrt fort.

Als wir am Abend in der Marina von Hooksiel festmachen, dicht bei Wilhelmshaven, nehme ich mir den Außenborder vor. Ich weiß ja, dass es jetzt darum geht, schnellstmöglich das Salzwasser zu entfernen, damit ja nichts rostet – der größten Gefahr für einen untergetauchten Motor, wie man in einschlägigen Sachbüchern nachlesen kann. Unter der Haube drehe ich die Zündkerzen aus ihren Bohrungen. Alles trocken da drinnen, stelle ich beim Drehen des Motors fest. Das waren wohl nur wenige Sekunden im Salzwasser, die zwar ausreichten, um den Motor abzuwürgen, aber nicht, um ihn von innen zu fluten. Trotzdem nehme ich im Abendlicht in der Marina alles auseinander, so gut es geht, reinige die Teile, öle alles, woran ich komme und mache auch noch einen kompletten Ölwechsel. Die Materialien dafür haben wir glücklicherweise an Bord.

Am Hooksieler Tief, das eingedeicht und über eine Schleuse erreichbar ist, liegt die Marina Hooksiel. Die große Anlage ist sehr idyllisch beim Ort gelegen und bietet rund 400 Liegeplätze - ein schönes Ziel am Rande der Jade und des Wattenmeeres. Info: hafenmeister@wangerland.de; Tel. Hafenmeister 04425 430.

Am Abend gehen wir in der »Muschel« essen. Meine Verlobte ist ganz begeistert von dem Lokal: »Dass man so eine Architektur hier findet und so gutes Essen«, sagt sie. Die »Muschel« steht am Rande des Yachthafens. Sie war gebaut worden, als das Hooksieler Binnentief noch nicht eingedeicht war. Heute passt der Bau mit seinen großen Glasscheiben und schwungvollem Beton von 1965 immer noch hervorragend hier ans Ufer.

Aber eines fehlt uns doch: die Halterung des Außenborders. Denn während der Motor ganz geblieben ist, ist das Sperrholz der Halterung einfach durchgebrochen. Das ist eigentlich gut so, denke ich, durch so eine »Sollbruchstelle« hat der Motor keinen Schaden genommen. Andererseits hätte es auch halten können. Aber die Kräfte einer Welle, die ein ganzes schwimmendes Boot nach oben hebt, müssen doch gigantisch sein.

Ich stehe an einer Bushaltestelle in Hooksiel am nächsten Morgen. Jetzt geht es darum, zum nächsten Baumarkt zu fahren, was länger dauert als geplant. Denn ich muss von der Endhaltestelle noch eine halbe Stunde durch ein Gewerbegebiet marschieren, bis ich den Baumarkt erreiche. Im Örtchen Hooksiel war nichts zu machen, da gab es keine Ersatzteile. Und hier oben »auf dem Land« fahren die Busse eben nicht regelmäßig und auch nicht direkt zum Ziel. Der Verkäuferin in der Holzabteilung schildere ich unser Leid und sie weiß Rat.

Zwar hat sie keine Platte in der benötigten Stärke, aber sie hat drei Platten, die ich aneinanderkleben kann. Und den passenden Bootslack, um das Ganze wasserfest zu machen. Und neue Edelstahl-Schrauben, um die Halterung zu befestigen. Mit meinem Bausatz »bewaffnet« mache ich mich von Wilhelmshaven wieder auf den Weg nach Hooksiel.

So gesehen wäre es wohl besser gewesen, gleich in die Stadt an der Jade zu fahren und in einem der vielen großen Segelhäfen dort festzumachen. Den Besuch in Wilhelmshaven holten wir später nach, es lohnt sich, dort festzumachen. Aber jetzt liegen wir in Hooksiel. Am Nachmittag baue ich alles auf: Mit meinem Akkuschrauber bohre ich die Befestigungslöcher, verklebe die Platten, lasse sie trocknen und lackiere das ganze Objekt. Über Nacht darf das Teil trocknen, am nächsten Morgen montiere ich es an den verbleibenden Teilen der Außenbordhalterung. Es sieht bombenfest aus und es ist auch so, denn die Platte ist viel stärker als die, die durchgebrochen war. Sie hat noch lange den Außenborder getragen – und tut es wohl heute noch.

Den Außenborder haben wir übrigens auf dem Abschnitt von Hooksiel nach Wangerooge gleich noch einmal benötigt, und zwar zusammen mit dem Dieselmotor. Die Strecke dorthin durchs Watt verläuft bis Schillighörn nach Norden, dann zweigt nach nur zwei Seemeilen das Minsener-Oog-Wattfahrfasser nach Westen ab. Wir biegen hinein. Das Fahrwasser windet sich vor der Küste der gleichnamigen Insel hin und her. Dabei kommt es auch dem Strand gefährlich nahe. Wir fahren hier wieder mit dem Außenborder, schließlich will ich ihn etwas laufen lassen, damit ja nichts von dem unfreiwilligen Bad zurückbleibt. Und wie wir nun eine Biegung nehmen und das Fahrwasser wieder weg vom Strand führt, packt uns eine Strömung. Diesmal aber mit aller Macht. Ich staune: Das Boot wird im Fahrwasser zurückgedrückt, obwohl der Außenborder auf voller Leistung röhrt. Das reicht offensichtlich nicht, um gegen die Strömung anzukommen. Die »Seestern« nähert sich dem Strand auf eine bedrohliche Entfernung. Wieder handele ich instinktiv und werfe mit Knopfdruck den Diesel an, der sofort startet. Dann schiebe ich den Gashebel nach vorne. Der zweite Propeller packt zu, sofort ist die Abdrift gestoppt und wir fahren gegen die Strömung an. Es ist, als ob man in einem Geländewagen den Allradantrieb zugeschaltet hat, weil man einen Berg hochfahren muss.

Der zehn PS vom Außenborder und der 13 PS Diesel schaffen es spielend, das Schiff wieder auf Kurs ins Fahrwasser zu bringen. Kurz vor der Mündung in der Minsener Balje schalte ich den Außenborder aus und hebe die Halterung wieder an. Ich bin beeindruckt, was für Strömungen hier im Watt auftreten können. Ich merke aber auch, wie wichtig eine ausreichende Motorisierung ist. Nicht bei ruhigem Wetter ist das entscheidend, auch nicht für Binnentörns, wie einst auf dem Wannsee. Vielleicht nicht einmal für die Ostsee. Aber im Watt, das sollte niemand unterschätzen, kann es sehr starke Strömungen geben. Mit dem Außenborder allein hätten wir es nicht geschafft, die Strecke zu passieren.

Wir fahren im Watt hinter den Inseln. Mittlerweile kenne ich die größeren sieben Inseln relativ gut. Da wäre Borkum ganz im Westen, das groß und städtisch ist. Norderney ist für meinen Geschmack etwas zu dicht bebaut. Juist und Baltrum sind schöne Inseln, aber am schönsten finde ich die westlichen drei: Spiekeroog, Langeoog und Wangerooge. Ihre Häfen sind schön, nicht so groß wie auf den anderen Inseln. Und ihre Ortschaften, besonders auf Spiekeroog mit den grün lackierten Holzverblendungen an vielen Häusern, sind hübscher und überschaubarer. In diesem Revier treiben wir uns einige schöne Tage herum.

Beim Festmachen ist uns ein schlimmer Fehler passiert: Birgit wäre fast ins Wasser gestürzt, als sie am Vorschiff die Leinen zum Steg ausbringen wollte. Es heißt ja immer, man sollte nicht an Land springen, und an diese Regel sollte man sich auch besser eisern halten. In diesem Fall höre ich einen Schrei von vorne und stürze sogleich am Deckshaus vorbei aufs Vorschiff, wo ich meine Verlobte nicht mehr stehen sehe. Stattdessen hängt sie jetzt vor dem Bug und hält sich an den Festmacherleinen fest. Sie ist glücklicherweise nicht ganz ins Wasser gestürzt. Ich kann ihr wieder an Bord helfen, in dem ich kräftig an den Leinen ziehe. Aber fast wäre sie im Hafenbecken von Wangerooge gelandet.

Der Hafen der Insel hat eine ganz eigene Atmosphäre, anders als auf den anderen Inseln. Übrigens gehört Wangerooge nicht zu den Ostfriesischen Inseln, wie mir eine Frau im Buchladen der Insel erklärte. Sie war nie Teil Ostfrieslands, sondern gehörte eben zum Herzogtum Oldenburg. Das sollte man beachten, wenn man von einem Segeltörn zu den Inseln schreibt.

Der Hafen aber ist nicht nur einmalig, weil er so schön zwischen den Dünen und Sänden am Westende der Insel liegt. Sondern, weil in ihm immer nur kurz Betrieb herrscht. Das ist der Fall, wenn die Fähre vom Festland eintrifft. Dann laufen die Urlaubsgäste und Einheimischen über die Mole und steigen in die schöne alte Inselbahn. Sie wird immer noch von der Deutschen Bahn betrieben, während ihre Schwestern auf Langeoog und Borkum von den Gemeinden unterhalten werden. Da steht also nun dieser lange Zug auf dem Anleger, und wenn alle eingestiegen sind, fährt er ratternd ab und verschwindet in den Salzwiesen, die zwischen dem Anleger und dem Ort liegen. Dann herrscht Stille im Inselhafen. Nur noch wenige Spaziergänger kommen hier heraus, der Hafen gehört ansonsten ganz den Einheimischen und den Seglern, die hier festgemacht haben. Im Haus des »Jacht- und Segelclubs Wangerooge« gleich am Anleger gibt es eine schöne Gaststätte. Hier haben wir eigentlich jeden Abend verbracht, so gemütlich war es. Man schnackt mit anderen Seglern, die viel über das

Revier zu erzählen haben. Es gibt Bier und andere Getränke und auch Kleinigkeiten zu Essen. Entweder man sitzt drinnen in der gemütlichen Kneipe oder draußen auf der hölzernen Terrasse, von der man über den Hafen und das Watt weit bis zum Festland schauen kann.

Zu jedem guten Watttörn, möchte ich einmal sagen, gehört eine Grundberührung. Nein, das ist vielleicht etwas übertrieben. Aber wir bleiben auf dem Rückweg nach dem Besuch Spiekeroogs dennoch im Schlick stecken. Wir fahren das Wattfahrwasser und am Kajütschott ist der Bildschirm des Echolotes angeschraubt. Es zählt immer flacher: 0,5 Meter, 0,2 Meter, 0,0 Meter und dann gibt es einen sanften Ruck und die »Seestern« bleibt stecken. Wir haben aber auflaufendes Wasser, darum ist das kein Drama, hoffe ich. Wir konnten es eben nicht abwarten, das Wattenhoch zu passieren. Weil wir etwas früh dran waren, ist jetzt Schluss. Der einzige Schönheitsfehler: Wir liegen mitten im schmalen Wattfahrwasser. Und wir möchten ja, dass Boote mit weniger Tiefgang passieren können. Also setze ich die »Seestern« zurück, was problemlos geht. Vorsichtig fahre ich aus dem Wattfahrwasser 20 Minuten heraus, den gleichen Weg, den wir eben noch gekommen sind. In einer etwas breiteren Stelle eines Prils machen wir dann halt. Um es einige Minuten später noch einmal zu versuchen. Einen Meter Wasser zeigt das Echolot, dann 0,5 Meter Wasser – flacher wird es nicht mehr. Wir können im zweiten Anlauf problemlos passieren. »Diese Prile sind aber auch ganz schön spannend«, lautet Birgits Kommentar dazu.

Mit einem Zwischenstopp in Wilhelmshaven laufen wir nach unserem Watttörn wieder Fedderwardersiel an. Das soll uns auf der Rückfahrt nach Bremerhaven noch eine Pause ermöglichen. Und uns hatten kundige Einheimische, zumindest wirkten sie so, noch den Tipp gegeben, im südlichen Teil des viereckigen Hafens festzumachen. Da sei der Untergrund weicher und wir könnten einsinken. Gesagt heißt dann auch getan. Wir laufen mit der »Seestern« ein, suchen uns einen Platz am südlichen Steg aus und machen fest. Wir bringen noch einige Festmacherleinen zusätzlich an, von der gegenüberliegenden Schiffsseite, um das Boot ja schön abzustützen. Nun raten Sie einmal, was passiert ist. Ja, natürlich, mitten in der Nacht fällt mir auf, dass sich unser Bett neigt. Wir haben das große Doppelbett im Salon ja quer zum Schiff eingebaut.

Und jetzt geht langsam aber sicher der Kopf nach oben, während die Beine nach unten zeigen. Die Neigung wird immer stärker, und mir ist sofort klar, was passiert. Ich schlafe einfach weiter. Als ich am nächsten Morgen aufwache, ist das Bett wieder absolut eben, keine Neigung ist mehr zu spüren. Da hat sich die »Seestern« also in der Nacht einmal schön auf die Seite gelegt, um dann mit auflaufendem Wasser wieder freizukommen. Es war also nichts mit dem angeblichen »weicheren« Untergrund auf der Südseite. Damit muss man wohl rechnen, wenn man einen Hafen wie »Fedderwardersiel« anläuft.

Informationen zu den Yachthäfen auf den Inseln im Wattenmeer: Wangerooger Yachtclub, Internet: www.wyc-wangerooge.de. Yachthafen Langeoog, Internet: www.sv-langeoog.de/yachthafen / Tel. Stegwart 0173 8832567. Yachthafen Spiekeroog, Internet: spiekeroogersegelclub.de, Tel. 04976-9598822.

Die Kontaktdaten für Segler auf Helgoland sind: Wassersportclub Helgoland, Internet: wsc-helgoland.de, Tel. 04725 7211, beziehungsweise www.helgoland.de/rathaus/rathausundpolitik/haefen/

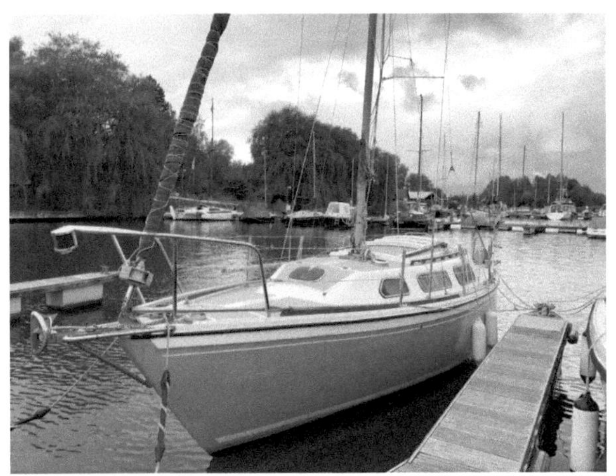

Die »Seestern« am Steg in Bremerhaven

KAPITEL 12: HELGOLAND UND DIE NORDSEE

Wir haben noch viele schöne Törns in diesem Revier gemacht. Neben Fahrten zu den ostfriesischen Inseln, die wir entweder durchs Watt von »hinten« oder über die Nordsee von »vorne« ansteuerten, gehörten auch Törns auf der Außenweser dazu. Aber ich hatte mir ja noch einen »Knoten ins Segeltuch« gemacht (das war natürlich nicht wörtlich gemeint). Eine Erinnerung an die noch anstehende Fahrt war aber auch nicht nötig: Als »Königin« der Ziele in der Deutschen Bucht blieb uns Helgoland präsent.

Dass unsere »Seestern« möglicherweise doch etwas klein für die Nordsee ist, merkte ich auf diesem Törn nach Helgoland. Der »rote Felsen«, ich mag diese Bezeichnung für die deutsche Hochseeinsel, jedenfalls mehr als der »Fuselfelsen«, die man ja auch gelegentlich hört, ist ein tolles Ziel. Von Cuxhaven kann Helgoland gut angesteuert werden, von Bremerhaven aber ebenso. Vom Fischereihafen waren es 46 Seemeilen bis nach Helgoland und wir benötigten für den Törn rund neun Stunden. Am Anfang hatten wir das ablaufende Wasser in der Außenweser, das uns kräftig beschleunigte. Am Ende war dagegen der Wind nicht stärker als drei Beaufort, sodass wir nicht mehr so schnell waren. Über den Wurster Arm und die Tegeler Plate verließen wir das Mündungsgebiet zwischen den Sandbänken des Wattenmeeres.

Da draußen, nahe der Tonne »Nordergründe Nord«, wog sich die Nordsee in einer gleichmäßigen, langen Dünung. Die Wellen waren nicht unbedingt niedrig, aber sie zogen in gleichmäßigen Bahnen heran, hoben das Boot sanft an und ließen es ins nächste breite Wellental sinken. Das war angenehmer als auf der Ostsee, wo mir die Wellen immer steiler vorkamen. Die großen Schiffe, die die Weser verlassen, hatten wir an Backbord gelassen. Aber das Fahrwasser zur Außenelbe mussten wir noch kreuzen – schön in gerader Linie, wie es heißt. Das schafften wir auch unter Segeln. Danach mussten wir nur noch knapp acht Seemeilen nach Nordwesten segeln.

Was mir da draußen besonders gut gefiel, war die Farbe des Wassers. Das Meer ist nahe dem Watt nun einmal bräunlich, manchmal schimmert es auch gräulich. Durch die vielen Schwebeteile ist es immer etwas trübe. Aber da draußen: Klares, blaues Nordseewasser umgab uns. Man konnte tief hinunterschauen, auch wenn es dort unten nichts auszumachen gab, weil das Meer entlang dieser Strecke 26 bis 33 Meter tief war.

Nein, etwas klein kamen wir uns trotzdem auf der »Jaguar 25« vor, inmitten der Weite der Nordsee, mit den großen Frachtschiffen hinter uns, die in einer Linie die Elbmündung ansteuerten. Die Wellen schnitt ich am Kamm schön an und ging im Wellental wieder auf den alten Kurs. Auf der Spitze der Welle zu drehen kam mir – verzeihen Sie den absurden Vergleich – so vor, als würde man in den Bergen eine Buckelpiste hinabfahren auf Skiern. Es kam mir nur so vor, denn die langgezogenen Wellen waren mit den Buckeln nicht wirklich vergleichbar, und ich steuerte ja auch eine kleine Yacht und nicht nur zwei Skier.

Auf solchen Törns von neun Stunden Dauer möchte man

einfach »etwas mehr Schiff« um sich herum haben. Gewiss, es gibt kleinere Boote, die zu größeren Reisen aufgebrochen sind. Und mit einem Internationalen Folkeboot oder einem anderen Langkieler in dieser Größe würde ich die Reise auch jederzeit antreten. Aber die Jaguar war nun einmal kein Langkieler, und auch wenn sie ein Gewicht von rund zwei Tonnen mit sich brachte, war sie nicht für die Hochsee, sondern für Küstengewässer entworfen worden. Wir wollen da einmal realistisch bleiben.

Der Törn war recht problemlos. Doch auch die alten Segel und demzufolge das eher gemächliche Tempo des Schiffes trübten hier draußen auf See die Freude. Später holte ich Angebote von Segelmachern ein und plante noch, das Schiff mit einer neuen Garderobe auszurüsten, ebenso, wie die »Refit«-Arbeiten abzuschließen, denn noch immer war der Wassertank im Vorschiff nicht angeschlossen.

Ich tat es aber nicht mehr. Erst verließ ich aus beruflichen Gründen Bremen – leider, möchte ich heute sagen - um bei einer Regionalzeitung weiter im Norden »anzuheuern«. Das Boot legten wir passend dazu wieder an die Ostsee. Dann aber wechselten wir das Schiff und stiegen auf unsere größere Vindö um, die wir heute segeln. Vorher machten wir noch einen letzten großen Törn, der uns von Schleswig-Holstein bis nach Göteborg brachte. Das war eine lange Reise die dänische und die schwedische Küste entlang, wo sich das Boot für uns ein letztes Mal bewährte. Später segelten wir mit unserer Vindö über Schweden hinaus auch in den Oslofjord.

Aber wie war es nun eigentlich auf Helgoland? Wir suchten uns im Südhafen einen Platz im Päckchen aus, denn der war, wie so häufig im Sommer gerammelt voll. Zwar hat dieses sehr große Hafenbecken viel Platz, aber es gibt Stege nur an den Seiten, sodass die Schiffe nebeneinander festmachen müssen. Der Nordhafen, der im Sommer ebenfalls als Yachthafen hergerichtet wird, war schon voll. Dann bummelten wir über die Insel: Erst die Promenade entlang, die vom Hafen in das Unterland führt, vorbei am Postkartenmotiv mit den bunten Hummerbuden. Dann durch das Unter- und das Oberland.

Helgolands Inselort ist ja in einer kompletten 1950er-Jahre Architektur wieder aufgebaut worden. Nun kann man sich darüber wundern oder es nicht schön finden, ich finde es aber ganz gelungen. Denn der Ort strahlt eine Leichtigkeit aus, die anderen Seebädern mit ihren schweren Bauten schnell abgeht. Wobei ich nicht verschwiegen möchte, dass manche Gaststätte und manches Geschäft so wirkt, als sei es auf den schnellen Besuch von Tagesgästen ausgerichtet, und viele Sonderangebote anpreist.

Aber: Man kann sich hier ja bestens verproviantieren. Deutsche Nordseesegler wissen, dass es auf Helgoland relativ günstigen Diesel gibt, mit dem man volltanken kann. Davon machten wir Gebrauch, ebenso wie von den Duty-Free-Läden auf der Insel, um unsere Bordbar zu komplettieren. Wobei wir wirklich aufpassten, nicht zu viel mitzunehmen, denn eine Kontrolle durch den Zoll wollte ich nicht riskieren. Und wir hatten auch auf der Insel selbst eine Menge konsumiert, wie ich zugeben muss.

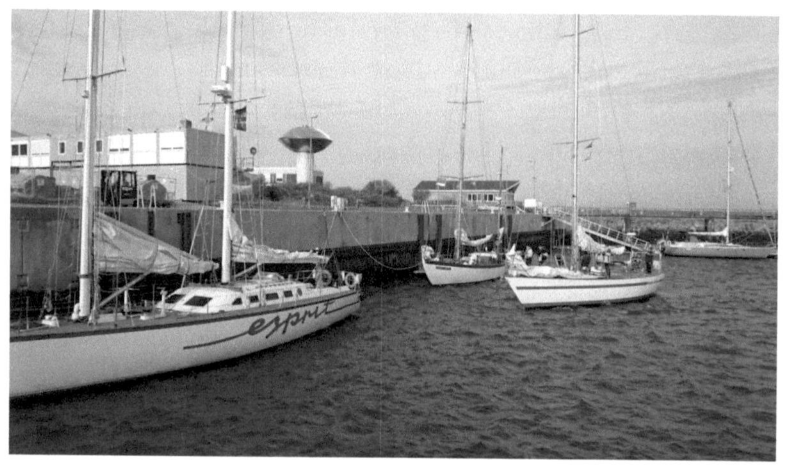

Im Südhafen auf Helgoland

Am Abend zum Beispiel, im »Café Krebs« im Oberland, war gerade am Wochenende schwer etwas los: In der kleinen Diskothek im ersten Stock wurden die Longdrinks in Biergläsern zu je 0,5 Liter serviert. Von dort ging der Blick aus den Fenstern weit über die Düne hinaus auf die offene See. Im Dunkeln blitzen die Seezeichen, der Leuchtturm auf dem Oberland sendet seinen Lichtstrahl um die Insel. Dazu ist dieses Lokal ein Traum für jeden Liebhaber von Gin Tonic, ein Getränk, der sich auch an Bord vieler Segelboote zu einem schönen »Anlegedrink« gemausert hat. Gut, dass wir am Ende noch ohne Probleme den Weg vom Oberland zu unserer »Seestern« gefunden haben.

Der frische Nordseewind half aber schnell, wieder munter zu werden. Natürlich machten wir uns auch auf den Weg über den Rundkurs auf dem Oberland. Dieser Spazierweg führt einmal längs der Klippen entlang und ist gut eingezäunt, damit man den Felsen nicht zu nahe kommt. Hier brüten die Lummen auf den kleinen Vorsprüngen im Felsen. Die Trottellummen, die hier heimisch sind, haben einen eigenen Felsen, der ein kleines Naturschutzgebiet ist: der Lummenfelsen. Im Sommer stürzt sich dann der Nachwuchs bis zu 40 Meter in die Tiefe, um zu fliegen und das Meer zu erreichen, das ist dann der spektakuläre Lummensprung. Gerade der Rundweg mit den Vögeln haben es Birgit auf dieser Insel angetan.

Die andere große Attraktion war natürlich die Insel Düne, die im Osten vor der Hauptinsel liegt. Eine kleine Fähre brachte uns dorthin. Hier gibt es einen besonders schönen Strand und auch den kleinen Helgoländer Flugplatz (übrigens soll das der Ort gewesen sein, an dem Reinhard Mey sein Lied »Über den Wolken« geschrieben hat). Der Rundgang einmal um die Insel war ungefähr drei Kilometer lang und er lohnte sich. Ganz im Süden konnten wir nicht widerstehen und haben ein Herz auf den kleinen Leuchtturm »Helgoland Düne Oberfeuer« gemalt, um unseren Besuch zu verewigen – aber »Psst!«, das ist natürlich geheim. Gleich daneben bot sich ein Besuch im Dünenrestaurant an. Die Fähre brachte uns durch das schöne, tiefblaue Wasser dann wieder zurück zum Anleger auf der Binnenreede auf der Hauptinsel.

Unseren Liegeplatz zwischen Cassen Eils Wai und Westhafen haben wir erst nach einigen Tagen wieder verlassen, so schön war es auf Helgoland. Die Insel bot einfach eine einmalige Mischung aus schönster Nordsee, rauem Felsen und – nun ja – Einkaufserlebnis. Denn eine schöne, kräftige Segeljacke habe ich in einem Geschäft im Unterland auch noch erworben.

Kleiner und kleiner wurde schließlich der Punkt am Horizont, als wir wieder auf Süd gingen, nachdem wir den Hafen verlassen hatten. Die Ausflugsdampfer liegen vor der Insel noch auf Reede, sie werden erst am Spätnachmittag fahren, während wir schon am Vormittag unterwegs nach Bremerhaven sind. An unserem Abreisetag waren die Bedingungen wieder günstig für den langen Törn zurück in die Außenweser, da der Wind gleichmäßig aus West wehte und nicht stärker als fünf Beaufort in Böen war. Das waren die denkbar besten Bedingungen für die kleine »Seestern«. Nach 21,8 Seemeilen erreichten wir wieder den Leuchtturm »Alte Weser«, das Seezeichen, das für uns wieder den Beginn der Außenweser markierte. Nach weiteren 26 Seemeilen über das alte Fahrwasser östlich der Tegeler Plate konnten wir die Schleuse vor dem Fischereihafen anfahren.

Bei dem Törn haben wir vor allem auf das Wetter und die Windvorhersage Acht gegeben, wir wollten nicht bei sechs oder sieben Beaufort draußen auf der Nordsee sein. Und natürlich versuchten wir an alle Vorsichtsmaßnahmen für längere Törns auf dem offenen Meer zu denken, zu denen Schwimmwesten gehören, Leinen, an denen man sich festpicken kann und ein funktionierendes Rettungssystem, etwa durch einen Notfallsender wie eine »ePirb«. Ich denke, am kompliziertesten an unserer Route war der Törn durchs Watt und sich an die richtigen Betonnung zu halten, was Dank guter Seekarten aber nicht schwer ist. Wer es möglichst kurz nach Helgoland mag, dem sei wieder Wangerooge empfohlen: Nur noch knapp 26 Seemeilen sind es vom Wangerooger Hafen bis zum »Roten Felsen«.

Wir haben auf diesen Reisen sehr unterschiedliche Reviere kennengelernt: die Berliner und Brandenburger Gewässer, das Haff, die Ostseeküste in Mecklenburg-Vorpommern und die Nordsee zwischen Elbe, Weser und dem Wattenmeer. Für das Segeln im Binnenland spricht nicht nur, dass man dort sehr geschützt von Wind und Wetter unterwegs sein kann. Auch sind die »Einstiegshürden« zum Segeln einfach niedriger. Bereits mit einem relativ kleinen Boot, das auch günstig sein kann, ist es möglich, tolle Fahrten auf dem Wannsee, auf dem Müggelsee und in den anschließenden Gewässern zu unternehmen. Einen klappbaren Mast würde ich dabei aber haben wollen und einen kleinen Motor. Sonst wäre ja vor der nächsten Brücke Schluss. Wenn man dann noch zum Beispiel einen kleinen Jollenkreuzer sein Eigen nennen kann, der eine Kajüte mit Schlafplätzen bietet, dann kann man auch mehrtägige schöne Törns unternehmen. Mehr braucht es nicht, um im Binnenland unterwegs zu sein. Das gilt mit Einschränkungen auch für das Stettiner Haff und die Boddengewässer. Wir haben dort schon beträchtliche Wellen erlebt, die ich nicht mit einer Jolle durchfahren möchte. Dann würde ich lieber in einem nahegelegten Hafen bleiben.

Die »nächste Stufe« wäre die Ostseeküste. Hier sind die Anforderungen an das Schiff und die Ausrüstung schon etwas höher, denn dort bewegen wir uns schon auf dem offenen Meer. Dass es keine nennenswerten Gezeiten gibt, macht die Törns aber schon einfacher als auf der Nordsee. Wir konnten segeln, wenn der Wind und das Wetter passten, mussten aber keine Gezeitentabellen studieren. Nur manchmal bildete sich die berühmte »steile Ostseewelle«, die sehr abgehackt daherkommt. Auch dann wäre es besser, im Hafen zu bleiben.

Segeln auf Elbe und Weser ist auch mit kleineren Booten möglich. Mit einem Kielboot wäre man etwas sicherer unterwegs, mit der Jolle könnte man sich aber auch weit in die Wattengebiete in beiden Flüssen vorwagen. Das ist auch eine schöne Möglichkeit, ein Revier richtig kennenzulernen. Angesichts des Schiffsverkehrs und der Strömungen von Ebbe und Flut plädiere ich dafür, einen guten, stärkeren Außenborder dabei zu haben, der – Sie erinnern sich – auch anspringt.

Und schließlich die Nordsee, die unter den deutschen Seegebieten sicherlich die höchsten Ansprüche an das Boot und seine Besatzung stellt. Man sollte schon Erfahrungen mit der Tide haben, bevor man sich raus wagt, und auch das Wissen der einschlägigen Sportbootführerscheine wie »See« und »SKS« aufgefrischt haben.

»Jedes Revier hat doch seinen eigenen Reiz«, findet Birgit.

»Da ist der beschauliche Wannsee am Rande der Großstadt, da ist die Weite der Ostsee und schließlich die Nordsee mit ihrer salzigen Luft.«

Für diese Nordsee möchte ich gern eine Lanze brechen: Gewiss, sie ist ein raueres Segelrevier als die Ostsee. Beim Vergleich der Wettervorhersagen habe ich den Eindruck, dass meist an der Nordsee eine Windstärke mehr weht als an der Ostsee. Deshalb waren wir stets etwas vorsichtiger und planten mehr Reserven ein. Das taten wir bei der Zeit, die für einen Törn veranschlagt werden muss, aber auch bei der Windstärke, bei der wir noch unterwegs sein wollten. Auf Helgoland sind wir beispielsweise noch einen Tag länger geblieben, als das Wetter eher nach Windstärke fünf als vier aussah.

Im Wattenmeer muss man sich nach den Gezeiten richten. Das wäre nicht weiter schlimm. Auf einem maritimen Flohmarkt in Bremen hatte ich mir eine Gezeitenuhr gekauft. Die benötigte ein neues Uhrwerk, dann lief sie aber zuverlässig. Ich habe sie auf Bremerhaven eingestellt und im Schiff aufgehängt. So wusste ich immer, wann an der Wesermündung Hochwasser ist und wann es flach wird. Eine sehr praktische kleine Uhr war das.

Ebbe und Flut können dazu führen, dass man manchmal zu etwas unchristlichen Zeiten aufstehen muss, etwa um 5 Uhr morgens, wenn ein längerer Törn ansteht und man das ablaufende Wasser nutzen will. So ganz ohne sind die Gezeiten nicht. Das ist dann draußen aber schnell vergessen, wenn die Bedingungen stimmen und man schnell segeln kann. Und wenn die Bedingungen nicht stimmen sollten – dann muss man sich eben zwingen, im Hafen zu bleiben. Dafür helfen die Gezeiten aber auch ungemein: Mit einem Tidenstrom von zwei oder gar drei Knoten ist man viel schneller unterwegs, als wenn keine Strömung herrscht. Und ist es nicht herrlich, mit acht Knoten Fahrt an Bremerhaven vorbei auf die Nordsee zu segeln?

Diese See hat einen schlechten Ruf bei uns, wie ich finde. Sie wird als »raue Nordsee« verschrien, deren gewaltige Stürme Schiffe immer wieder in die Tiefe reißen. Von Sylt bis Borkum wird gern Touristen Angst gemacht, denen die dramatischen Folgen von Stürmen und Sturmfluten vor Augen geführt werden, in Ausstellungen, Lichtbildervorträgen und Filmen. Aber die Sturmfluten sind ja keine Wetterlagen, bei denen Segler freiwillig hinausfahren würden. Letztlich gibt es viel weniger Segler auf der Nordsee als auf der Ostsee, diesem Binnenmeer, das einen freundlicheren, friedlicheren Ruf genießt.

Unvergleichlich ist der Filmtitel »Nordsee ist Mordsee« von Hark Bohm, obwohl in diesem Film auf der Unterelbe gesegelt wird und nicht auf der »Mordsee«. Unvergessen ist dazu der Liedtext von Udo Lindenberg aus »Ich träume oft davon ein Segelboot zu klauen«:

»Jetzt woll'n wir doch mal seh'n / Wie weit die Reise geht / Und wohin der Wind mich weht / Es muss doch irgendwo 'ne Gegend geben / Für so 'n richtig verschärftes Leben / Und da will ich jetzt hin.« Also, auf geht's.

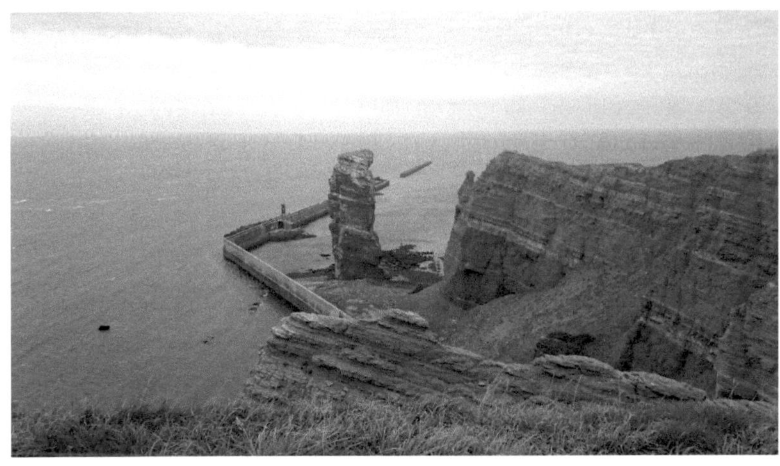

Der »Klassiker«: Blick vom Oberland auf die »Lange Anna«

Was sollen erst Segler in Irland, England oder Frankreich sagen? Dort trifft der Atlantik ungebremst nach Tausenden von Seemeilen auf die Küste. Dort gibt es Gezeitenunterschiede, die wesentlich höher als die der Nordsee sind. Der Tidenhub an der deutschen Nordseeküste liegt zwischen einem und vier Metern. Am Mont St. Michel an der französischen Atlantikküste beträgt dieser Tidenhub sagenhafte 12 bis 14 Meter. Und trotzdem wird dort, ebenso wie bei uns, gesegelt. Und ist der englische Kanal mit seinem dichten Schiffsverkehr und seiner Strömung nicht ein extra schwieriges Revier? Trotzdem wird auch dort gesegelt. Man sollte die Nordsee nicht unterschätzen: Sie hat tückische Stellen, etwa die Seegatte zwischen den ostfriesischen Inseln, über die man in die Häfen auf der Südseite gelangt. Dort ist höchste Vorsicht geboten. Aber es ist auch nicht nötig, die Nordsee zu meiden.

An Deutschlands Küsten gibt es viele schöne Segelreviere, das hat dieses Buch hoffentlich gezeigt. Da sind die Lagunen der Haffs etwas weiter östlich, da ist die schöne Küste zwischen Rügen, Warnemünde und Lübeck. Da gibt es aber auch die großen Flüsse Elbe, Weser und Ems. Und das Wattenmeer, das vom dänischen Esbjerg im Norden über Sylt bis Borkum und weiter nach Den Helder in den Niederlanden reicht. Da ist die Insel Helgoland, zentral in der Deutschen Bucht gelegen. Und da gibt es die vielen Binnenreviere, etwa am Wannsee in Berlin und in Brandenburg, auf denen man stadtnah segeln kann.

Heute liegt unser Boot, die Vindö, wieder in Hamburg. Sie hat zwar keinen praktischen Klappmast mehr, wie die »Seestern«. Aber sie segelt wesentlich besser, erst recht dank der sehr neuen Segelgarderobe. Wir waren einige Saisons auf der Ostsee unterwegs und haben auch ihr nördliches Ende in Haparanda unter Segeln erreicht. Jetzt geht es aber wieder hinaus auf die Nordsee: von Hamburg auf die Elbe, nach

Cuxhaven und an Scharhörn vorbei. Natürlich zieht es viele Segler zu weit entfernten Sehnsuchtszielen. Und letzten Endes auch uns. Doch Abenteuer auf dem Wasser kann man auch vor der eigenen Haustür erleben, an den Stränden zwischen dem Wannsee und der Weser.

FLORIAN HANAUER

Lesen Sie auch:

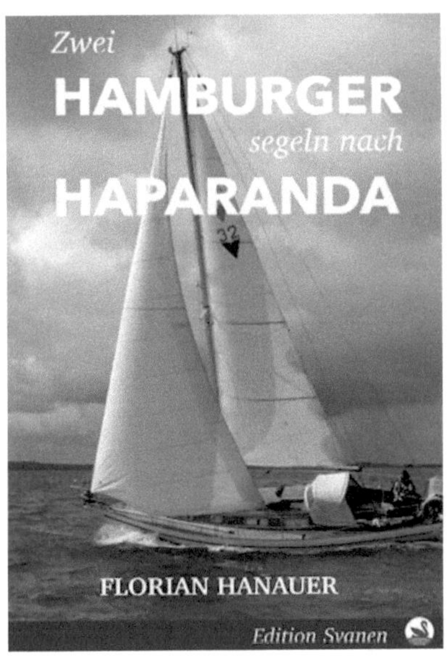

»Zwei Hamburger segeln nach Haparanda: Eine Reise bis ans Ende der Ostsee«

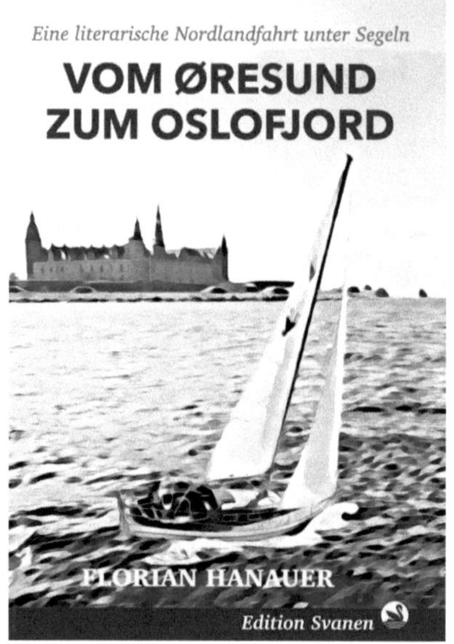

»Vom Öresund zum Oslofjord: Eine literarische Nordlandfahrt unter Segeln«

(erhältlich ab Juni 2022)

...

Wenn Ihnen dieses Buch gefallen hat, würde ich mich über eine Bewertung sehr freuen.

Haben Sie Fragen, Ideen oder Anmerkungen? Dann wenden Sie sich gerne an: info@edition-svanen.de

...